民营企业的技术能力、创新绩效与商业模式

孙林杰 著

中央编译出版社
CCTP
Central Compilation & Translation Press

图书在版编目(CIP)数据

民营企业的技术能力、创新绩效与商业模式 / 孙林杰著. —北京：中央编译出版社，2018.8
ISBN 978-7-5117-3602-4

Ⅰ.①民…
Ⅱ.①孙…
Ⅲ.①民营企业－技术革新－研究－中国 ②民营企业－商业模式－研究－中国
Ⅳ.① F279.245

中国版本图书馆 CIP 数据核字 (2018) 第 184960 号

民营企业的技术能力、创新绩效与商业模式

| 出 版 人：葛海彦 |
| 出版统筹：贾宇琰 |
| 责任编辑：谭 伟 |
| 责任印制：刘 慧 |
| 出版发行：中央编译出版社 |
| 地　　址：北京西城区车公庄大街乙 5 号鸿儒大厦 B 座 (100044) |
| 电　　话：(010) 52612345（总编室）　(010) 52612339（编辑室） |
|　　　　　　(010) 52612316（发行部）　(010) 52612346（馆配部） |
| 传　　真：(010) 66515838 |
| 经　　销：全国新华书店 |
| 印　　刷：北京紫瑞利印刷有限公司 |
| 开　　本：700 毫米 ×1000 毫米　1/16 |
| 字　　数：241 千字 |
| 印　　张：18 |
| 版　　次：2018 年 8 月第 1 版 |
| 印　　次：2018 年 8 月第 1 次印刷 |
| 定　　价：58.00 元 |

网　　址：www.cctphome.com　　邮　箱：cctp@cctphome.com
新浪微博：@中央编译出版社　　　　微　信：中央编译出版社（ID：cctphome）
淘宝店铺：中央编译出版社直销店 (http://shop108367160.taobao.com) (010) 55626985

本社常年法律顾问：北京市吴栾赵阎律师事务所律师　闫军　梁勤
凡有印装质量问题，本社负责调换，电话：(010) 55626985

序　言

　　风起云涌的 21 世纪，是属于创新的时代，是一个注定不平凡的时代。在新的世纪，我国的经济总量已经站在了世界第二的位置，摆在世人前面是值得期待的"两个一百年"战略，每一个中国人都会为之热血沸腾。在新时代里，新概念、新思路、新理念如潮水般涌过：互联网+、信息技术、工业革命 4.0、新旧动能转换、一带一路、共享经济、云计算、大数据、平台化战略……随着这些浪潮，国内涌现出一批批行业翘楚，诸如 BAT 三巨头、华为、小米、海尔……在新的历史时期和经济形势下，我国民营企业也正在面临着许多变革，例如传统民营制造企业的转型升级、绿色制造、智能制造、互联网+……在如此纷繁复杂的时代背景下，"变则通，不变则亡"。本书通过研究民营企业的技术能力、创新绩效及商业模式，分析民营企业技术能力、创新绩效和商业模式的主要影响因素及作用机理，探究提升民营企业技术能力和创新绩效、转换商业模式的主要路径，是一次有益的尝试和探索，旨在为民营企业今后更好的发展，找寻科学合理的策略方法，以便更好地实现我国从制造大国向智造大国、创新大国转变的宏伟目标。

　　民营企业是在我国经济体制改革和社会主义市场经济的深入发展中应运而生的具有中国特色的市场主体。自改革开放以来，民营企业日益成为我国国民经济体系中最具活力和生命力的一个亮点，成为支撑和推动我国经济增长和保障社会稳定的重要力量。在新的经济形势下，民营企业技术创新能力、创新绩效的提升，以及商业模式的创新转型，在很大程度上决定着我国经济发展模式转型的成功与否。

本书作者近年来一直致力于民营企业的创新和发展问题研究，并在此领域进行了较深入的理论和实践探索，取得了一定的研究成果，将自己这些年的研究成果、理论观点整理成书奉献给大家，并与业界同仁交流共享，是本书作者一直以来的一个夙愿。本书共分九章，第一章介绍了民营企业的概念、作用与意义，以及我国民营企业的发展概况；第二章重点阐述企业的本质、企业成长与企业能力成长等概念理论；第三章分别以我国两家民营企业作为研究对象，分成三个案例，深入探究民营企业技术能力提升的主要路径和方法；第四章剖析了民营企业创新绩效的影响因素和影响机理；第五章主要论述提升民营企业技术能力的策略与方法；第六章主要研究提升民营企业创新绩效的对策与保障措施；第七章采用理论研究与案例分析的方法，较深入地研究了新形势下民营企业的商业模式创新；第八章，结合当前民营企业面临的发展困境，分析我国民营企业生存环境的主要问题，并提出解决对策；第九章分析了我国大学生在创业能力、创新精神、实践能力培养等方面存在的不足，并提出相应的对策。

本书在写作过程中，坚持了以下原则：

第一，实用性。力求用朴实无华的语言，将民营企业技术能力、创新绩效和商业模式等问题阐述清楚。书中依据中国目前民营企业的实际情况，理论与实践紧密结合，针对现实中存在的若干问题，提出了许多可供借鉴的观点、方法和建议，对解决民营企业创新发展问题，具有可操作性和实用性。

第二，新颖性。本书紧密结合当前时代背景，剖析民营企业在提升技术能力、创新绩效以及转换商业模式等方面所面临的实际问题，分析其中的主要影响因素，探究作用机制，并参考借鉴国内外最新的研究文献和理论，提出了一些新颖、有价值的提升路径和对策措施。书中采用了最新的数据资料，尽量呈现最贴近现实的民营企业概况，提出的理论观点具有前瞻性。

第三，重点突出。民营企业的发展与创新，涉及的问题有很多，诸如技术、产品、市场、融资、管理、文化、政策环境、商业模式、人才制度等。本书没有面面俱到地对每一个方面都做研究，而是选取重点，针对当前对于民营企业而言最为紧要、亟须解决的技术能力、创新绩效和商业模式问题，作为研究的切入点和重点。并在此基础上，又较为深入地研究了当前大学生创新创业问题、创新精神与实践能力培养问题。

本书在写作过程中，得到了各方的支持与帮助。感谢我的父母、妻子和两个女儿，你们是我的精神家园，有了你们的期待与陪伴，我才能够将本书顺利完成。感谢青岛大学的魏强老师，以及中国海洋大学企业管理专业的康荣、杜玉帆、王佳梅、丁瑞文、高紫琪、宋成洋等硕士生，正是你们提供资料并进行加工整理，才使得本书撰写工作得以顺利推进。在此，一并向你们表示最诚挚的感谢。

本书可供政府机关、民营企业、金融机构、中介组织中的各级管理干部、技术人员、财务人员、科技工作者，以及科研机构、大专院校相关专业的师生使用，鉴于本书的实用性及前沿性，它将会使所有感兴趣的读者大开眼界，增长知识和才干。

由于水平有限，本书定会存在不少缺点和错误，敬请读者批评指正。有关民营企业的技术能力、商业模式和创新绩效等问题，本书可能还存在着许多没有研究透彻的领域，希望能同各位读者一起思考，今后加以不断完善。

孙林杰
2018 年 1 月于中国海洋大学管理学院

目录

第一章 民营企业及其发展概况

第一节 民营企业的概念界定 /1
一、民营企业的概念 /1
二、民营企业的特征 /4
三、民营企业及其相关概念 /5

第二节 民营企业的发展历程 /8
一、"民营"概念的提出 /8
二、改革开放后民营企业的发展 /9
三、未来民营企业的发展趋势 /14

第三节 民营企业的作用和意义 /16
一、推动国家经济增长 /16
二、增加政府税收 /17
三、促进社会就业水平的提高 /17
四、繁荣社会主义市场经济 /19
五、扩大社会投资 /19
六、维护社会稳定 /20
七、推动国有企业改革 /20

第四节　民营企业发展现状　/21

一、民营企业发展现状　/21

二、促进民营企业发展的举措　/23

第二章　企业、企业成长及企业能力

第一节　企业的本质　/26

第二节　企业成长的影响因素　/28

一、影响企业成长的外部因素　/28

二、企业成长的内部影响因素　/29

第三节　企业能力　/30

一、能力与资源　/31

二、技术能力　/32

第四节　知识转移对技术能力提升的作用机制　/36

一、技术创新动力的来源　/38

二、技术研发过程　/41

三、研发人员所需要的知识　/42

第五节　基于知识转移的企业能力成长　/43

一、知识转移过程中的企业能力成长　/43

二、企业能力提升的具体步骤　/47

三、影响企业技术能力提升的因素分析　/50

第三章　案例研究：民营企业技术能力提升的路径与策略

第一节　案例一：开放式创新视域下民营企业技术能力的发展演进 /52

一、相关研究综述　/53

二、研究设计与方法　/56

三、案例介绍　/57

四、研究发现　/63

五、结论与观点　/65

第二节　案例二：基于创新网络的民营企业创新能力提升路径研究 /66

一、相关研究综述　/66

二、研究方法与数据来源　/68

三、吉利汽车的创新网络与创新能力发展　/69

四、研究发现　/75

五、结论与观点　/77

第三节　案例三：基于核心能力动态演进的民营企业技术创新策略 /77

一、相关研究现状　/78

二、研究设计与方法　/81

三、案例分析　/81

四、研究发现　/86

五、结论与观点　/88

第四章 民营企业创新绩效影响机制

第一节 创新绩效的影响因素 /89

第二节 创新网络对创新绩效的影响机制 /90
一、民营企业创新网络的内涵 /90
二、民营企业创新网络中的行为主体及相互关系 /92
三、创新网络对于民营企业技术创新的作用和意义 /95
四、民营企业创新网络的结构特征 /97
五、民营企业创新网络对创新绩效的影响机制 /98

第三节 创新绩效影响机制的实证研究——以电子信息企业为例 /109
一、我国电子信息企业的结构对创新绩效的影响 /110
二、我国电子信息企业的行为对创新绩效的影响 /112
三、公共环境政策对我国电子信息企业创新绩效的影响 /113
四、我国电子信息企业创新绩效影响因素的指标体系 /114
五、研究假设及模型构建 /115
六、数据选取和样本选取 /118
七、实证分析 /119
八、实证结果分析 /128

 提升我国民营企业技术能力的对策

第一节 知识转移对民营企业能力系统中分能力提升的机理 /130

第二节 民营企业技术能力培育的对策 /133
一、自主创新模式下民营企业技术能力培育的对策 /133

二、合作创新模式下民营企业技术能力培育的对策　/138

　　三、模仿创新模式下民营企业技术能力培育的对策　/140

第三节　提升我国民营企业技术能力的保障措施　/142

　　一、建立有利于技术创新的外部环境　/142

　　二、拓宽多元化的融资渠道　/143

　　三、聚集创新型人才　/145

　　四、充分利用产学研合作优势　/145

　　五、强化技术创新意识　/146

　　六、吸引、培养和留住技术人才　/147

　　七、适应市场需要，及时捕捉市场相关信息　/147

提升我国民营企业创新绩效的策略及保障措施

第一节　政府层面的政策建议　/149

　　一、政府应不断提升我国民营企业的创新意识、激发创新热情　/149

　　二、加强对我国民营企业知识产权的保护　/150

　　三、促进我国民营企业产学研一体化　/151

　　四、制定合理的税收优惠政策　/152

　　五、拓展税收优惠适用范围　/152

　　六、建立企业科技开发准备金制度　/153

　　七、完善政府采购政策　/153

　　八、建立健全创新支持服务体系，改变民营企业融资难状况　/154

　　九、鼓励民营企业走向产业化　/154

第二节　企业层面的策略与建议　/155

　　一、加大创新投入　/155

　　二、加强对研发人员的培养　/156

三、重视专利的产品化　/157

四、正确对待和使用政府的支持　/157

五、积极进行管理创新　/158

第三节　提升民营企业创新绩效的保障措施　/159

一、创新能力的挖掘　/159

二、创新意愿的提高　/161

三、拓展税收优惠适用范围　/162

四、提高创新意识，建立民营企业自主创新的激励机制　/162

五、注重民营企业内部能力的培养　/163

六、建立企业创新网络，确认外部创新源　/163

七、实施开放式创新，充分运用创新网络中的资源　/164

第七章　新形势下民营企业的商业模式创新

第一节　商业模式的概念和相关理论　/167

一、商业模式的概念　/167

二、商业模式创新　/170

三、商业模式画布　/173

第二节　案例一：海尔的商业模式创新　/174

一、海尔的商业模式创新历程　/174

二、互联网时代的海尔商业模式创新　/176

第三节　案例二：海信集团商业模式分析　/180

一、海信集团发展历程　/180

二、基于商业模式画布的海信集团商业模式研究　/185

第四节　未来民营制造型企业商业模式创新趋势　/193

一、体验支付型模式　/193

二、服务制造型模式　/193

三、物联网商业模式　/194

四、信息流模式　/195

五、平台化模式　/195

第五节　基于"互联网+"的商业模式创新路径　/196

一、组织结构由传统制造业模式向平台化模式发展　/196

二、企业的价值主张应更加突出用户价值　/197

三、优化和完善民营企业的生产制造流程　/197

第六节　基于生态系统的ECI商业模式创新路径　/198

一、员工自驱动机制　/198

二、顾客进入价值链机制　/199

三、互联网生态系统机制　/200

第七节　民营企业商业模式创新的保障措施　/201

一、大力推进民营企业生产制造的智能化升级　/201

二、完善智能制造支撑体系，推动互联网与制造业融合创新　/201

三、重视消费者参与，使消费者参与到研发过程中　/202

四、提高服务质量，提升品牌价值　/202

第八章　我国民营企业生存环境的主要问题分析及对策

第一节　我国民营企业法制生态环境存在的问题及对策　/204

一、建立归属清晰、权责明确、保护严格、流转顺畅的现代产权制度　/205

二、为每个民营企业建立信用账户，使税收与信用账户挂钩　/205

三、建立统一的市场准入制度　/205

四、提升相关法律的可诉性和可操作性　/206

五、拓宽民营企业的融资渠道，降低民营企业贷款门槛　/206

六、建立法律环境评价指标体系　/206

第二节　促进民间投资健康发展的战略对策　/206

一、最大限度地降低民间投资的行业准入门槛　/207

二、改善政府投资方式，有效吸引和带动民间投资　/208

三、优化政策环境，提升民间投资的信心　/208

四、政府应完善和发展民间投资服务体系　/208

五、重点扶持规模大、实力强的民间资本，使其做大做强　/209

第三节　改善非公有制经济发展环境，加快民营经济发展的对策建议　/209

一、政府部门要切实改善和优化服务环境　/210

二、进一步放宽非公有制经济的市场准入渠道　/210

三、切实解决非公有制经济融资难问题　/211

四、改革和完善税制，规范收费　/212

第四节　优化非公有制经济发展环境，加快民营经济发展——以青岛市为例　/212

一、青岛市在优化非公有制经济发展环境方面做出的努力　/212

二、青岛市非公有制经济发展环境存在的主要问题　/214

三、优化非公有制经济发展环境，加快青岛市民营经济发展的对策　/216

第九章　大学生创新创业能力的培养路径

第一节　时代背景及意义　/218

一、创新创业教育的时代背景 /218

二、创新创业教育的意义 /219

第二节 创新创业教育与提高就业创业能力的关系及影响机制 /220

一、创新创业教育深化大学生的创新创业能力 /221

二、创新创业教育提高大学生的学习能力 /221

三、创新创业教育培养大学生的实践能力 /222

四、创新创业教育提高大学生的自力更生能力 /222

第三节 国外高校创新创业教育的特点 /223

一、全球创业型大学发展现状 /223

二、典型的创业型大学 /224

第四节 我国创新创业教育与创业就业能力的现状及问题分析 /228

一、调查问卷基本情况说明 /228

二、创新创业教育现状及问题 /229

三、大学生创新创业及就业能力现状及问题 /232

第五节 提高大学生创新创业教育水平的路径选择 /234

一、高校改进教育体制,提升创新创业教育水平 /234

二、发挥政府职能,为创新创业教育保驾护航 /236

三、凝聚社会力量,支撑创新创业教育 /237

四、结论与观点 /238

第六节 优化大学生创新创业培养模式的路径 /238

一、创新创业教育的内涵 /239

二、研究型大学创新创业教育的组织架构 /240

三、优化大学生创新创业教育的实践路径 /243

四、结论与建议 /245

第七节 培养大学生创新精神与实践能力的主要对策 /245

一、影响大学生创新精神与实践能力的因素分析 /246

二、大学生创新精神与实践能力影响因素评价模型的构建 /248

三、培养大学生实践能力与创新精神的主要对策 /253

参考文献 /256

第一章　民营企业及其发展概况

自改革开放以来，民营企业日益成为我国国民经济体系中最具活力和生命力的一个亮点，成为支撑和推动我国经济增长的重要力量。在新经济背景下，研究民营企业的技术能力、创新绩效、商业模式等相关作用机制，为民营企业发展指引方向，为民营经济助力则尤为重要。鉴于此，本章将首先介绍民营企业的概念、发展历程、作用意义等相关知识，为后续章节的论述奠定基础。

第一节　民营企业的概念界定

民营企业是在我国经济体制改革和社会主义市场经济的深入发展中应运而生的一个具有中国特色的经济概念，其对于经济社会的发展十分重要，但是对"民营企业"这一概念的界定，目前学术界仍在进行广泛争论。从理论上厘清民营企业的概念问题，对于进一步加深对民营企业的思想认识，加快民营经济的发展大有裨益，因此本节将对民营企业的概念进行总结梳理。

一、民营企业的概念

在《古汉语大辞典》中"民营"一词被定义为"民间经营"，即利用民间的资金、民间的力量、民间的办法进行经营，换言之，民营就是非国营。在现行的工商行政管理机关《关于划分企业登记注册类型的规定》中没有"民营企业"这一类别，国家统计局发布的《关于统计上划分经济成分的规定》中也没有"民营经济"这一类别，鉴于国家层面对于"民营企业"这一概念没有明确规定，因而学术界各位学者对这一概念的界定更是众说纷纭。归纳起来，大体有以下三种具有代表性的观点。

（一）从生产资料所有制角度界定民营企业

这种观点认为，对民营企业概念的界定，需要从其所有制关系入手加以分析，具体分析又有不同的观点。具体又包括两种观点：第一种观点认为，民营企业在财产关系上主要是私有制，出于某些意识形态方面的考虑，人们偷梁换柱用"民营企业"概念代替"私有企业"，民营企业也就是私营企业。第二种观点认为，民营企业属于非国有经济的范畴，除国有企业外的其他一切企业都是民营企业。包括城乡集体企业、个体私营企业、非国有控股的联营（混合）企业和股份制企业、外商投资企业、港澳台投资企业等。

（二）从资产经营方式角度界定民营企业

这种观点主要强调民营企业的经营特征，认为民营企业的范畴并不涉及生产资料的归属问题，即不涉及所有制问题，它仅是一种与资产经营相关的企业形式而已。由"民"作为经营主体从事生产经营管理活动的企业就是民营企业，它的经营方式可以是国有民营，也可以是民有民营、混合所有制民营等。

（三）从所有制和资产经营方式角度共同界定民营企业

这种观点认为，纯粹从资产经营角度来界定"民营企业"概念，也是不正确的。民营企业就经营方式来说，确实是由"民"经营的企业，实行民营方式，包括国有民营、民有民营和混合所有民营。但是，民营方式并不就是民营企业,民营企业既涉及经营方式,又涉及所有制形式,因为任何经营方式总是一定的财产主体所采取的。民营企业应当是除采取"国有国营"以外的所有的所有制形式和经营方式的企业总称,这个概念既涉及所有制形式,又涉及经营方式。据此,有学者把民营企业界定为除国有国营以外所有的所有制形式和经营方式的总和。简言之,民营企业就是非国有国营企业。

(四)从其他角度界定民营企业

还有一些学者从其他角度对"民营企业"进行界定,有学者认为"民营"就是对"自筹资金,自愿组合,自主经营,自负盈亏"的运行机制已达成共识。在"四自"中"自主经营,自负盈亏"是这类企业在机制上显示其优势的根本之所在,因此"自主经营,自负盈亏"是市场经济条件下一切企业在经营机制上的共同特征,而"自筹资金,自愿组合"显示着"民营"性因素的重要方面。还有学者将"民营企业"定义为,由本国公民出资兴办或经营的从事经济活动的经济法人实体和非经济法人实体,具有自行组建、自行筹资、自主经营、自负盈亏、自谋发展的特征,是我国社会主义市场经济条件下,促进社会主义生产力发展的重要力量。有学者将民营企业定义为民间私人投资、民间私人享受投资收益、民间私人承担经营风险的法人经济实体,把国内的民营企业分为两类:一是内资民营企业,主要是私营企业、股份合作制企业和其他一些联营企业,内资民营企业也称为狭义民营企业;二是外资民营企业,主要包括港澳台民营企业,将这两项合称为广义民营企业。

在本书中,我们认同上述第三种观点,即民营企业是一种不仅与资产经营方式相关,而且也涉及所有制形式的企业形式,鉴于此民营企业包括:国有企业经过改制、改组、改造后实行了股份制(国家不控股的)、股份合作制、租赁制、委托经营等形式的企业(国家对这些民营化了的企业不再直接经营管理,只是凭所有者身份享有所有者权益);全部集体企业；混合所有制集团公司；私营企业；个体企业；民间中外合资企业；外商民间独资企业等。总之，除国有国营企业之外的所有企业都属民营企业之列。

二、民营企业的特征

在对民营企业进行初步界定后，围绕民营企业的概念，可以归纳出民营企业的以下特征。

第一，民营企业是民间投资建立和民间经营的企业。这是民营企业与国有国营企业在所有权和经营权上相比较表现出来的最基本特征，具体又包括所有权特征和经营权特征两个方面。从所有权特征来看，"民有"与"国有"相区别：由民间投资兴办或主要由民间投资兴办的就是民营企业，从这个意义上说，民营企业就是民有企业，它包括了集体企业、股份合作制企业、个体企业、私营企业、非国有控股企业以及外资企业等。从经营权特征来看，"民营"与"国营"相区别：有民间法人或个体掌握经营权的企业都属于民营企业。民有必定民营，无论是所有权和经营权合一还是分离。但国有不一定国营，在国有经济改革中，打破了传统的国有国营模式，出现了所有权和经营权的两权分离，在国家所有权不变的前提下，经营权可以交给民间来掌握，即国有民营。因此，民营企业不仅包括民有民营企业，也包括了国有民营企业。

第二，民营企业以营利为目标。这是民营企业与国有国营企业在行为目标上相比较表现出来的一个特征。这个特征也是和其所有权特征紧密相关的。民营企业主要是由民间投资兴办的，民间投资民间所有，具有明确的产权关系，这决定了其完全自负盈亏的财产硬约束机制。因此，民营企业具有强烈的利润动机和增值资本的冲动，它的行为目标是很清楚的，而且是唯一的，即实现利润最大化，其行为的取舍都以利润最大化作为判断标准。为了实现利润最大化，它必须根据要素市场和产品市场的供求状况来优化要素组合，解决生产什么、如何生产的问题，实现在成本既定条件下产量最大，或在产量既定条件下成本最低的目标。而国有国营企业的性质及其功能决定其行为目标具有多重性，在市场竞争环境中，其固然要提高经济效益，获取商业利润，但更要服从于国家的宏观经济目标，如缓解失业压力、抑制通货膨胀、提供基础设施、发展尖端科技等。因此，国有国营企业具有商业目标和非商业目标的多重性，这些目标之间往往是矛盾和冲突的，而且为了实现公平和调节经济，往往还要以牺牲效率为代价。

第三，民营企业是与市场经济高度结合的经济。民营企业是"自主经营、自负盈亏、自我发展、自我约束"的独立商品生产者和经营者，拥有独立的经营自主权和决策权，能够适应市场供求情况的变化进行生产和经营的决策，向市场提供所需要的商品和服务。因此，民营企业是完全以市场为导向的经济，它的运行场所是市场，在某种意义上可以说民营经济就是市场经济，发展民营经济就是发展市场经济。而市场经济的发展和完善则又能为民营经济的发展创造良好的市场条件，两者是高度结合在一起的。国有国营企业在市场经济中从事生产经营，固然也要受到市场机制的调节，但更大程度上受政府计划机制的调节，其经营自主权是有限的。因为其经营决策要服从于社会公共目标，所以其生产经营的亏损需要财政弥补，当然如果获得盈利，也要上缴财政。

三、民营企业及其相关概念

为了更好地把握民营企业这一概念，本部分将围绕"民营企业"这一概念，结合与其相关的概念，进行对比分析。

（一）民营企业与私营企业

第一，民营企业不等于私营企业，民营对应的是国营，私营对应的是公营，正如公营不等于国营一样，民营不等于私营，民营企业也不等于私营企业；第二，民营企业是与国营企业对应的概念，凡是非国营的企业都应该属于民营企业；第三，民营企业既是一个所有制概念，又是一个经营性概念，而私营企业仅是一个所有制概念。从这一判断出发，私营企业自然是民营企业，但它仅是民营企业的一个方面的分支内容。民营企业的范围比私营企业更宽更广，这是毋庸置疑的。由此还可以得出这样的一个重要结论，民营化不是私有化。

（二）民营企业与非国有企业

在市场经济条件下，国家绝不可能参与非国有企业的经营，因此非国有的企业不可能是国营的，而肯定是民营的，非国有企业肯定是民营企业，但民营企业不等于非国有企业。由于国有企业的资本所有权属于国家，而不属于任何个人，也不属于个人所有权任何形式的集合，因此国有企业并不是一个（或一组）市场合约。也就是说，传统的国有企业实际上不是著名经济学家科斯所谓的"企业"。由于内在的机制的原因，传统的国有资本一般没有私人资本所有者那样强烈的盈利冲动，它在激烈竞争的市场经济条件下要想达到民营企业那样努力工作的效率比较困难，因此随着十五大后企业改革的深入，我国国有企业引入了多种民营的新形式，即国有民营。国有民营的企业从所有制形式看仍是国有企业，但从经营方式看它又是民营企业，因此它也属于民营企业的范畴。由此可见，民营企业的范畴比非国有企业要宽要大。

（三）民营企业与非公有企业

江泽民同志在十五大报告中明确指出："公有制为主体，多种所有制经济共同发展，是我国社会主义初级阶段的一项基本经济制度"，"公有经济不仅包括国有经济和集体经济，还包括混合所有制中的国有成分和集体成分"，"要支持、鼓励和帮助城乡多种形式集体经济的发展"，"对个体、私营等非公有制经济要继续鼓励、引导，使之健康发展"。由此可见，在社会主义市场经济条件下，公有制的实现形式是多样化的，它可以是国有经济、集体经济，也可以是混合经济。非国有控股的混合经济企业属于民营企业，集体经济企业也是民营企业，国有经济中的国有民营企业也属于民营企业的范畴。因此，所有非公有制企业都是民营企业，但民营企业中也包括了诸如集体企业、国有民营企业等公有制企业。虽然公有制企业、非公有制企业的概念确立比较规范准确，但它代替不了客观存在的民营企业的概念。民营企业的概念既突出了以民为本的含义，又淡化了所有制成分，从而回避了姓"资"姓"社"的争论。发展民营经济并不等于搞私有化。

（四）民营企业与个体工商户

目前我国民营企业大都采取个人业主制，如独资或合伙企业形式。除独资或合伙企业之外，我国还有一种更为广泛而独特的经济组织——个体工商户，遍布我国经济底层。根据民法和社会组织理论，个体户可以被解释为"直接和长期性从事经营活动的家庭"，其本身依附于家庭制度中，严格地说不能算是一类独立的组织形式，它仅仅是家庭经济功能的放大——"户"本身就隐含了传统的家庭组织的意味。在这种组织形式里，家计和经营活动一体化，家庭财产和经营资产合二为一，经营的责任和家庭责任是一体的，而不是连带的，因此不能像独资或合伙企业那样纳入企业形式的范畴。也就是说，个体户根本不是"企业"，因此自然不属于民营企业的范畴，但个体户是我国重要的私营经济形式。

（五）民营企业与民营经济

民营经济应该是民营意义上的各种经济成分和要素的总和，"民营企业"是民营意义上的一种企业形态，是"民营经济"的主体部分或重要组成部分。因为，在"民营企业"之外，还有具有"民营经济"属性，而非以盈利为目的的、从事非经济活动的、非企业的单位或部门，比如一些从事社会福利、从事社会救助、从事慈善事业的民营单位或组织。

第二节 民营企业的发展历程

在上一节中,对民营企业的概念进行了界定,民营企业的产生与发展是与我国的国情相联系的,因而对民营企业的认识,应该结合其独特的发展历程。为了对民营企业的认识更为深刻,本节将对民营企业的发展历程进行梳理,从历史的角度对民营企业进行掌握。

一、"民营"概念的提出

民营概念其实自古就有,民间经营产业的形成便标志着民营概念的诞生。明朝资本主义萌芽时期和清朝"洋务运动"时期的许多新兴产业就有"官办"、"商办"、"官商合办"、"官督商办"等多种形式,这些企业形式都是所有制形式和经营方式的集合。

在我国,"民营"一词最早出现在20世纪30年代,王春圃于1931年在其《经济救国论》一书中首次使用。王春圃把由国民党政府官营的企业称为"官营",把由民间投资经营的企业称为"民营"。

1942年12月,毛泽东同志在陕甘宁边区高级干部会议上作的题为《抗日时期的经济问题与财政问题》的报告中指出:"只有实事求是地发展公营和民营经济,才能保障财政的供给","如果不发展人民经济和公营经济,我们就只能坐以待毙"。这里是把"民营"与"公营"相对使用的,没有用"国营"一词,因为当时还没有取得革命胜利,根据地没有国有经济,只有公营经济,但含义上相当于国营经济。毛泽东使用的"民营经济"、"人民经济"概念不仅指私人经济,还包括各种合作社经济,例如老百姓出资办的和经营的农业、畜牧业、手工业、盐业和商业等。历史地看,民营企业与官营企业就像是对孪生兄弟,都有其确切含义。

新中国成立后,官营企业变成了国营企业,国营企业是由国家所有并直接经营的企业形式。即使是在盲目追求"一大二公三纯"的计划经济时代,虽然全民所有制企业都实行了完全的国有国营,但被当成"二国营"的集体企业毕竟不是真正国营的,而是民营的,再说还存在着一定数量的被视为社会主义经济异己力量的民营的劳动者个体企业,只不过那时谁也不敢提"民营"两字而已,"民营企业"的概念更不可能被公开提出来。所以,那个时期与民营企业反向的是官营企业或国营企业,民营企业的内涵就应当是非国营企业。进而言之,由于非国有企业肯定都是非国营的,它们自然都属于民营企业的范畴,而国有企业中目前有"国有国营"和"国有民营"两种情况,"国有国营"的企业不属于民营企业,"国有民营"是在国有的前提下利用承包、租赁等途径将国营转为民营,它也属于民营企业的范围。

改革开放后,在我党和政府正式文件中比较早出现"民营"概念的是在1995年5月发布的《中共中央国务院关于加速科学技术进步的决定》,该《决定》指出:民营科技企业是发展我国高技术产业的一支有生力量,要继续鼓励和引导其健康发展。

二、改革开放后民营企业的发展

我国现阶段的民营企业是从改革开放后兴起和发展的,1978年,全国14万城镇个体工商业者代表中国民营经济的阵容,他们为温饱操劳奔波。现如今,民营企业已经是当代中国社会的基层细胞,是社会主义市场经济重要组成部分。回顾我国改革开放以来民营企业的发展历史,大体经历了以下三个阶段。

(一)第一阶段:1978~1989年

改革开放之初,百废待兴。由于长期处于短缺经济时期,市场空间很大,同时,我国的政策和法规也不完善,一些胆子较大且有经济头脑的人,开始了在当时还是地下或半地下的创业之路。民营企业的先驱是进不了体制内企事业单位的城镇个体户和农村专业户。国家无力养活过多的人口,于是让其自谋出路。他们抓住市场和政策的空子,捕捉机会,依靠个人的胆量和勇气以及非凡的头脑，很快就挖到了第一桶金，成了老板，甚至有一些人及他们的企业从而一举成名。这部分人成为第一批富人，"傻子瓜子"、"爱多"就是其中的典型代表。

这时，中国的民营企业主要是家族作坊式生产，追求产量，忙于赚取"第一桶金"。民营企业的家族式特征具有普遍性，在企业初创时期，企业的经营和发展完全靠老板的个人经验，管理很不规范甚至连最基本的规章制度也没有，职工也是怀着对老板的崇拜或与老板的血缘关系努力工作，这种以个人经验为主的家族式管理有利于企业发展初期的资本积累。但是进入企业化运作阶段后，这种无管理理念、完全靠感觉和经验进行管理的做法严重制约了民营企业的发展。

1988年，国家颁布了《私营企业暂行条例》，同时在全国人大七届一次会议上通过的《中华人民共和国宪法》中增加了私营经济的条款，自此民营企业名正言顺地进入国家的经济和政治。

这个阶段民营企业的特征是：

第一，从国有企业的拾遗补漏者成长为竞争者。

第二，追求产量，完成原始积累。计划经济时代给民营企业馈赠了一个极大的卖方市场，只要开足机器生产，就会有市场，于是"暴发户"不断诞生。浙江义乌的小商品市场和温州的皮鞋、电器市场，广东的服装市场，许多专业市场应运而生。很多民营企业在这个时期完成了资金的原始积累。

第三，家族作坊的生产方式。以家庭和亲朋好友为基础开始创业，这是一种普遍的模式，面对市场风险，创业有时显得悲壮，谁都不愿共担风险，只有家族可以同舟共济。

第四，走关系、找靠山。持续不断的"姓资姓社"之争和"割资本主义尾巴"的风险，使民营企业不敢显山露水，只好找顶"红帽子"，作为保护伞。

第五，引进技术和设备。20世纪80年代末民营企业尝到了国外先进技术和设备的甜头,引来了一场西方国家和"亚洲四小龙"向中国倾销淘汰设备的风潮,这些国际二三流的设备一时还是受用,但不出几年便遭淘汰,使一些民营企业浪费不少资金。

1989年的政治风波引发了民营企业的一次大地震。一篇新华社通稿《万润南搬起"石头"要砸谁》在揭露了四通集团原总裁万润南因卷入政治风波逃亡海外后,断言:中产阶级、私营企业、个体户就是资产阶级自由化的根源。民营企业进入了诚惶诚恐、惊悸不安的低潮时期。

(二)第二阶段:1992~1997年

1992年邓小平南巡谈话和同年党的"十四大"召开,充分肯定了改革开放的历史成就,确立了建立社会主义市场经济体制的改革目标,民营经济又迎来了一个新的春天。

压抑已久的民营企业释放出巨大的热情,迎来了一个高速发展的时期。这个时期的企业发展速度是惊人的,许多企业每年以几十倍上百倍的速度成长,一批企业巨人就在此时诞生,民营经济的力量得到空前壮大。

这个阶段民营企业的特征是:

第一,高速成长、规模效应。在游戏规则逐渐形成、市场风险逐渐增大的大势下,"船小好掉头"的民营企业优势日淡,经不起风浪的颠簸,于是"船大好远航"成为新的追求目标,"企业集团"的概念横空出世。民营企业开始争市场份额和地位,抢得许多行业的霸权。

第二,多元化投资和经营。国内的经济转型期产生了太多的机会,手中已有大把资金的民营企业无法抗拒诱惑,四处出击,走上多元化之路;同时,他们也是为了化解风险,"不把鸡蛋放在同一个篮子里"。

第三,借助金融资本发展企业。原本与民营企业无缘的银行贷款,因为民生银行和地方信用社等金融机构的诞生以及专业银行的商业化改革而成为可能。许多企业开始走出靠自有资金发展企业的旧模式,产业资本和金融资本结合到一起。

第四，质量和品牌意识增强。"太阳神"掀起了中国企业 CI 战略风潮，把品牌形象、无形资产等概念引入到企业界。随着广告大战的兴起，许多知名品牌从此诞生。

第五，民营科技企业兴起。联想、实达、华为等一大批企业的兴起改变了民营企业劳动密集型加工厂的形象。在高科技领域，民营企业成为一支重要的力量。技术创新受到空前的重视，技术含量成为民营企业争夺市场空间的新手段。

第六，产权重组、企业改制。民营企业资产家族式的色彩在逐步淡化，通过收购兼并国企、集体企业，企业资产结构变得多元。由于国家政策的宽松和稳定，许多企业摘掉了"红帽子"，清晰了产权。

第七，追逐社会和政治荣誉。民营企业家的经济地位一高，总想往政治上靠。一些民营企业家不仅关心政治，而且参与政治，并希望或已经获取一定的政治安排。一些成功的民营企业家身上披满政治光环，进入人大、政协或在工商联等团体和组织中任职。民营企业家总希望在政治上获得归依感和安全感。

1996 年开始，民营企业又遇到了一次大地震，这次地震的震源却来自企业本身，由于发展过速，企业管理漏洞百出、多元化决策失误、人才结构失衡、企业创新不利、资金浪费……许多问题开始爆发。飞龙集团总裁姜伟的《总裁的 20 大失误》扔出了民营企业自我反省的第一颗炸弹，随后"巨人"史玉柱、"三株"吴炳新、"太阳神"骆辉都先后对自己的失误进行了深刻剖析，民营企业进入一个自我反省的时期。

（三）第三阶段：1997 年至今

1997 年党的"十五大"把民营经济确定为国民经济的"重要组成部分"，这使民营企业获得了前所未有的发展机会，"成分"的差别正在逐渐消失。

然而，摆到民营企业面前的却是一些严峻的难题：国企经历改革后逐渐恢复元气，跨国公司大量进入，对羽翼未丰的民营企业形成两面夹击；国内卖方市场变成买方市场，不少民营企业跌失高速成长的动力，甚至停滞不前；知识经济带来巨大冲击：WTO 的加入，竞争对手增加，市场逐步规范，企业自身素质问题……未来之路将如何面对？在前所未有的复杂形势下，民营企业必须开始新的一轮探索。

这个阶段民营企业表现的特征是：

第一，不求规模求竞争力。曾经没有节制膨胀的民营企业重新审视自己的发展模式，删繁就简，放弃某些产业，提高核心竞争力。

第二，理性多元化。民营企业对多元化的态度开始非常谨慎，每次投资前，首先让专业部门考察立项，然后经专家小组反复批驳论证，如果是批驳不倒的才放手去做，不打没把握的仗，在市场机会空间急剧缩减的形势下，民营企业变得更为理性。

第三，建立职业经理人制度。仅仅在摸索中培养的能力和素质已经难以适应日新月异的变化，民营企业家需要求助外来的人力资源来打理公司的经营和管理。随着人才的流动性增大、经理人交易市场的完善、国有企业改造后许多经营管理人才进入市场，职业经理人制度在国内呼之欲出。

第四，高级经理持股。由于人才结构的不稳定制约了企业的发展，尤其是高级经理的监督成本很高，他们的懈怠给企业带来危机，民营企业家于是不再独霸资产，而是实行股份制改造，并让高级经理享受优先认购权，把他们的利益与企业命运捆绑在一起。

第五，民营企业上市。上市融资不再是一个梦想，民营企业以前只能通过买壳上市来募集资金，《证券法》的出台，使民营企业和国营企业上市变得没有差别，香港股市的第二板块也向内地民营企业开放。企业的竞争在某种意义上是资本的较量，一些有资格的民营企业上市后，如虎添翼，获得了更大的竞争力。

第六，风险投资逐步形成。中国高科技企业长不大的一大原因就是中国缺乏风险投资。1998年3月，民建中央向全国政协九届一次会议提交了《关于尽快发展我国风险投资事业的提案》，风险投资开始受到国家的重视。另外，国际风险投资已经登陆中国，民营科技企业迎来更大的发展机会。

第七，面临加入TWO后跨国公司的全面冲击。随着"入世"问题的解决，中国民营企业将与跨国公司在同一个拳击台上较量，国情优势将逐步淡化，民营企业无论在资金、技术、管理和经营能力上都将与跨国公司有场势力悬殊的较量，致力于培养自己独特的竞争力成为民营企业的当务之急。

三、未来民营企业的发展趋势

在梳理民营企业的发展历程后，在此基础上，本书尝试探讨一下民营企业在未来的发展趋势。

第一，未来的中国经济将是一个多元化的混合经济体系，民营经济是其中的一个重要组成部分。企业产权结构不再单一，而将是按照多种方式交叉、渗透而形成的混合性质的产权。在这种混合性质的所有制中，民营经济与其他经济成分相互渗透、相互融合。民营企业产权进一步社会化，民营企业的产权运营活动将不断高涨，实现产业资本与金融资本的有机融合。而民营企业的产权不清问题将得到实质性解决，"红帽子"企业纷纷脱帽，所有制歧视不复存在。

第二，产业上向新的产业领域扩展，并重视自主知识产权的运用，开始走独立开发之路。中小企业的专业化程度会进一步增强。在未来的新兴产业中，经济主体是民营经济，因为民营经济在面临技术和市场的高度不确定性时反应更敏捷，承担风险的能力也更强。民营企业可以发挥灵活多样、转变快的优势，对已有的技术进行完善，开展新的技术创新，以求得新的发展。另外，从发展趋势看，民营经济经营范围将从一般竞争性领域向传统的垄断行业扩展。在市场准入上，除关系国家安全和必须由国家垄断的领域外，民营经济将大部分进入其他领域，即使在传统上被视为必须由国家垄断的某些领域，也将对能够市场化经营的部分进行民营化。

第三，民营企业将完成二次创业的艰巨任务。随着市场经济的发展，我国民营企业自身存在的问题开始显露。民营企业的第二次创业提上日程。其关键是突破以家族为核心的管理权分配方式，实现由传统家族管理向现代科学管理的转变。从发展趋势看，未来民营经济在企业制度方面将逐步克服自身的一些弱点，向现代企业制度方向演变，治理结构上将实现产权多元化，并逐步采用委托代理方式实现专业化经营。在二次创业中，民营企业将顺应时势，改变经营方式，由粗放型向集约型转变，提高经济效益，增强国际竞争能力，实现企业可持续发展。同时，民营经济的制度创新和技术创新将同步协调发展，以制度创新促进技术创新，以技术创新促进企业发展。

第四，经济全球化把国家之间的竞争演化为企业之间的国际竞争。国内竞争和国际竞争的界限将逐步消失。有实力的中国民营企业将顺应经济全球化的趋势，将经营的触角延伸到多元化的市场，实施跨国经营，借助于资本市场、技术市场和信息市场等促进诸生产要素的合理流动，发展壮大自己，逐步成长为跨国公司。

第五，民营科技企业将获得超常规发展。随着科技革命的发展，更多的民营中小企业将向科技型发展。同时，一些大型民营企业也将整体向科技信息集团转型。民营科技企业在民营经济中是发展最快的一个部分。民营科技企业在发展过程中，由于中国的现实情况，将着力利用高新技术进行对传统产业的改造，力促中国传统经济向现代化经济升级，同时这也是民营经济的一个大市场。

第三节 民营企业的作用和意义

民营企业是适应社会经济发展的需要而产生的,它一经产生,就在社会经济生活的各个领域发挥着越来越重要的作用。民营企业是民营经济的主要构成部分,民营经济是我国社会主义市场经济的重要因素。因此,本节将主要探讨民营企业及民营经济的作用意义,总结起来可以归纳为以下几点。

一、推动国家经济增长

三十多年来民营经济不断发展壮大,已成为我国国民经济中一支生机勃勃的生力军,促进了国民经济持续快速健康发展。来自全国工商联的数据显示,2016年我国的民营企业对GDP的贡献超过60%,投资高达27万亿元,占比高达62%,电商交易高达9.9万亿元。这些数据说明,我国的民营企业涉足的行业众多,在各行业的投资规模重大,对我国经济的发展有着重要的作用。

表1-1 1996~2015年私营企业户数

单位:万户

时间	私营企业户数	时间	私营企业户数
1996年	81.9	2006年	498.08
1997年	96.1	2007年	551.31
1998年	120.1	2008年	657.42
1999年	150.89	2009年	740.15
2000年	176.2	2010年	845.52
2001年	202.9	2011年	967.68
2002年	243.5	2012年	1085.72
2003年	300.55	2013年	1253.9
2004年	365.07	2014年	1546.37
2005年	430.09	2015年	1908.23

数据来源:《中国统计年鉴》

民营经济是国民经济的重要组成部分，民营企业是民营经济的重要组成部分，而私营企业又是民营企业最重要的构成，因此民营企业的发展在很大程度上代表了国际经济的发展。在表1-1可以看出，1996～2015年我国私营企业户数连续20年逐年增加，从最初1996年的81.9万户增加至2015年的1908.23万户。

二、增加政府税收

政府税收是国家收入的主要来源，在主要依靠自身积累的发展过程中，民营企业为国家提供了大量税收。来自国家税务总局的数据显示，2016年民营企业税收占全国税收比重高达68.3%，这一比率要远高于国有企业的31.7%，说明民营企业已经成为增加国家税收的重要力量。来自全国工商联的数据显示，民营企业全国500强，对税收的贡献高达5727.51亿元，占全国税收比重高达4.81%，由此可以看出，民营企业中大企业对税收的贡献也同样巨大。按照推理来看，中小民营企业的税收贡献率达到了63.49%，这一比重说明我国众多的中小微企业对税收贡献巨大，国家要重点关注中小微企业的发展。

三、促进社会就业水平的提高

改革开放以来，民营经济在快速发展过程中形成了巨大的劳动力需求，为缓解转型时期的就业压力创造了巨大的空间，是吸纳下岗人员、农村过剩劳动力和城镇新增劳动力的一个主要渠道。来自全国政协委员的报告数据显示，我国的民营企业数量超过4000万家，占比高达99%，从数量上来看已经成为不可忽视的企业群体，同时，从就业岗位数量上还可以看出，民营企业提供了占比80%的就业岗位。这就意味着民营企业提供了大部分的就业岗位，解决了大量的城镇就业问题，为国家解决就业难的现实难题给予了大力的帮助。

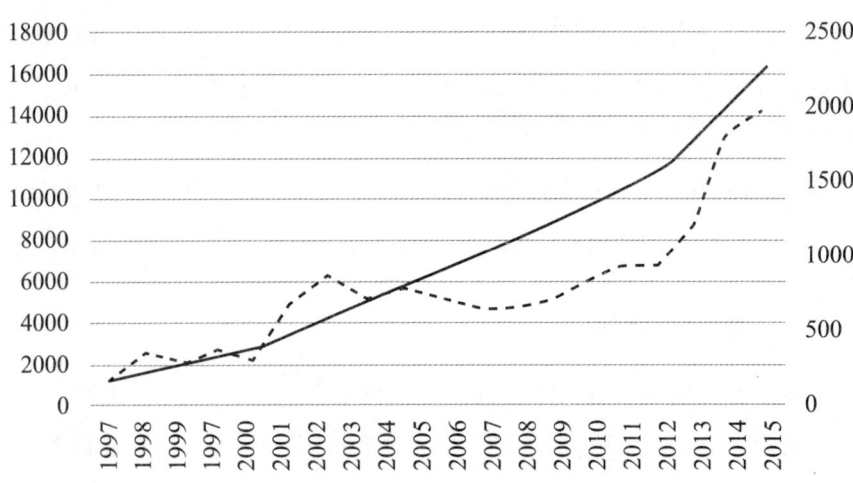

图 1-1 1996～2015 年私营企业就业人数

数据来源:《中国统计年鉴》

表 1-2 1996～2015 年私营企业就业人数

单位:万人

时间	私营企业就业人数	城镇私营企业就业人数	乡村私营企业就业人数	时间	私营企业就业人数	城镇私营企业就业人数	乡村私营企业就业人数
1996 年	1171.1	620	551	2006 年	6586.3	3954	2632
1997 年	1349.3	750	600	2007 年	7253.1	4581	2672
1998 年	1709.1	973	737	2008 年	7904	5124	2780
1999 年	2021.5	1053	968.9	2009 年	8607	5544	3062.6
2000 年	2406.5	1268	1138.6	2010 年	9417.6	6071	3346.7
2001 年	2713.9	1527	1187.1	2011 年	10353.6	6912	3441.7
2002 年	3409.3	1999	1410.6	2012 年	11296.1	7557	3739
2003 年	4299.1	2545	1754	2013 年	12521.6	8242	4279
2004 年	5017.3	2994	2023.5	2014 年	14390.4	9857	4533
2005 年	5824.1	3458	2365.6	2015 年	16394.9	11180	5215.2

数据来源:《中国统计年鉴》

图 1-1 直观地描绘了 1997～2015 年这 19 年来私营企业就业人数的变动情况，表 1-2 汇总了 1996～2015 年这 20 年来私营企业容纳的就业人数。从图表数据可以看出，这 20 年间私营企业就业人数、城镇私营企业就业人数和乡村私营企业就业人数均逐年上升，增加就业人数也呈波动式上升。私营企业就业人数从最初 1996 年的 1171.1 万人增加至 2015 年的 16394.9 万人，城镇私营企业就业人数从最初 1996 年的 620 万人增加至 2015 年的 11180 万人，乡村私营企业就业人数从最初 1996 年的 551 万人增加至 2015 年的 5215.2 万人。

四、繁荣社会主义市场经济

传统计划经济的一个典型特征是"卖方市场"或"短缺经济"，产品供不应求的矛盾非常突出。国家在经济发展中碰到的最头痛的问题之一，是人民群众长期面临的吃饭难、做衣难、出行难等，许多产品靠排队或发票证来解决供求矛盾。改革开放以来，民营经济特别是个体、私营等非公有制经济生产了大量物质产品和服务产品，繁荣了市场，满足了人民群众多方面的需要。在多种所有制经济的共同努力下，1997 年前后我国告别"短缺经济"，由卖方市场转化为买方市场。

现如今，我国已经发展到了小康社会，社会主义市场处于不断发展和繁荣的阶段，民营企业的参与，可以为社会主义市场经济提供更加强大的活力，并丰富了社会主义市场的供给品种和数量，提升了我国居民的生活水平。来自国家统计局的数据显示，民营企业对社会主义市场贡献率在不断地上升，并且上升比例高达年均 25.6%，这充分地证明了民营企业对社会主义市场经济的繁荣作出的突出贡献。

五、扩大社会投资

在传统的计划经济下，我国国民经济的发展完全由公有制经济一架马车来拉动，经济增长主要靠国家投资。我国是一个发展中大国，现代化建设需要投入大量资金,光靠国家投资,受到很大限制,资金供给十分短缺。改革开放以来,伴随着多种所有制经济共同发展,投资领域发生了深刻的变化,主要表现为民营经济发展促进了民间投资大量增长,成为拉动国民经济增长的重要动力之一。

来自国家统计局的数据显示,2016年国有企业的投资占比达到35.1%,民营企业的投资占据了57.7%,高达一半以上,这就说明了民营企业对社会投资的贡献较大。同样,从2013~2016年的政府投资和民间投资对比可以看出,政府投资下降了8.3%,民间投资占比提升了22.5%,这也就意味着国家看到了民营企业的贡献力量,也大力促进民营企业对投资的贡献。

六、维护社会稳定

民营企业的发展壮大对于维护社会稳定方面也发挥了重要作用。一方面,民营企业的发展壮大帮助国家解决了劳动人口就业难、国民收入水平较低等诸多社会问题,缓和了社会矛盾,有助于维护社会稳定;另一方面,许多民营企业在自身得到发展后,秉承着"达则兼济天下"的传统美德,积极参与社会公益事业,目前民营企业捐款已经成为社会公益事业捐赠资金的重要来源。

七、推动国有企业改革

民营企业的发展,不仅推动着经济的增长,而且使改革由体制外向体制内推进,推动着国有经济改革。这种推动作用首先表现为"压力效应"。民营企业的发展逐步形成了对国有企业的竞争压力,国有企业原有的垄断被打破,垄断利润消失,一些国有企业财务状况恶化,亏损加剧,使得国有企业体制上的弱点进一步充分暴露出来。市场竞争压力的加大、国营体制"难以为继"的危机感的形成,是迫使国有企业深化改革的重要外部条件。其次是"示范效应"。民营企业由于其明晰的产权关系和灵活的经营机制，在改革中率先进入了市场，成为"自主经营、自负盈亏、自我发展、自我约束"的独立法人实体和市场竞争主体，显示了民营企业的体制和机制优势，这就为国有企业的改革提供了示范作用，使国有企业逐渐走向市场化和进行民营方式改革。再次是"接盘效应"。民营企业接受了国有企业改革中转移出来的大量冗员或富余人员，为下岗工人再就业立下了汗马功劳，极大地缓解了因下岗而产生的社会矛盾。最后是"互补效应"。近年来，许多民营企业积极参与国有企业的改制重组，民营企业的机制优势与国有企业的资金、设备、人才、技术优势结合，产生了互补效应，优化了国有企业的产权结构，促进了混合所有制经济的形成，有利于国有企业探索公有制的多种有效实现形式。

总之，经过三十多年的发展，民营企业和民营经济已经成为我国国民经济的重要组成部分、构建和谐社会的积极力量和经济增长内生动力的源泉。

第四节 民营企业发展现状

由上一节可知，民营企业在我国社会生活中发挥着巨大的作用，我国取得的经济成就与民营企业的发展密不可分，促进民营企业的发展是繁荣社会主义经济的必要举措。本节将描述民营企业当前的发展状况，并且根据发展现状提出促进民营企业发展的相关举措。

一、民营企业发展现状

民营经济经过多年的发展已经成为国民经济的重要组成部分，但是，在民营企业高速发展的今天，其依然面临着一些有待进一步解决的问题。

（一）发展环境有待改善

人们对民营企业的认识仍然存在着一些影响民营企业发展的情况，

如民营企业在融资等方面较之非民营企业存在着更多的障碍，尚未取得与国有企业一样的待遇，融资在一定程度上成为了民营企业发展壮大的拦路虎，一些政府职能部门在履行其职能时，还存在着不能一视同仁的情况，这使得一部分民营企业的行为较为短视化，投资愿望不足。

（二）人力资源不稳定

大多数民营企业家都非常重视人力资源，但现实条件下大多数民营企业却面临着严重的人才危机和信任危机，其根本原因就在于企业家人力资源观念不正确，他们大多存在落后的"资本雇佣劳动力"观念，没有制定科学的发展战略，更没有人尽其才地使用可以调配的人才资源。一方面认为员工和企业的关系只是劳动力雇佣关系，而没有从思想意识上真正重视过人才和他们的人格尊严；另一方面民营企业"任人唯亲"的用人方式，使优秀人才难以真正融入民营企业，因此他们通常持打工心态，只关心眼前利益，对企业没有认同感和长期扎根的观念。此外，民营企业家经营目标短期化，不注重人力资源投资，人力资源管理理念狭隘，用人制度简单化，这些都导致优秀员工的流失，影响企业长期的发展。

（三）家族式企业，非现代化企业制度

我国的民营企业大多是家族式企业或合伙企业，无法真正形成现代法人企业制度。我国的民营企业在20世纪90年代以前的很长一段时期内，受到较大的限制，直至90年代中期才进入快速发展时期，并且大部分都采用家族式管理模式。由于家庭企业以血缘为纽带，人合的成分大于资合，外来优秀人才难以打入企业管理核心，因此其人才劣势暴露无遗。另外，民营企业规模偏小，产权结构不清晰，在完成了创业期的快速发展并形成一定规模之后，这种组织形式不利于其进一步发展。家族式企业或合伙企业的组织结构不稳定，所有者和经营者的变动直接对企

业产生不利影响，制约着企业的发展。

（四）管理不完善

民营企业的管理大多采用了成功企业的模式，在企业制度和文化建设上也以标杆为主，没有能力开发出适合自己的管理模式和企业文化。这种通过模仿学习而建立的管理制度和企业文化往往有名无实，成为企业日常工作中的摆设。企业要想赢得并持续保有竞争优势地位，就必须拥有独特的运营活动和管理模式。民营企业在管理上主要存在内部组织关系不稳定、管理层次不清、计划性不强、管理方法单调和"重市场不重现场"等问题。

（五）决策盲目，风险经营

民营企业在发展的最初阶段，在很大程度上是得到了政府的支持和帮助，这在曾经以计划经济为主体的公有制经济时期是非常正常的，但却使一部分成功的经营者淡化了风险意识，四面出击，盲目地多元化经营，过分的自信导致无法正确地评价自己的经济实力与经营策略，成功的经历强化了个人的英雄主义色彩，也导致了经验主义决策的失败。

二、促进民营企业发展的举措

为了进一步促进民营企业的发展，推动中国经济的发展，建议从以下几个方面入手。

（一）提高民营企业的政治和经济地位

虽然民营企业从法律意义上可享受"国民待遇"，但在诸多领域民营企业并没有真正享受到这种平等待遇。在国家与地方的重大政治、经济决策中缺少来自民营企业家的声音，这与民营企业当前的社会贡献是不相称的。因此，要进一步发挥民营企业的贡献作用，就需要给民营企业充分的话语权,听取民营企业的声音,了解民营企业的需求,以促进民营企业的发展,为社会的发展作出更大的贡献。从国家层面来看,就要提升民营企业的政治和经济地位,以保证民营企业能够获取同国有企业同样的政治和经济待遇。

(二)改变全社会对民营企业的歧视现念

当今社会很多人对民营企业持有偏见,民营企业往往会被误认为为了自己的私利而很少关注员工、关注社会,一些民营企业家因为富有而被冠以"土财主""暴发户"的称呼。现实并非如此,很多民营企业在慈善事业、解决就业、提供的员工福利等方面都不低于国有企业。这些偏见使民营企业家缺少社会认同感,并且在很大程度上制约了民营企业的发展。民营企业的发展需要全社会的支持,因此,必须从根本上改变社会对民营企业的歧视观念,建立良好的社会舆论环境,这是促进民营企业健康发展的根本保证。

(三)扶持政策要有针对性和可操作性

国家已经出台了大量关于民营企业的政策,但是,在具体落实上还有所欠缺,同时,政策涉及面没有包含所有的民营企业。所以,国家要进一步完善政策体系,在制定相关政策前,要深入民营企业了解其实际困难,更多地从民营企业的真实需求出发制定政策,认真采纳其建议,制定有针对性和可操作性强的扶持政策,以确保政策的贯彻落实,促进民营企业健康发展。

(四)民营企业要提高社会责任意识

近年来,民营企业不断发展壮大,已成为我国经济增长的重要推动力,为社会作出了巨大贡献。因此,民营企业在得到各种政策支持的同时,也应提高社会责任意识,积极承担社会责任,努力回馈社会,成为具有社会责任感的典范，从而赢得广泛的尊重与认同。从民营企业自身来讲，除了加强现有的慈善事业、改善自身外在形象之外，还要强化社会意识，从内外各个方面突出自身的优势，突出对社会的贡献，以得到社会更多的认可，以促进民营企业的快速、健康、可持续发展。

本章小结

民营企业对国家经济的发展作出了十分巨大的贡献，国家经济的发展离不开民营企业的壮大与良性成长。本章首先对民营企业的概念进行界定，然后从历史的角度阐述了民营企业的发展历程，接着描述了民营企业对于社会经济生活的作用意义以及民营企业的发展现状，从四个方面理清了民营企业的基本情况，为后续章节对民营企业的技术能力、创新绩效、商业模式等相关内容的深入分析研究奠定了基础。

第二章　企业、企业成长及企业能力

第一节　企业的本质

企业不是原生的，而是人类社会发展到一定阶段的产物，是人类更好地改造自然和利用自然，以满足人们日益增长的物质和文化需要的工具。作为一种更为有效的创造财富的组织形式，企业的产生源自于对生产费用和交易费用的节约。因为有了企业的存在和成长，人类社会的物质和精神财富才变得更加丰富。企业为人类社会的发展提供了强大的动力，极大地促进了人类社会文明的进步。

古典经济学创始人亚当·斯密认为，企业是将土地、资本、劳动者等生产要素联系起来的一种组织，目的在于更有效率地创造财富。在构成企业的诸要素中，劳动者居于核心位置。劳动者不但是企业进行生产经营活动必不可少的一个要素，而且是对其他生产要素进行认识和使用的要素，没有劳动者的能动性，其他要素便不能发挥其应有功能、实现其应有价值。古典经济学家们将企业视为一种生产函数，其主要功能就在于将生产要素组织起来，通过生产转换为一定的产出。在古典经济学的研究视野里，企业被看作一个不能拆分的基本单位而进行研究，是一个产品或服务的有效转换工具，企业的内部结构如何则不在其分析范畴之内。但是，其研究基础暗含这样一个前提：企业之所以存在是因为它促进了生产产品的效率的提高。而企业之所以能够更有效地创造财富，原因在于在企业中人们可以更好地获得分工与合作带来的效率提高。

科斯（Coase, 1937）把企业看成是市场的替代物，是一系列契约的组合。使用市场还是用企业进行资源配置，主要是看何种方式能更有利于交易费用的降低。该交易费用是指企业在进行交易过程中发生的一系列费用，包括搜寻费用、签约费用、交易费用、履约费用等。例如，一个生产性企业生产一种产品，若该产品由A、B两个部件构成，企业可以自己生产这两个部件也可以去市场购买。若企业生产部件的成本低于市场价格，则部件由企业自己生产；若企业生产成本高于市场价格，则企业需从市场购买部件。从市场购买部件的行为暗含这样一个前提，即该部件已经在市场上存在且已投入流通。企业从市场上购买的部件是其他企业的产品，因此企业自制部件还是购买部件，归根到底是对生产该部件的不同企业间生产相同部件的生产成本的比较。

但是，交易费用理论忽视了企业的生产功能。正如迪特里希（Dietrich, 1994）指出，企业的核心是生产和配置资源，它与构成经济控制活动的其他两种活动——内部组织和缔约活动是明确划分开来的。在科斯看来，作为资源配置方式的企业和市场的转化在瞬间完成，转换成本不在其关注之内。交易作为被分析的基本单位，独立于人的参与而存在，即人的因素被忽略。

马克思指出，社会生产活动是一个由不同环节构成的完整过程，具体由生产、分配、交换和消费四部分构成。从微观来讲，企业作为从事社会生产活动的主要单位，其生产经营活动属于社会生产活动的构成环节。企业也正是通过参与到社会生产活动中来以实现自己的获利目的，使自己的价值最大化。企业的价值最大化是通过顺利地向社会提供合适的产品和服务来实现。因此，企业是生产和交易的结合体，缺少了生产，企业便没有了交易的载体；缺少了交易，企业创造的价值便不能实现，也就缺少了后续生产的基础。

对于企业本质的研究，传统的经济学将企业看成是一个投入产出工具；交易费用理论认为企业的本质是节省交易费用；组织理论将企业看成是一个权力结构；企业能力理论将企业看成是一个能力的集合体；价值管理理论则认为企业是一个价值创造实体……但是无论其视角如何变化，均不能否认企业的本质是创造财富以满足人们需要的工具。

在成千上万的企业中，每天都有企业倒闭，每天也都有新企业成立。一个企业的灭失是微不足道的，企业倒闭是优胜劣汰自然法则的作用结果。但是，一个企业的倒闭对于该企业的相关利益者，特别是对企业所有者和员工来说影响是严重的。因此，企业需要存活、需要成长，企业成长是学界和业界所关注的永恒主题。

第二节　企业成长的影响因素

企业的成长受众多因素的影响。针对企业间成长状况不同的研究，赫伯特·斯宾斯（Herbert Spencer）提出了"差异"理论，认为企业之间的差异源于企业内部的经济问题和以及企业之间交互作用的外部经济问题。企业的内部经济问题研究的是企业的内部因素，企业的外部经济问题研究的是企业的外部因素。

一、影响企业成长的外部因素

作为人财物有机结合的一个组织，企业被看作是一个独立的单位。就某个企业来看，其所拥有的资源是有限的，资源的本质属性是要寻求最大的收益。某种资源被投入领域的选择是众多的，不同的投入方向会产生不同的收益，所以，资源的机会成本以及选择资源被投入的行业是企业首先要考虑的问题。由于企业获取的经济租金本质上是一种垄断租，因此企业应着重分析行业内竞争力的分布与强弱、企业与市场力量（竞争对手、供应商、顾客、互补商等）间的竞合互动关系，并据此开展有效的战略定位，建立不完全的竞争市场，充分利用市场力量来获取超额利润。

迈克尔·波特在《竞争战略》中关于行业选择时提出了更详细的分析方法，提出行业分析的"五力"模型，即企业面临竞争的五种主要来源，包括供应商和购买者的讨价还价能力、潜在进入者的威胁、替代品的威胁，以及来自同一行业公司间的竞争。这五种因素，影响了行业的竞争程度，影响到企业的竞争地位，也影响到企业的成长。

西蒙（Herbert A. Simon）通过对企业成长的分析，发现企业所处行业的成长性对企业成长的影响。企业处在高成长率行业自然会享受到行业成长所带来的便利，即使保持技术水平和资源的投入组合不变，仍能获得行业增长所带来的增长速度，犹如顺水行舟。而在衰退性行业，企业的成长要抵消行业衰退所带来的影响，因此要付出更大的代价，好比逆水行舟。

二、企业成长的内部影响因素

同一行业中的不同企业分别处于行业中的不同位置，表现出不同的经营绩效和竞争地位。这些企业处在相同的行业环境中，环境因素对所有企业的影响基本相同。那么是什么原因造成企业的绩效有很大差异呢？这是由于企业内生性因素的影响。

鲁梅尔特（Rumelt）在研究企业绩效时发现，行业内企业间绩效的分散程度远远大于行业间的分散程度。企业间绩效的差异首先来自于构成企业要素的差异，即参与企业生产运营的人、财、物的数量和质量。其次是企业运用和配置资源的效率，在资源相同的情况下通过提高资源的利用效率来获取经济租金，或通过创新材料、流程等改变资源的用途来获取经济租金。

对于企业进行生产经营活动所依赖的资源基础，即企业资源对企业成长的影响，彭罗斯进行了开创性的研究。安蒂斯·彭罗斯（Penrose, 1959）将企业看成是"被一个行政管理框架协调并限定边界的资源集合"。当资源被结合在企业行政管理的框架之下,对生产性资源的使用就会产生生产性服务,而生产性服务发挥作用的过程则推动知识的增加。由于生产性服务与知识创造之间存在动态的互动关系,新的管理服务在这一过程中会被不断地创造出来。这些新的管理资源又被用于发展新的管理系统。但是,当一个管理系统被建立起来,管理程序成为惯例,闲置的管理资源就会出现,管理者迫于内部压力就必须寻找利用这种资源的新领域,从而促进了企业成长。

彭罗斯指出,资源是由一系列潜在的服务构成,这些资源或工厂的投入对所有的企业是很容易获得的,那么企业的绩效会趋向相同。但是,现实却不是这样,以资源为基础的企业成长观对于企业成长过程中出现的绩效差异难以作出客观解释。其原因有两个:一是对资源的界定过于笼统,对资源的识别和获得过程研究不够清晰,对于竞争优势来源的资源观的实证研究还没有形成统一、明确、清晰的指标(Pavitt, 2003);二是构成企业资源的背后一定隐藏着某种更重要的因素。安德鲁斯(1971)发现,在拥有相同资源条件下,企业有效配置资源的能力是不一样的,因此能做得更好比其能做什么更重要,这就是企业的能力。

第三节 企业能力

企业能力是一个企业做得比其他企业更好的一种特殊物质,是企业竞争优势的来源。企业构成要素中的人所拥有的知识是企业能力的来源,知识资源的有限性严重阻碍了企业的发展。个人所拥有的知识形成人的思维并支配人的行为、指导人的行为从而对生产过程产生影响,即人的知识通过一定的方式转移到产品和服务中去,产品和服务是知识的载体。

哈耶克(1945)立足企业层面提出了知识来源的两个途径:一是来自企业内部,通过企业自己投入资源生产知识,如技术知识、决策常规程序等;二是来自企业外部,这其中包括市场交易、合并与收购其他企业等方面的知识。这两种途径对于个人来讲同样适用，因此个人知识的来源主要有两种途径：一是通过个人的自我学习和实践（干中学）而不断积累，这个过程是缓慢的；二是个人从外部获取知识，这是个人知识快速增加的有效途径。

一、能力与资源

自 20 世纪 80 年代以来，对企业能力和资源概念的关注已经成为学术界一个重要领域，企业能力与资源均可视为用来开发和执行企业战略的有形和无形资产，它们对企业战略形成支撑的同时，也形成了一种动态制约作用。占据主流的观点是基于资源的能力观，即（Resource-Based View, RBV），将能力和资源两者在概念内涵上是区别开的（Barney, 1991; Peteraf, 1993; Wernerfelt, 1984），如皮特拉夫（Peteraf）认为企业能力是在企业识别、运用和加强其有形的和无形的资源来获取竞争优势的背景下定义的，非主流观点则是强调知识管理的方法论（Grant, 1996）。这两类研究都认为能力与知识形成了不同企业的不同业绩，而企业能力的内涵是企业竞争优势的源泉。提斯（Teece，1997）强调支持企业竞争优势的动态能力在于独特的工艺、特殊的设施以及演进路线。爱森哈特和马丁（Eisenhardt 和 Martin，2000）则强调企业竞争优势的获得需要基于通过企业的能力、惯例和资源。

普拉哈拉德（Prahalad）和哈默尔（Hamel）提出核心能力理论，认为核心能力是组织中的积累性学习，是关于如何协调不同的生产技能和有机结合多种技术流的学识。核心能力有三个重要特征：延展性、用户价值、独特性。但是时间会侵蚀能力，由于环境的变化，企业所拥有的资源和能力会不适应环境需要而产生核心刚性，造成对企业发展的障碍。因此，企业需要不断地重构自己的能力以保持其竞争优势。为解决该问题，提斯（Teece, 1997）提出动态能力理论，试图解释在易变的环境中如何更好地开发、配置、保护资源。动态能力是指企业在快速变化的环境中整合、建立和重构内外竞争力来持续竞争优势的能力。"动态"是指更新竞争力的能力以与变化的外部环境相一致。"能力"是指战略管理中恰当地配置、整合和重组内外部的组织技能、资源和职能竞争力,以更好地与变化的外部环境要求相匹配(Teece,1997;2003)。爱森哈特等(Eisenhardt,2000)则认为动态能力是指企业应用资源的流程,尤其是整合、重组、获取和让渡资源的流程,使企业在动态的市场中通过配置资源实施新的价值创造战略而创造价值,以及匹配甚至创造市场变化。窦斯(Dosi,2000)认为:动态能力是更新企业能力的能力,是重构企业能力从而推动企业能力从一种状态走向另一种状态的能力。其目的是研究企业如何识别市场机会,合理配置、重构企业的资源和能力,以提升企业的市场价值。动态能力包括学习能力和解决问题的能力,特别是发现新问题和解决新问题的能力,是公司积累相关新技能和知识的能力。公司缺乏这种能力,将无法适应环境的变化。

关于核心竞争力与企业能力的差别,斯达克(Stalk,1992)与其他两位学者的研究指出:"核心竞争力偏重于强调在企业的价值链的某些特定点上有关技术与生产的专门技能,而相比而言,企业能力的含义则更为宽泛,涵盖了整个价值链。"他们将企业能力定义为"战略含义上的一系列商业过程,关键是将其与客户的真正需要联系起来"。

二、技术能力

关于企业技术能力,世界银行《工业技术发展项目案例研究》1993年的定义是:"工业技术能力是企业建立工厂并有效运营、随时间而改进和扩展以及开发新产品和新工艺的技能,包括技术的、管理的和组织的。"这里反映出技术能力所具有的动态和进化的基本特征。斯旦尔特(Stewart,1987)指出,技术能力包括全新技术的创新、引进技术开发能力以及对引进技术进行修改的能力。提若拉普(Tiralap,1992)提出"技术能力"是与开发新产品或工艺以达到更高效率水平的相关技术知识和技术技能。阿查（Acha，2000）总结技术能力是用来辨别、开发和利用技术的知识和技巧。

科恩与利文萨尔（Cohen 和 Levinthal，1990）认为技术能力可以理解为企业评价、吸收和应用外来知识，并对技术能力中的"吸收能力"属性给予了特别关注，认为它已经影响到企业在进行创新活动时分配相关资源的决策，而评价外来知识的能力依赖该企业以前的研发活动和经验的积累。值得注意的是，他们两人还进一步指出需要在研究企业吸收能力时考虑当时的社会文化背景。威尔（Weil，2000）则不同意此引申论断，强调企业的开发、获取和学习能力并不特别依赖于要被吸收知识的地域来源和文化因素。

企业"技术能力"概念的形成起源于对企业本质——企业知识基础论的认识，并在企业能力理论和后发国家技术追赶实践的研究中得以成型。纵观技术能力的定义，已有的研究可以主要的分成四大流派：结构学派（Fransman, Martin and King，1984；Dahlman, Carl, Ross-Larson, Bruce and Larry E. Westphal，1987；Linsu Kim，1997）、过程学派（Stewart，1981；Desai，1984；Lall，1992）、资源学派（Pavitt，1992）、知识学派（安同良，2002；魏江，1997；郭斌，1996）。

表2-1 技术能力流派

学派	代表人物	定义
结构学派	Martin Fransman and King（1984）	①寻找、引进技术的能力 ②实现从投入到产出的转换能力 ③适应当地生产的能力 ④局部创新的能力 ⑤R&D 投资的能力 ⑥基础研究并提高改进技术的能力
	Westphal（1987） Linsu Kim（1997） C.Dahlman（1985）	生产能力 投资能力 创新能力

续表

过程学派	Stewart（1981）	一种独立作出技术选择、适应、改进已选择的技术和产品，并最终内生的创造新技术的能力
	Desai（1984）	购买技术、生产运作、复制和扩展创新的能力
	Lall（1992）	有效购买、适应、使用、改进和创造技术的能力
资源学派	Pavitt（1992）	产生和管理技术变化所需的资源，这些资源包括引进的国外技术、在学习和培训以及研究上的投资、激励创新和模仿的经济手段、鼓励公司重视技术积累的制度与政策等
知识学派	安同良（2002） 魏江（1997） 郭斌（1996）	①附着在内部人员、设备、信息和组织中的内生化知识存量的总和 ②在技术—经济变革过程中，选择、获取、消化吸收、改进和创造技术使之与其他资源相整合的累积性知识

资料来源：安同良.企业技术能力发展论[D].南京：南京大学，2003.

本书将技术能力定义为"知识和技能的集合"，对技术能力的理解要从静态和动态两个维度出发。

（1）从静态的角度，技术能力包括企业在一定时期内拥有的相关技术资源和技术活动的知识存量。

（2）从动态的角度，技术能力指企业对内外部的知识资源进行整合、吸收和转化的协调发展过程。本书主要研究的是不发达国家企业的能力发展，所以，技术能力的提升是一个从低水平到高水平动态发展的过程。

技术能力的知识本质。技术能力是一种特定的企业知识，其包含了知识的各种类型，从体现在设备和信息系统中的显性知识到隐含在人员意识和经验中的技能诀窍，再到组织惯例中的协调配置知识，最后到洞察产业技术和市场发展的分析能力与直觉智慧等（赵晓庆，2001）。这与已有研究对技术能力的定义相吻合，是一种广义上的理解，广义上的技术能力与企业的组织能力是可以替代的（Linsu Kim, 1997）。

技术能力的层次性。对技术能力层次结构的理解必须根据不同的产业、企业发展的不同阶段和企业不同的战略方向来确定。此外，虽然狭义上的技术能力可以将研究的范围界定在技术基础、人员知识和技能上，但是这仍然只是逻辑意义上的理解，在企业技术能力提升战略上并不具有实际可操作性。因此，本书分析企业技术能力提升的过程中，结合产品知识系统对技术能力划分层次，见图2-1。

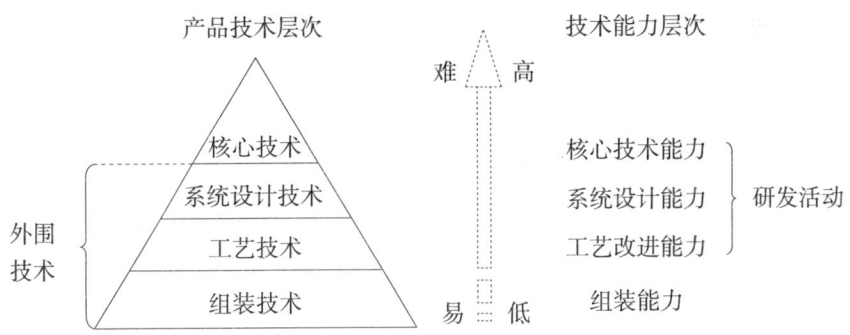

图2-1　技术能力层次划分

技术能力的进化。对技术能力动态进化发展的探讨，需要将其与一定的支持环境相联系。萨瑞夫（Sharif, 1994）在研究企业技术能力的构建时，认为所有者和供应商、用户和社会、国家政策法规、竞争者等四个方面限定了企业技术能力进化的方向。本书研究后发国家制造企业在特定产业发展中的追赶过程，所以，对技术能力提升过程的分析是将其放在一定的市场技术环境中的。影响企业技术能力发展方向的市场因素主要有：需求条件、竞争对抗、技术供给等。此外，政府的干预、国家教育水平等对追赶发展的过程也是重要的环境条件（Nelson, 2003; Linsu Kim, 1995, 1997; Hobday, 1995）。技术能力进化的基本性质有两点：①路径依赖性。企业后期的技术活动的选择和能力发展方向总是基于前期积累的技术知识之上，所以，企业往往容易被锁定在技术—市场机会上。②组织结构和技术能力进化的互动。一定的技术能力水平要求有一定的组织结构与之相适应,而组织上的创新能加快技术能力进化的过程。

一些学者对技术能力的范围涵盖提出了更为宽口径的界定,按照阿德勒和森巴(Adler and Shenbar,1990)的观点,四种类型的技术能力需要关注:①开发新产品满足市场需求;②用适合的工艺技术制造这些产品;③开发引进新产品与新工艺来满足未来的市场需求;④能够对由于竞争和未知环境带来的未预期到的技术作出及时反应。这实际上强调了企业需要在制造管理、战略规划、组织学习以及资源分配等方面集成与整合自己的技术能力资源。本书认为,这为企业技术战略的制定与实施延伸了分析维度和研究的深度。

勃格勒曼等(Burglman,1996)强调,要将企业相关战略的选择与过程真正基于企业能力,不能简单化地划分为要么是差异化或者要么是成本领先的策略,那么就往往能够做到这两种战略的有机结合,企业必须明白真正与竞争者不同的竞争力与能力资源对自己的战略重要性,从而耐心长期地培育、构筑和完善它们,虽然也许对外的直接购买和进口依赖在短期内会更有效或更便宜。正像班瑞(Berry,1998)总结的那样:"如何使得企业的技术资源和企业战略选择的这种紧密关系得到发展而又不失去平衡,是企业那些高级管理层人员面临的最严重的挑战之一。"

第四节 知识转移对技术能力提升的作用机制

企业决策层在制定了企业战略目标的情况下,后续工作(战略目标的实现)就是企业通过何种方式和途径来确保目标的实现。

企业的终极目标是获得经济效益。为此,企业必须把自己的优质产品和服务推向市场,只有获得市场的认可才能保证增值价值的实现。这个过程包括两个先后紧密衔接的阶段:一是企业要生产出优质的产品,二是通过强有力的市场运作来获得市场的认可。因此,生产运营能力包括生产制造能力和市场营销能力。

企业要生产何种产品才是优质产品呢？

优质产品（包括物质产品和服务产品）的界定：一是产品的优良特质。对物质产品而言，包括产品的性能、特征、可靠性、耐久性、美感、可服务性、感知质量等。对服务产品来讲，包括产品的有形性、服务可靠性、响应性、保证性、移情性、可用性、专业性、适时性、完整性、愉悦性等。二是优质产品的功能成本优势和功能价值优势。其中功能成本是企业生产制造能力的体现；功能价值是企业营销能力的体现，是企业优质产品和市场的连接媒介。

产品的功能通过企业的生产制造得以实现。生产制造能力的高低直接决定着产品功能成本的高低，生产制造能力的高低反映在企业的生产效率上，即在一定的技术装备和人员投入情况下，单位资源的转换效率。转换效率越高，产品的单位成本越低，转换效率越低，产品的单位成本越高。

企业的生产制造能力包括两个方面的因素：一是对资源既有功能的最优实现方式，二是对物质资源新功能的开发。

既有功能的最优实现方式：技术装备一定，通过设计合理的流程，减少单位资源投入的转换时间，从而增加产品产量。在单位资源投入和生产流程一定的情况下，通过技术装备的更新换代或者是改进生产工艺以获得生产效率的提高。前者归因于生产制造过程。后者归因于企业的技术研发。图2-2描述了技术提升对生产效率的影响。

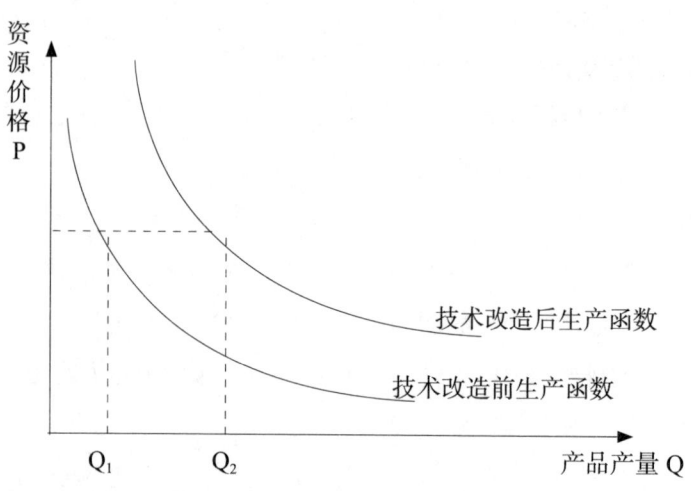

图 2-2　技术能力和生产效率的关系

企业的技术研发能力就是技术研发人员主动或被动开发新产品（全新的产品或增加产品功能）的过程。实现手段就是采用新工艺，使用新设备，如图 2-3 所示。

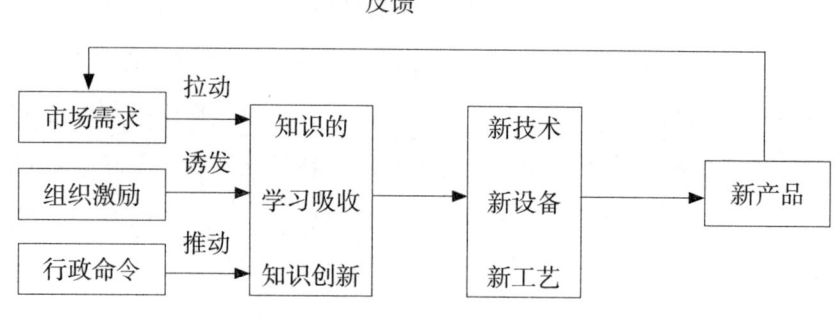

图 2-3　技术研发动因及过程示意图

一、技术创新动力的来源

马克思说（1848），资产阶级在它不到一百年的阶级统治中所创造的生产力，比过去一切时代创造的全部生产力还要多。即第一次工业革命时期，由于蒸汽机的出现，机器代替了手工工具。新发现、新技术的出现极大地提高了生产力。生产力的提高极大地促进了市场繁荣，但工业革命出现的起因是市场的需求，在某领域的技术突破引发连锁反应形成技术革命。

20世纪60年代，美国经济学家施莫克乐（J.Schmookler）提出了技术创新的市场拉动模型（见图2-4）。他认为，市场需求存在巨大的利润空间，对市场的开拓和对生产过程中原材料、人力的节省促使企业渴望采用新技术，使用新设备，由此形成了对生产技术的拉动。

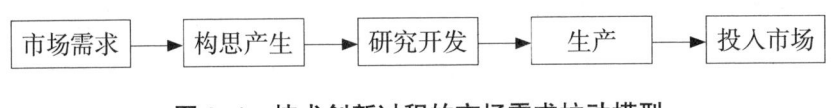

图2-4　技术创新过程的市场需求拉动模型

施莫克乐通过对美国四个产业——炼油、造纸、铁路和农业的考察，搜集有关投资、产出、专利数量等方面的数据，进行了实证研究。他认为，企业的专利活动，即技术创新活动的主要目的是追求企业利润，它受市场需求的引导和制约。

在施莫克乐的市场需求拉动模型中，企业的技术创新活动的主要动力来自于市场需求。有了市场需求，企业的技术创新才有了方向和目标，从而在需求方向的引导下，企业开始构思新产品、新技术的概念框架，并组织专门的科技人员进行产品研发，中间要经过试生产以及试销等过程，验证产品的市场认可度。在新产品、新技术被市场接受的情况下，企业会组织大量人力、物力、财力进行大规模生产，最终把新产品在市场中销售，使新技术、新产品实现商业化价值。

目前，这种技术创新模式仍然在很多企业中被实践和运用着。但是，市场需求并不是促进技术创新的唯一动力，如果没有足够的技术知识作为基础，仅仅依靠市场需求，也不足以使创新获得成功。

市场需求拉动技术创新，但是由于技术研发人员是技术创新的主体，那么如何调动其积极性，也是一个企业所重点思考的问题。根据研发人员的需要，采用适当的激励措施，以诱发研发部门和个人自觉地进行技术创新，这便是激励推动型技术创新动力来源，如图 2-5 所示。

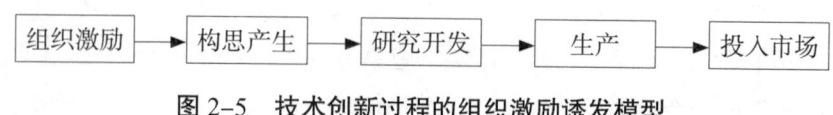

图 2-5　技术创新过程的组织激励诱发模型

激励推动型的技术创新模式，认为诱发企业技术创新的主要因素来自于组织内部的激励制度。企业高层管理者通过制定企业文化和激励制度，在组织内部营造一种鼓励员工从事技术改进、技术发明、工艺创新的氛围。例如，建立研发人员工资与新产品市场销售收入挂钩制度，以企业员工的名字命名新工艺、新产品，对有价值的创新活动给予物质奖励，以及选拔出一些创新人才走向管理岗位等。在企业各种激励制度的作用下，员工的创新激情被激发出来，努力学习、吸收各种新知识，各种新产品、新技术的构思层出不穷，企业选择其中一些具有较好市场前景的新构思，组织专门人力进行深入研发，并大规模生产，最终销售到市场实现其商业价值。

组织激励型的技术创新，会使企业创新成果丰富，数量很多，但创新的质量难有保障。由于只是依靠企业组织的政策激励，创新有可能偏离市场需求，更不用说探寻到巨大的市场商机，所以在这种创新模式下，企业很难取得技术上的根本性突破，难以获得竞争优势。

此外，行政命令也是推动研发的一个主要动力来源，如图 2-6 所示。

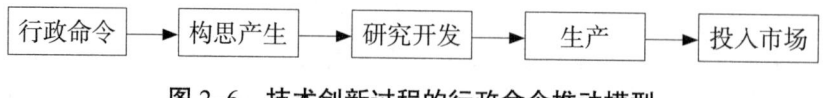

图 2-6　技术创新过程的行政命令推动模型

在行政命令型的技术创新模式中，组织机构管理层的行政命令是推动企业技术创新的主要外在动力。企业领导者出于使企业长久发展或者不断扩张的目的，把技术创新、工艺创新等工作以任务命令的形式分配给企业科研人员，要求在一定时间范围内，个人或者研发团队必须完成一定数量的创新成果。在这种模式下，企业的科研人员会强制自己努力思考，探寻市场的潜在需求，构思新产品新工艺，并最终使新产品产业化商品化。这种创新模式在一开始会很有成效，在领导意志的促进下，企业创新成果丰硕显著。但随着时间的延续，会让研发人员产生疲惫感、紧迫感，创新的激情消失殆尽，技术创新缺乏持久动力。

二、技术研发过程

企业的技术研发过程是企业寻找新技术，发现和吸收新技术并加以利用的过程，包括技术扫描、技术选择、技术获取、技术利用、技术创新和技术保护，如图2-7所示。技术研发过程是不断循环的，呈现螺旋式上升。

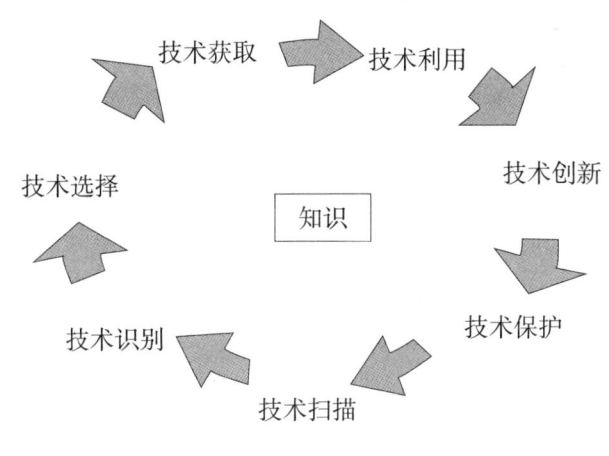

图2-7　技术研发过程

企业技术研发能力外显为企业的研发效果。研发过程中既有企业对外部新技术的吸收，也有通过知识创新而自主研发。在知识产权保护越来越完善的今天，企业研发具有自主知识产权的新技术、新产品具有更重要意义。

三、研发人员所需要的知识

技术开发人员所需要的知识和决策者所需要的知识同样具有主观知识和客观知识之分，如表2-2所示。

表2-2 研发人员知识

研发人员知识	知识内容
主观知识	价值观、人生观、开发动机、心理需要意愿等
客观知识	技术生产知识（产品性能、生产装备、生产工艺）

研发人员的价值观直接影响开发动机和开发努力程度。我国在20世纪60年代的"两弹一星"开发，归功于老一辈科学家们的奉献精神。当时的环境恶劣、物质匮乏、条件艰苦、可借鉴技术不足，但是在短时期内取得成功，就是凭借一种精神在鼓舞着人们。这种价值观在企业内就表现为良好的企业文化。

资源新功能的开发是人们对物质资源的再认识过程，新功能的实现手段需要借助于企业的技术能力。技术能力由三项能力构成：个人的操作流程改进、产品的生产工艺更新以及技术设备的升级换代。技术能力的内涵决定了企业中个人的吸收能力和创新能力。技术装备是科技人员知识的凝结，技术装备的使用是操作者对技术人员知识的部分和全部吸收。技术装备的升级换代速度是科技开发人员知识产出效率的体现。要增加企业的产出，一是需要借鉴吸收新知识，借鉴新技术；二是要知识创新。在知识吸收的基础上创造出新的知识，新知识必须满足市场对产品的功能需要。

企业研发过程中的知识转移存在两个层面：一是来自企业外部的知识转移，二是企业内部的知识转移。吸收能力是指企业获得、存储、学习和转化新知识的能力；生产能力是指生产系统的效率和产品、工艺的技术水平；创新能力是产品创新能力和工艺创新能力的耦合，企业技术创新能力的强弱反映在企业研发水平、产品满足顾客需要的程度、对创新产品投入生产的能力以及产品市场化的能力。

所谓的技术升级,也就意味着企业为了提高竞争力,借助技术的进步和市场的不断扩大而最终给企业带来经济效益的一个动态过程。曾有学者将全球的价值链区分为4种升级方式:第一,借由生产流程的简化和工艺的提高来提高生产力;第二,以旧换新或者对旧有产品进行升级换代;第三,通过增加销售和营销环节来扩大产品的销售量,从而提高企业的竞争力;第四,企业将已经拥有的成熟技术应用到对另一个新领域的开拓与创新环节。

因此,有学者据此将升级定义为包含工艺技术的升级、服务的升级、产品质量的升级等新过程。然而,升级轨迹也会随着技术的创新程度而有所变化,企业技术能力的提高最直观地反映在产业升级上。对于急于改进自身命运、谋求发展的企业来说,首先就是要获得知识转移的信息,进而寻找到合适的对接厂家来进行知识转移,并且在实践中来考察这次知识转移是否真的给企业带来了效益,这种经济效益又会对全球同行企业的发展带来哪些影响和作用。

第五节 基于知识转移的企业能力成长

一、知识转移过程中的企业能力成长

知识是能力的基础,知识的增加促进能力的提升。知识增加是通过知识转移和知识创造两种途径来实现的。同时,这两种方式又相互影响,相互促进:知识转移增加知识存量,知识存量推动知识创新;知识创新增加知识存量,知识存量的增加会使拥有者发现更多的需要从而加速知识转移。

从知识创造过程的复杂性和困难性来看:组织的知识依附于组织内部的个人、团体和组织本身而存在,它分散于组织的不同部门。知识的

创造是个复杂的过程，它依赖于个人的经历、工作实践和任务结构，因此具有一定的垄断性。不同的人拥有不同的知识结构，一个人很难拥有某一领域的所有知识。当工作过程中遇到问题的时候，谋求最优决策时往往需要依据不同的知识，这就需要人们从自身以外获取相应的知识。随着员工流动率的提高，组织也在思考如何在员工走后能够把他们的知识留下来。信息技术的发展为知识转移提供了便利的条件，它能够使人们跨越时空和部门进行知识转移。

在某一相对较短的时期，或者就某一时刻而言，企业的环境是相对稳定的，由此导致人们（企业）对环境的认识是相对稳定的，企业处于均衡状态。一个处于均衡状态的企业，是一个通过以同样的规模生产和销售相同产品给同一消费人口来维持生存的组织。

企业处于均衡状态，那么企业的生产经营活动中的某一活动，生产流程的某一环节（比如制造一种产品或生产一个零件），或者是企业流程的某几个环节的组合（比如各环节间的协调）就相对稳定。企业在生产经营过程中所表现出来的各类能力就相对稳定。由企业的操作能力、管理能力和战略能力等构成的企业能力体系相对稳定。

环境的变化会导致在既有知识支撑下的企业能力的不足，表现为企业的产品不能满足市场需求，技术研发能力跟不上标杆企业的步伐，战略目标与环境的变化不一致等。那么，企业就需要改变生产经营过程，调整企业的生产经营活动，由此导致生产经营活动所产生的企业能力的变化，也就是说，企业能力要与环境的变化相适应。

环境变化所引起的企业能力的变化在时间维度上体现了能力的前后两种状态。为便于分析，企业在均衡状态1时对应的企业能力1，企业在均衡状态2时对应企业能力2。企业能力1和企业能力2在强度上有所不同，如图2-8所示。

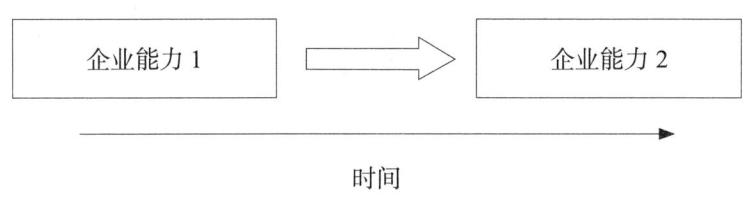

图 2-8　环境变化所引起的企业能力变化

根据能力的知识特征分析，企业能力的本质是知识的集合，该集合中包含了具体性知识、整合性知识和配置性知识，是知识存量的静态概念。也就是说，一定的知识存量决定了某一时刻的企业能力。企业能力 1 是由该时期企业知识的存量决定，企业能力 2 由该时期企业知识的存量所决定。企业能力前后两种状态的存在说明支撑企业能力的知识发生了改变。企业能力的变化过程是知识集合的改变过程，知识发生变化说明知识流量的存在。当环境变化而隐藏在企业背后的知识集合不再适合企业时，企业就需要通过一系列的活动来增加知识，也就是通过知识流量来促使企业知识存量的更新，从而改变自身的能力。此时，企业从原来的知识存量 1 出发，通过增加新知识建立起现在的知识存量 2。知识流量是知识存量在时间维度上的变化过程，如图 2-9 所示。

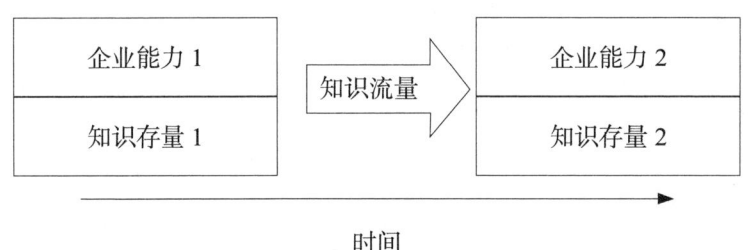

图 2-9　以知识为基础的企业能力的变化过程

知识流量是怎样产生的呢？知识增量主要来源于：一是个人在工作过程中通过"干中学"而增加个人的知识含量从而汇聚成企业的知识增量；二是通过个体间知识转移增加个体的知识含量而增加企业的知识含

量；三是企业吸收外部知识从而增加知识含量。如图 2-10 所示。

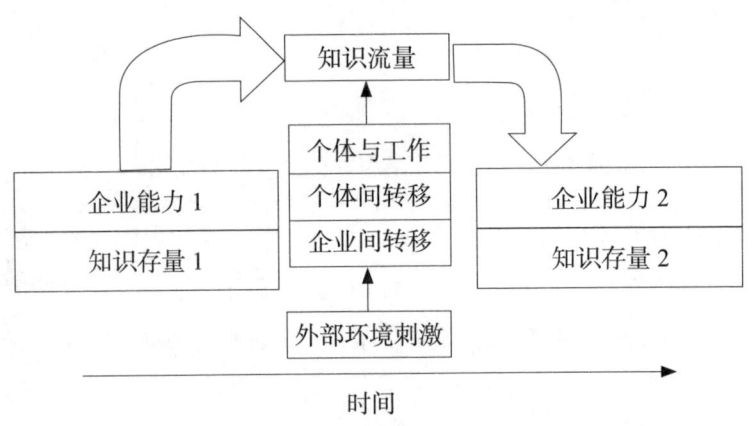

图 2-10 以知识转移为基础的企业能力提升过程

知识转移促进知识接收方的知识增加。接收方知识的增长可以用知识演化模型来表示出来。借助知识转移过程，图 2-11 描述了接收方知识的增加是其对知识的选择、复制、创造和保留的结果。

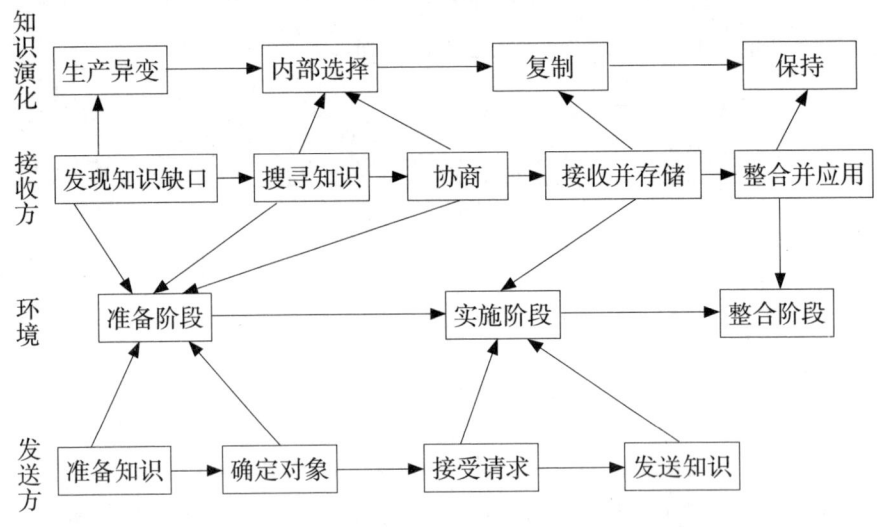

图 2-11 基于知识转移过程的知识演化过程

佐罗和温待（Zollo 和 Winter，2002）提出了知识演化循环的四阶段模型，知识演化循环包含四个阶段：产生变异、内部选择、复制和保持（保留）。

在产生变异阶段，个人或团体面对解决旧问题的困难而产生新的概念和想法，尝试寻找新的方法解决旧的问题，或者是面对新的挑战而产生新的构想；内部选择阶段隐含在对各种想法的潜能进行评估，也包括对新知识的搜寻和对新知识价值的评估。通过对知识的表达、分析和讨论（争论），主意变得更加明晰、更加容易被选择；复制阶段涉及对显性知识的学习吸收和应用，通过接收方的知识重构渐渐地植入到个人的行为中和企业的惯例中。保持阶段就是接收方（企业）通过对知识的应用效果的衡量而发现适合于本企业的知识，并加以保留，扬弃非价值性知识。保持阶段是知识演化一个阶段的结束，也是下一个演化过程的开始。

二、企业能力提升的具体步骤

对于公司来说，其能力的提高是一个规范和有系统的过程，公司内部成员组群要相互共享隐性的信息和技术，并且要和公司外部成员和企业、消费者之间进行相应的信息技术共享，而在整个交流的过程中，开发出新型的产品和提供新型的服务。要提高公司的能力必须要经过五个步骤，即针对问题方向的知识分享、概念的创新、概念证明、产品的生产和相互测量评价。

步骤一：问题导向的隐性知识共享

对于公司来讲，创新团体（实践团队、创新社群）需要在研究和探讨某个特殊产品知识问题时，共享其非显性知识，并在整个思想交流的过程中，运用其共享相关隐性知识，来满足使用该产品的用户的需要。创新群体需要通过深入的社会化，来共享相关隐性知识，让更多具有相关技术的个人进入活动中，产生不同思想，相互摩擦以创造出智慧火花和创新技术，分享彼此拥有的知识。所以说，为了使企业能力提升，公司应该更好地共享其非显性知识，不同思想相互碰撞以产生更多更大的智慧，需要不断地更新认知模式、设立多元化的专业、改革理论方法以及培养具有隐性知识的个体。

步骤二：创新概念的形成

共享非显性知识，可以使创新团体产生不同思想去解决不同的难题，产生新型技术产品的概念，出现对生产工艺流程的改革、市场经营思路规划的创新等想法，因此可以看出，共享非显性知识是创造新理念的源泉。创造新理念的过程也许是一个概念设计，也许是一个猜想，也许是一个运算，其形式是各异的。由此可见，非显性知识详细化、具体化的过程是创新理念的形成过程，在这个过程中，也许会产生新型技术产品、新工艺流程、新市场经营思路，从而促进企业发展前进。

步骤三：创新概念验证

创造理念的验证是创造理念成型后的一项必要工作，对其进行验证的过程中参与人员要进行全面的意见交流、知识共享、参考求证等工作。工作内容可以包括对消费市场进行考察、关注用户群体需求、预测企业运营方针、测定企业水准、研究新潮产品等。验证的理论基础是企业的知识框架结构，其目的是将创新思想演化为现实。可以设计问题让参与活动的人员解答："不同企业的经营策略是否不同，有无相同之处"，"某假设是否与公司的运营模式相适应"，"假设某企业今后的价值是否会一样"，"某项假设是可以加强企业的竞争力"等。

步骤四：制造样品

制造样品是在创造理念验证被通过之后要进行的工作，也就是生产制造样品，使理论概念和知识变得模型化和具体化，从而使知识得到积累。在这个阶段中，构思、样品、零件、假设等程序被有序联系起来。

参与创新活动的人员由原有的团体和组织、自主营销的个人、生产样品的员工、制定战略方针的管理人员、上下相关公司的员工等组成。由于有高科技作为支撑,许多理念的模拟可以应用计算机软件来进行模拟仿真,对其构思样品和零件实行可视化处理,这样可以提高样品生产效率,从而达到减低成本的效果。

步骤五:交叉测评

交叉测评是知识得到积累和沉淀的一种有效方法,由于制造的样品是知识变得有形化和具体化的载体,是由样图和产品说明等形式体现的,在指引制造、扩大生产和分销等方面具有重要作用。所以,制造的样品可以跨等级地在公司、分销商和消费者之间进行资源分享、交换、考证和评价。交叉评测的过程实际上是对制造出的样品进行尝试使用。在销售的过程中,共享非显性知识又再次得以体现,进而新型技术产品、新型服务和新知识又会相继出现,并会对原有理念进行修改、验证和完善。

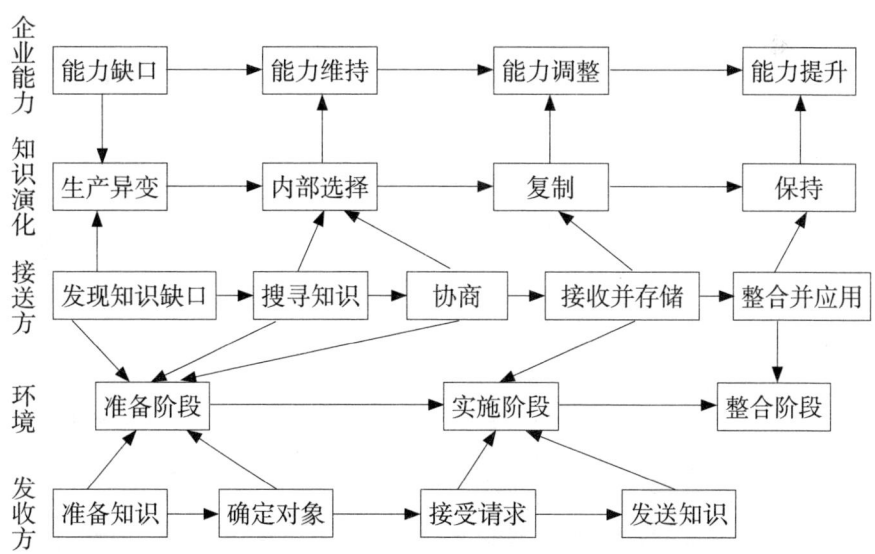

图 2-12 知识转移、知识演化和企业能力提升的综合分析模型

图 2-12 是基于知识转移和知识演化的企业能力提升的综合分析模型。在该模型中，企业由于发现了知识缺口和能力缺口，使得组织中的知识体系产生变异，于是需要进行知识搜索，并要与外部的知识转移进行协商，从而实施内部选择，在这个过程中企业能力是维持不变的。通过接受新知识并存储、复制，使得企业的能力得到调整。在整合并应用新知识的基础上，保持了企业所需要的新知识，从而使企业技术能力得到更好的提升。

三、影响企业技术能力提升的因素分析

（1）知识存量。知识存量就是内嵌于企业员工自身以及企业组织内部的知识、技能、经验等。知识存量的多少，直接影响了技术学习的能力。对新技术、新知识的学习，是通过与存量知识的连接来实现的。存储在企业组织内部或者个人自身的知识、概念、经验、技能越多，学习掌握新技术的能力就越强，运用它们去开发新技术、新知识就越容易。

（2）吸收能力。吸收能力是企业提升技术能力的重要组成部分。理论和实践表明，企业的技术研发活动成功与否，很大程度上取决于企业的技术吸收能力。那些生产制造经验丰富的企业，以及重视职工培训和教育的企业，都具有较强的技术吸收能力。企业要提高技术吸收能力，首先必须提高组织中个体的吸收能力，其次要加强对于吸收知识的实践和运用，不断完善跨功能吸收能力，最后要加大企业的研发投入力度，这是吸收能力得以形成和提高的基础。

（3）学习意愿。企业组织及员工对于新知识、新技能的学习意愿，是影响技术研发能力的主要因素。学习意愿强烈，可以在较短的时间内掌握新知识和技能，有助于增强企业的研发能力。反之，学习意愿淡薄，则在面对新知识的时候畏手畏脚，从而使技术研发能力难以得到提升。

（4）激励机制。企业组织的激励制度能够激发科研人员的研发积极性和主动性，从而主动探寻市场潜在需求，调动起科研人员的创新热情，

提高企业的研发能力。

（5）组织结构。企业的组织结构在一定程度上决定了企业的工作效率。富有效率的组织结构，会大大提升研发人员及团队的研发能力。

（6）企业文化。打造富有创新精神的企业文化，可以使企业员工个人愿意为企业的技术创新献计献策，从而使企业的技术创新富有活力。而阻碍技术创新的企业文化，会让企业员工无心专注于创新，对创新失去激情，最终使企业失去成长的活力。

第三章 案例研究：民营企业技术能力提升的路径与策略

民营企业是促进经济发展和保障社会稳定的重要力量，为实现我国从制造大国向智造大国、创新大国转变的宏伟目标，民营企业的转型升级、提高创新能力已经成为重大战略问题。在新经济形势下，民营企业技术创新能力的培育与提升在很大程度上决定着我国经济发展模式转型的成功与否。当前，我国民营企业的整体技术能力水平不容乐观，与大企业相比，民营企业由于资金、人才规模有限，技术创新呈现频率快、幅度小等特点，多为渐进性创新和模仿创新。

我国一直非常重视民营企业的发展问题，民营企业肩负着未来发展经济稳定社会之重任。恰逢发展的历史机遇期，民营企业在新的经济社会形势下，应该走一条怎样的创新之路使自身的技术能力得到演进和发展，从而逐渐强大、拥有核心竞争力？在本章，将以吉利汽车、比亚迪集团两家民营企业作为案例研究对象，从三个视角进行深入探讨民营企业技术创新能力提升的有效路径和对策。

第一节 案例一：开放式创新视域下民营企业技术能力的发展演进

在知识经济时代，技术创新已经成为企业生存和发展的必由之路，

第三章 案例研究：民营企业技术能力提升的路径与策略

竞争激烈的国内外环境要求企业不断开发出新产品、新技术以满足市场需求。民营企业是我国经济发展的主力军，由于自身规模偏小，要想做大做强，就必须依靠持续不断的创新以提升自己的核心竞争力。从 20 世纪 80 年代开始，企业不再仅仅依靠企业内部的创意，同时也将注意力转移到企业外部寻找具有商业价值的创新思想，这已经成为国际大公司竞相效仿的主要模式，例如宝洁的"C&D 计划"使得宝洁 50% 以上的创造发明来自企业外部，同时也将企业自有专利技术授权给外部企业有偿使用。IBM、Cisco、华为等企业也是如此。

目前，开放式创新已经被认定为创新管理的一种新范式（Chesbrough, 2003；Gassmann, 2006）。它被定义为"有目的地使用知识流入以及流出，以加速内部创新，同样地，在外部利用创新的基础上扩大市场份额"。

我国一直非常重视民营企业的发展问题，民营企业肩负着未来发展经济稳定社会之重任。恰逢发展的历史机遇期，民营企业在开放的创新环境中，应该如何借力和协作，走一条怎样的创新之路使自身的技术能力得到演进和发展，从而逐渐强大、拥有核心竞争力？在开放式创新视域下探索民营企业技术能力演进发展的路径，是本书力求解开的答案。

以吉利汽车作为案例研究对象，是因为吉利作为我国民营企业的杰出代表，在开放的创新环境中，从一个不起眼的手工作坊，通过不断地学习模仿、借力协作、合资并购、引进吸收，从而成功地实现了超越，拥有了强大的自主创新能力。

一、相关研究综述

（一）开放式创新

目前，对于开放式创新的研究一般都集中于高技术大企业，而对于中小企业的研究较少。威软德（Van de Vrande）等通过调研荷兰 605 个创新型中小企业发现，中小企业介入到多种开放式创新实践中，并且开放式创新对中小企业的作用日益加强。利兹坦撒勒（Lichtenthaler）通过对德国、奥地利和瑞士的中小企业和大企业调研发现，32.5%的企业在某种程度上介入了开放式创新。凯斯布鲁（Chesbrough）通过对高技术行业的案例研究总结出开放式创新的概念，并对Intel、施乐、IBM等公司进行了相关研究，认为无论是公司内部还是公司外部，都可以是企业有价值的创意来源，其商业化路径也可以从公司内部和外部同时进行。此外，米尔撰德（Mildred，2004）对飞利浦、惠普和壳牌公司，克瑞斯鲍姆（Krischbaum，2005）对生物制药行业的企业都进行了开放式创新方面的研究。

目前，理论界对于中小企业开放式创新主要集中于三个领域：（1）开放式创新对中小企业绩效的影响。格瑞努姆和万瑞尼（Gronum和Verreynne）认为正式网络有助于中小企业提高开放式创新的绩效，由外而内的开放式创新有益于中小企业的创新宽度。潘瑞达（Parida）认为技术精练对根本创新有利，技术探索与渐进式创新相关，开放式创新对中小企业非常具有价值。万特尔（Vahter）等发现小企业与大企业相比，开放广度对创新绩效的影响程度更大。（2）开放式创新对企业能力的影响。黄和瑞斯（Huang和Rice）以中小企业为背景，检验了开放式创新与企业吸收能力之间的关系，认为有效的吸收能力是提升创新效果的关键因素。寇斯（Cosh）认为吸收能力的欠缺是影响中小企业创新发展的关键性障碍。（3）中小企业发展开放式创新的策略方法。软黑曼和罗玛斯（Rahman和Romas）重点研究了处于初创阶段的中小企业开展开放式创新的策略以及面临的主要障碍。比尔恩兹（Bianchi）提出开放式创新的关键问题是识别出企业核心业务之外外部技术许可机会，这对中小企业而言是个挑战。

（二）技术能力

技术能力这一概念最早始于20世纪60年代，当时具有代表性的观点有阿罗（K.Arrow）的"干中学"思想和罗森伯格（N.Rosenberg）的"用中学"思想。纵观技术能力的定义，主要可以分成四大流派：结构学派（Fransman, Martin and King，1984；Dahlman, Carl, Ross-Larson, Bruce and Larry E. Westphal, 1987; Linsu Kim, 1997）、过程学派（Stewart, 1981; Desai, 1984; Lall, 1992, 2000）、资源学派（Pavitt, 1992）、知识学派（安同良，2002；魏江，1997；郭斌，1996）。技术能力是一种特定的企业知识，其包含了知识的各种类型，从体现在设备和信息系统中的显性知识到隐含在人员意识和经验中的技能诀窍，再到组织惯例中的协调配置知识，最后到洞察产业技术和市场发展的分析能力与直觉智慧等（赵晓庆，2001）。这与已有研究对技术能力的定义相吻合，是一种广义上的理解，广义上的技术能力与企业的组织能力是可以替代的（Linsu Kim,1997）。技术能力是依附于组织、员工中的知识，通过组织的研发活动产生新知识，从而进一步丰富知识积累，反映了一个企业从外界获取先进技术和信息，并整合附着在企业内部的知识，实现技术创新和扩散，同时又使技术知识得到积累和储备的能力。

技术能力反映了企业实现技术创新的潜在能力，技术能力的培育和提升是实现企业开放式创新的基础，为开放式创新提供强有力的知识支撑。贝尔与潘维特（Bell 和 Pavitt, 1995）在此基础上进一步明确了企业技术能力的知识范围，企业技术能力是包括企业组织结构、经验、外部联系与知识等一系列产生和管理技术变革的资源。劳尔（Lall, 2000）不仅提出企业技术能力是企业的一组知识、经验和技能的组合，还进一步提出技术能力需要通过学习来获得提升和积累。

（三）技术能力演进

萨瑞夫（Sharif，1994）在研究企业技术能力的构建时，认为所有者和供应商、用户和社会、国家政策法规、竞争者等四个方面限定了企业技术能力进化的方向。影响企业技术能力发展方向的市场因素主要有：

需求条件、竞争对抗、技术供给等。此外，政府的干预、国家教育水平等对追赶发展的过程也是重要的环境条件（Nelson, 2003; Linsu Kim, 1995, 1997; Hobday, 1995）。技术能力进化的基本性质有两点：①路径依赖性。企业后期的技术活动的选择和能力发展方向总是基于前期积累的技术知识之上，所以企业往往容易被锁定在技术—市场机会上。②组织结构和技术能力进化的互动。一定的技术能力水平要求有一定的组织结构与之相适应，而组织上的创新能加快技术能力进化的过程。

从技术能力的发展顺序或过程来看，技术能力是企业获取技术、生产运行和复制与扩展创新的能力，可以将技术能力划分为技术购买、使用、模仿到创新四个层次。伏瑞斯曼与金（Fransman & King）将技术能力划分为四种能力：①察觉问题、搜寻、对引进技术的选择和谈判能力；②调整进口设备及生产工序的能力；③创新型转化、设计和制度化研发的能力；④技术转移的能力。魏江和许庆瑞（1996）认为技术能力可以分为两个层次：第一层次包括技术监视能力、消化吸收能力、技术创新能力；第二层次是实现第一层次能力的具体形式，包括技术搜索能力、技术选择能力、硬件引进与生产能力、仿制能力、技术局部创新能力、技术整体创新能力。

二、研究设计与方法

本书采取单案例研究方法，通过典型案例分析，详细阐述研究对象是什么、为什么会有这样的结果，从中发现或探寻现象的一般规律或特殊性，推导出研究结论或者是新的研究命题。本书采取案例研究的目的在于探索开放式创新视域下民营企业技术能力的发展演进路径。依据技术能力演进的理论文献综述，结合吉利汽车技术能力的发展过程中的具体事例，本书拟从技术模仿能力、学习吸收能力、技术协作能力、合资并购能力、自主创新能力等五个方面，阐述吉利汽车技术能力的演进路径。

本案例重点剖析吉利汽车在开放式创新环境下，1996～2013年期间企业技术能力演进的路径。所采用资料分为一手资料和二手资料,一手资料主要来源于对吉利汽车公司几位中高层管理人员的访谈实录以及所提供的企业资料;二手资料主要来源于网络搜索和相关文献下载,例如用百度搜索引擎搜"吉利汽车",摘录有关"吉利汽车"的相关资料等。在此基础上,将一手、二手资料整理成案例。

三、案例介绍

吉利集团前身企业黄岩冰箱部件厂始建于1986年,以冰箱配件为起点开始了创业历程。1996年浙江吉利集团有限公司正式成立,1997年吉利进入汽车行业,从无到有、从小到大,逐渐走上了规模化发展的道路。吉利集团成长历程如图3-1所示:

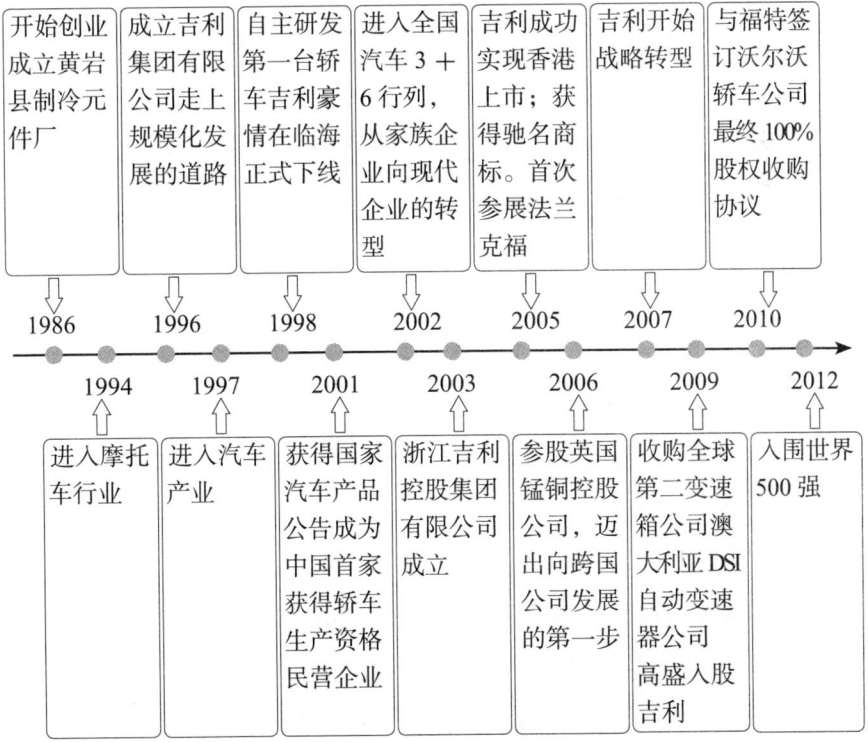

图3-1 吉利成长历程

2012年7月9日,《财富》世界500强企业最新排名正式发布,浙江吉利控股集团以营业收入233.557亿美元跻身世界500强,成为首家进入世界500强的中国民营汽车企业。吉利汽车销售数量趋势如图3-2所示。吉利集团目前在国内拥有华东、中部、西部三大制造基地,8个整车工厂、6个发动机厂、2个变速箱厂、5个零部件工厂,在埃及、乌拉圭、俄罗斯、乌克兰、伊拉克、斯里兰卡等国家设立了8个CKD、SKD工厂。

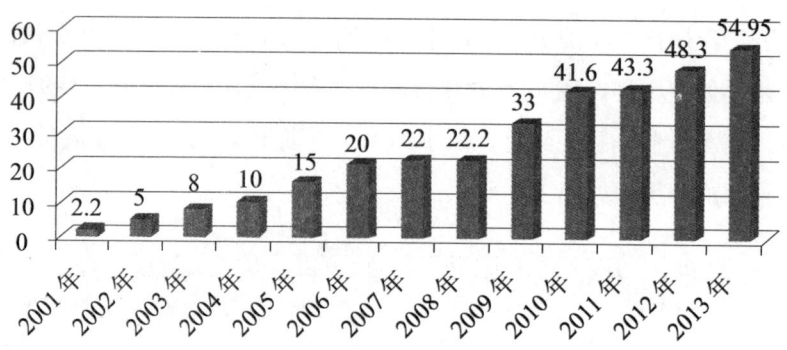

图3-2 吉利汽车历年销售数量(万台)走势图

(数据来源由吉利汽车公司总部提供)

(一)吉利发展技术模仿能力

本书将技术模仿能力定义为企业通过学习模仿创新者的创新思路和创新行为,吸取创新者成功经验和失败的教训,引进购买或者破译创新者的核心技术和技术秘诀,并在此基础上改进完善,进一步开发。

在开放式创新环境下,吉利集团深入贯彻执行"描红"的技术学习模式。所谓"描红"就是吉利集团在解构样品的过程中,学习汽车零部件、整车架构的技术系统知识,通过不断试错,逐步掌握自主创新中的"Tacit Knowledge",从而提升企业技术能力。

吉利生产的第一款车(1997年),是工程师们通过解构红旗轿车和奔驰汽车,采用红旗车的悬架、轮胎、底盘散件以及奔驰车的车门技术而生产出来的；第二款车安驰（1998年），是模仿了安徽某汽车厂的汽车，通过分拆整车从而学习该汽车的设计，组装而成；第三款车6410（1998年），参照了中华子弹头的外形和底盘设计，对样车的前车盖和底盘进行了修改，设计成的一款两厢车；吉利的第四款车6360（1998年），通过购买几辆夏利样车，在设计上沿袭夏利原有的内饰和底盘，对车身进行了一系列改动而制成。

（二）吉利发展学习吸收能力

科恩和兰威撒尔（Cohen 和 Lenvinthal，1990）认为吸收能力就是接受方识别、评价、吸收知识和把它运用于商业目的的能力。波斯兹（Bosch，1999）等人则认为，组织形式与知识处理系统密切相关，从而把组织形式看成是吸收能力的重要决定因素。萨赫瑞和乔治（Zahr 和 George，2002年）从企业吸收知识活动的过程出发，将吸收能力分为获取知识、消化知识、转换知识和利用知识四个组成部分。

本书将学习吸收能力定义为识别、消化和应用新技术知识的能力。吉利在引进国内外先进的汽车技术之后，非常注重对技术的消化吸收，对部分设计或零部件进行创新。

2002年，吉利与韩国大宇国际株式会社签订了CK-1项目的合同。通过与韩国大宇的技术合作，吉利学会了如何实施"同步工程"，即结构设计与工艺设计同步进行，研发能力产生了质的飞跃，极大地推动了企业自主创新能力的提升。同年12月，吉利与意大利马吉奥拉公司正式签约，就设计具有世界一流水平的家用轿车系列达成战略合作协议。吉利通过这一合作熟悉了现代轿车开发的流程，掌握了更多的设计细节和技巧，学会了汽车的造型设计技术。2003年，吉利引进了国际先进的VVT技术。在购进该技术后，吉利根据中国各地区的气候和环境情况对配气系统进行了重新设计，并创造性地采用了塑料进气管和全铝制缸体，从而实现了VVT技术的首次国内运用和国内首款全铝制VVT发动机的成功研发。

2005年吉利与北京华冠、台湾福臻合作设计LG-1（金刚）项目，2006年合作设计FC-1（远景）项目，2009年收购澳大利亚DSI，吉利都很好地利用这些合作机会，将外部技术进行消化吸收或者引入国内。在开放式创新环境下，吉利通过项目合作的方式，强化了自身在合作中的学习和吸收能力。

（三）吉利发展技术协作能力

技术协作能力是企业利用外部创新源，采取协作创新的一种能力体现。与企业经营相关的客户、供应商、竞争对手及其他非市场主体所组成的网络和联盟是企业创新的关键来源（Hippel,1988）。汉格道尔恩和杜伊斯特尔斯（Hagedoorn和Duysters，2002）在研究创新能力的外部来源时指出，作为外部网络联系对内生能力而言是一种补充，有助于企业通过共享资源来掌握复杂技术，由此提升学习能力和创新能力。

2003年，吉利与欧洲著名车身设计公司——德国吕克公司达成技术合作协议，合作开发新型汽车车身。2005年，吉利和香港生产力促进局签署协议，联合开发中高档轿车，标志着吉利汽车开始延伸到高级轿车市场。2007年，吉利与同济大学联合成立"吉利—同济汽车研究院"，双方在人才培养、产品设计、关键零部件开发与整车试验及开发等领域开展全面紧密性合作，联合打造我国自主品牌旗舰产品，参与世界竞争。2009年，吉利与台湾裕隆汽车合作开发锂电池电动车。同年，吉利与DSI研发人员合作研发世界先进水平的八速前后驱动自动变速器、DCT双离合变速器及CVT无级变速器。2013年，吉利与沃尔沃汽车在瑞典哥德堡成立了中欧汽车技术中心（CEVT），联合开发紧凑模块化架构。2014年，吉利与科力远公司合力打造世界级的混合动力总成系统，该系统由科力远的世界先进镍氢动力电池、BPS动力电池管理系统以及吉利的CHS系统构成。

到目前为止，吉利已经与佛吉亚、万都、伟世通、江森、泰极等世界著名企业合作。世界前20强汽车零部件企业中已有16强与吉利合作，这些技术协作极大地提升了吉利的技术能力。

（四）吉利发展合资并购能力

合资并购能力是企业在平等、自愿、有偿的基础上进行的，以场地、资金、无形资产等形式合资经营，或者兼并收购的能力。成功的合资并购可以帮助企业迅速获取企业内部所欠缺的某种技术知识。

1997年，吉利收购四川德阳某濒临破产的国有汽车工厂，从而顺利进入汽车行业，有了设计生产汽车的基础。2009年，吉利闪电收购全球第二大自动变速箱公司——澳大利亚 DSI 100% 股权。该项收购使吉利迅速获取了研发、制造自动变速器的能力。2010年，吉利与福特签订沃尔沃轿车 100% 股权收购协议，成为中国汽车行业第一家跨国公司，并联合开发小排量、高性能、绿色环保系列发动机和高质量、高技术含量的 GMC 整车平台。2013年，吉利与康迪车业签署合资协议，共同成立浙江康迪电动汽车有限公司，合资公司将从事投资、研发、生产、市场推广及销售电动汽车业务。

（五）吉利发展自主创新能力

自主创新能力是企业依靠自身的技术、资金、人才等资源进行技术创新所具备的能力。2002年，吉利自主研发的第一款发动机（JL479Q）成功产业化，同年10月，在引进国内著名变速箱专家之后，吉利开始了自动变速箱的自主研发。吉利自动变速箱是国内唯一享有自主知识产权的自动档变速箱，实现了国内自动变速箱技术的突破和产业链的发展。目前，吉利独创的 BMCS 技术（爆胎监测与安全控制系统），获中国发明专利并在世界141个国家进行专利注册，2011年通过了国家汽车安全技术标准委员会正式审查，是吉利的核心专利和技术产品。2013年全新上市的吉利帝豪 EC8 所采用的发动机，是吉利自主研发的 Ge-Tec 节能环保发动机。

截至 2013 年 12 月，吉利拥有各种专利 10000 余项，其中发明专利 1800 余项。荣获"中国企业知识产权自主创新十大品牌"。在全国拥有全球鹰、帝豪、英伦三大子品牌，具备独立的整车、发动机、变速器和汽车电子电器的自主研发能力，拥有完全自主知识产权。

（六）吉利开放式创新大事记

将搜集到的关于吉利汽车开放式创新资料，按照事件顺序，从 1997 年开始生产设计汽车，到 2014 年所经历的创新事件整理成表 3-1 所示。

表 3-1 吉利汽车开放式创新大事记

年份	合作机构	开放式创新事件	技术项目
1997	四川德阳汽车厂	收购该企业	进入汽车领域
1997	——	解构红旗、奔驰汽车生产第一款车	悬架、底盘、车门
1998	安徽某汽车厂	分拆整车，模仿设计，生产第二款车	汽车设计
1998	中华子弹头	参照中华子弹头外形、底盘	两厢车 6410
1998	天津夏利	模仿夏利车的内饰和底盘	6360
2002	韩国大宇	签订 CK-1（自由舰）项目合同	吉利自由舰
2002	意大利马吉奥拉	签订设计家用轿车的合作协议	汽车造型设计技术
2003	德国吕克公司	与德国吕克公司达成技术合作协议	开发新型汽车车身
2003	日本丰田公司	引进国际先进的 VVT 技术	发动机 JL4G18 的研发
2005	香港生产力促进局	与其签署协议，联合开发中高档轿车	高级轿车
2005	北京华冠、台湾福臻	合作设计 LG-1（金刚）项目	吉利金刚

续表

年份	合作机构	开放式创新事件	技术项目
2007	同济大学	联合成立"吉利-同济汽车研究院"	产品设计、关键零部件开发与整车试验及开发
2009	澳大利亚 DSI	收购澳大利亚 DSI，将自动变速器技术消化吸收并引入国内	八速前后驱动自动变速器、DCT 双离合变速器及 CVT 无级变速器
2009	台湾裕隆	与台湾裕隆汽车合作开发锂电池电动车	锂电池电动车
2010	福特公司	签订沃尔沃轿车公司 100%股权收购协议	小排量、高性能、绿色环保发动机和高质量、高技术的 GMC 整车平台
2013	康迪车业	成立浙江康迪电动汽车有限公司	电动汽车业务
2013	沃尔沃汽车	在瑞典哥德堡成立了中欧汽车技术中心	开发紧凑模块化架构
2014	科力远	合力打造世界级的混合动力总成系统	混合动力总成系统

资料来源：本表系本书作者根据一手二手资料整理而成。

四、研究发现

（一）发现一：良性的技术能力演进是处于不断循环上升的通道中

彻斯布茹夫（Chesbrough）认为："当企业着眼于发展新技术的时候，可以并应当同时利用内外部的所有有价值的创意，同时使用内外部两条市场通道。然后，企业利用这些内外部的创意创造价值，同时建立起相应的内部机制分享所创造价值的一部分。"开放式创新环境为民营企业突破创新瓶颈提供了契机：大量的外部创新资源一方面可以为民营企业输入创新的新鲜血液和提供更广阔的创新活动空间，另一方面可以为他们带来更科学的创新理念和全面创新管理手段。因此，从提升民营企业自主创新能力的要求出发，开放式创新对民营企业具有非凡的意义。

吉利汽车在开放式创新环境下，善于利用企业外部的各种技术知识，通过自身不懈的学习、吸收、模仿、协作，逐渐构筑起强大的自主创新能力。一开始，吉利汽车在毫无造车经验的情况下，通过"Reverse Engineering"，分拆解构其他车型然后再组装，逐渐构建了技术模仿能力。而这种模仿能力又不仅仅体现在技术的起步阶段，在技术发展的后期，模仿能力依然是构筑自主创新能力的重要手段。要想使造车技术实现超越，企业就不能仅仅停留在模仿，所以当技术发展遇到瓶颈时，吉利又会以合资并购或者技术协作的方式，将企业外部的技术知识拿来弥补企业自身技术的短缺。吉利不断学习、吸收外部技术知识的能力，增强了提升了企业组织和员工的缄默知识，提升了企业的自主创新能力。

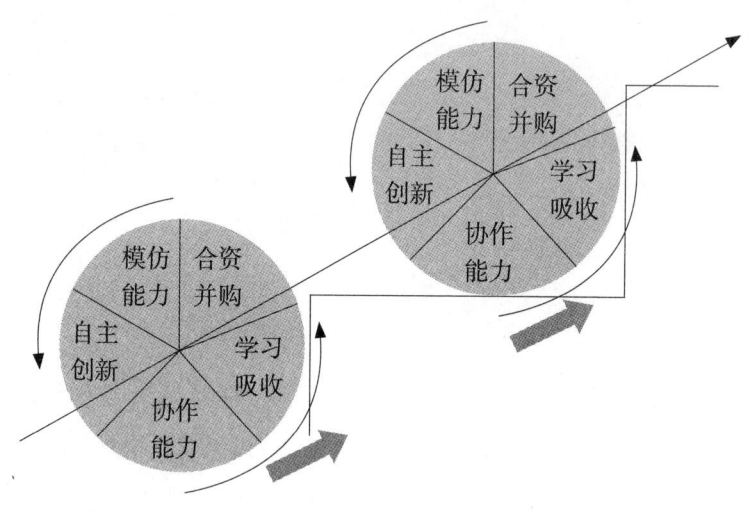

图 3-3　技术能力演进路径示意图

通过对吉利汽车的案例研究，本书作者发现民营企业自主创新能力的形成不是一蹴而就，而是一个各种能力交织在一起相互促进、不断循环和上升的演进过程。在这个演进过程中，模仿能力、合资并购能力、学习吸收能力、协作能力和自主创新能力的形成和发挥作用，并没有绝对的先后关系，而是取决于企业自身的特质。当一种或几种能力形成后，会影响并促进其他几种能力的形成。在同一个层次水平上，各种能力彼此之间是相辅相成、相互促进的。当企业的技术知识积累到一定程度，会产生质的飞跃，从而到达更高层次技术能力的循环演进。这个过程可以用图 3-3 说明。

（二）发现二：不同阶段的技术能力由企业员工、设备、工艺和管理体系共同体现

依据哈佛大学管理学院列恩那德·巴滕（Leonard Barton）教授提出的技术能力四维度——员工的技术和技能、物质技术系统、管理系统（含报酬和激励）、价值和标准，并结合吉利汽车技术能力的具体表现，本书认为不同层次的技术能力可以由员工知识、技术装备、工艺流程和组织管理体系共同体现：企业员工是技术能力的主要载体，员工知识和技能在很大程度上主导了企业技术能力的水平；企业的技术装备内含了技术知识和信息，是企业技术能力的物质载体；企业工艺流程是技术能力文字化、标准化和规程化的构成要素，是企业发展自主创新能力的重要技术积累；组织管理体系，是包括技能培训和激励制度在内的企业组织制度体系，是技术能力的组织载体和构成要素。

五、结论与观点

本案例通过对吉利汽车的案例研究，展示了民营企业技术能力的演进发展路径。吉利汽车在开放式创新环境下，面对缺乏造车知识、没有汽车生产"准生证"的艰难局面，依据自身企业特质，勇于从企业外部获取各种技术知识，不断提升企业的技术模仿能力、学习吸收能力、合资并购能力、协作能力，从而形成了自身的技术创新能力，进入世界 500 强行列。吉利汽车技术能力的发展演进轨迹，揭示了开放式创新环境给

民营企业提供了良好的技术学习机会，技术能力的塑造来源于不断的学习和借力。

第二节 案例二：基于创新网络的民营企业创新能力提升路径研究

本书将基于创新网络理论，以吉利汽车为例，通过分析民营企业在创新网络中的嵌入、结网、竞合、形成网络能力、获取网络资源，从而最终形成较强技术能力等历程，力求探索出一条适合民营企业的提升创新能力之路。

一、相关研究综述

（一）创新网络

创新网络（Innovation Network）一词最早是由伊美恩·巴巴（Imain Baba, 1989）提出，认为创新网络是应付系统性创新的一种基本制度安排。弗里曼（Freeman, 1991）引证并接受伊美恩·巴巴的定义，提出创新网络是企业在致力于创新过程中的联网行为，网络的形成和出现是为了响应组织对知识的需求。在弗里曼之后，不少学者对创新网络进行了更深入的研究。拉恩道尔（Lundall, 1993）发现网络中企业可看作是个体节点，彼此之间发生的每一个影响创新的联系都称之为连接，企业在参与创新活动过程中的联网行为组成了规模不一的个体网络，而这些网络直接影响着企业之间创新活动的开展，并最终导致创新网络的形成。今井和兰姆（1993）认为创新网络作为一种制度安排，主要用于系统性创新，企业间主要依靠网络连接来实现合作创新关系。

我国学者对创新网络也进行了广泛而深入的研究。刘友金（2003）认为创新网络应着重关注企业之间，以及企业与其他网络成员之间的相互作用和各种正式以及非正式的交流、沟通和对话等。汪安佑等（2008）

认为内部核心和外部核心要素共同支撑了创新网络的两大核心要素。内部核心要素是指各种企业，包括在产业链中具有上、下游关系的企业，以及一些具有竞争关系的同行企业。外部支撑要素则涵盖了产学研机构、高校、政府、金融机构和中介机构等。

（二）网络能力

汉堪斯森（Hankansson，1987）最早提出网络能力（Network Competence）的概念，他将网络能力分为两方面：角色能力考察的是企业如何加强、巩固自身在网络中的地位，关系能力则是企业如何有效建立、管理与外部合作者的关系，也即处理特定网络关系的能力。古拉提（Gulati，1998）提出企业网络能力是企业发展和管理外部网络关系的能力。他认为，外部市场和技术环境的剧烈变化导致了企业与上下游关联企业、客户和同行竞争对手等外部组织之间的关系逐渐加强，企业需要发展相应的网络能力来适应形势的变化。瑞特特尔（Ritter，2002）在一系列研究中发现，网络能力是企业开发和使用企业间联系的能力。迪尔和辛恩赫（Dyer和Singh）提出，网络能力是企业为赢得竞争优势而形成、发展与支配伙伴关系的一种能力。王大洲（2001）从竞合角度提出企业网络能力应为竞争力与合作力的统一。迈克伊维利与马克斯（McEvily & Marcus，2005）将网络能力定义为企业内部的核心能力中的一种，网络能力较高的企业能促使网络成员相互协调并促进企业间的协同合作，有助于网络中专属资产或隐形知识的转移，从而提高企业的资源优势和创新能力。郑胜华（2005）提出网络能力是一种有利于组织绩效提高的无形资源，网络能力与企业的对外合作能力具有相似之处，但又不能彼此完全取代。沃尔科尔（Walker，2006）则认为企业网络能力是企业发起、维持、运用社会和商业网络关系来获取并保持竞争优势的一种重要能力。企业的网络化能力包含两个方面：即企业改善其网络位置的能力和处理某单个关系的能力（Hansson, Husted & Vestergaard, 2005）。

（三）创新网络演化与企业创新能力

近年来，国内外一些学者专注于创新网络演化的阶段性研究。党兴华等（2009）认为创新网络的自组织演化路径遵循"不稳定→次混沌→混沌→稳定"的回路模型。张宝建等（2011）基于社会资本角度将创新网络划分为组建、成长、成熟、更替四个阶段。

创新网络中企业创新能力发展的特点是一种企业内部与外部交互基础上实现的整合与互补（Kor & Mashoney, 2000; Lavie & Rosenkopf, 2006）。从能力视角考察创新，关键就在于企业如何获取、整合、配置组织内外部的知识与技能（Tripsas, 1997），来完成相应的技术活动，从而实现企业的战略目标（Hobday, Rush & Bessant, 2004）。许庆瑞（2011）认为我国自主创新的历程经历了"二次创新→组合创新→全面创新"为主线的三个阶段，目前的发展总趋势是走向开放式全面创新。魏江（2002）总结了我国过去一段时期企业技术能力提高过程的主导模式是"技术引进→消化吸收→自主创新"，在这个过程中其核心技术能力也经历了从"技术监测能力→技术吸收能力→技术变革能力"的发展过程。赵晓庆（2001）指出我国企业在技术能力积累过程的三个阶段中，技术能力的积累都经历了从外部技术源到内部途径的转换过程。利用外部知识整合企业内外创新资源的能力成为创新能力的关键组成部分（陈钰芬、陈劲，2008）。内外协同是创新网络中企业能力提升的主要特点（交互、互补），组织的动态能力根植于组织进行探索与开发的能力（李剑力，2009）。

二、研究方法与数据来源

（一）研究方法

本书采取单案例研究方法，以吉利汽车作为民营企业代表，剖析其创新网络在结网、成长、成熟阶段的特点和变化，从而深入探索企业创新能力的演变路径。通过典型案例分析，详细阐述研究对象是什么，分析为什么会有这样的结果,有助于从中发现或探寻现象的一般规律或特殊性,从而推导出研究结论或者是新的研究命题。本书采取案例研究的目的在于探究在创新网络环境中,民营企业创新能力的提升路径。

(二)数据资料来源

本书通过分析吉利汽车的创新网络在1994~2015年期间出现的不同特点和形态,继而探讨企业创新能力随创新网络演变而得到提升的路径和策略。所采用资料分为一手和二手资料,一手数据和资料主要来源于对吉利公司中高层管理人员的访谈实录以及所提供的企业资料;二手资料主要来源于网络搜索和相关文献下载,例如用百度搜索引擎搜"吉利汽车",摘录有关"吉利汽车"的相关资料等。在此基础上,将一手、二手资料整理成案例。

三、吉利汽车的创新网络与创新能力发展

1996年吉利集团成立,在随后的十几年里,吉利从一个不会造车的"门外汉",借助于创新网络获取知识、技术、资金等资源,逐渐成长为拥有较强自主创新能力的汽车企业。2014年吉利以249.864亿美元的营业收入连续第三年进入世界五百强,排名第477位;2015以1539.5264亿元的营业收入位列全国500强企业的第64位。吉利目前在全国拥有全球鹰、帝豪、英伦三大子品牌,具备独立的整车、发动机、变速器和汽车电子电器的自主研发能力,拥有完全自主知识产权。在国内拥有华东、中部、西部三大制造基地,8个整车工厂、6个发动机厂、2个变速箱厂、5个零部件工厂,在埃及、乌拉圭、俄罗斯、乌克兰、伊拉克、斯里兰卡等国家设立了8个CKD、SKD工厂。

关于创新网络,格拉努万特尔(Granovetter)认为应该从互动频率、感情力量、亲密程度、互惠交换等四个维度测量节点间的关系强度。企业间合作时间越久,合作范围越广,说明企业间互动频率越高、关系越

亲密，反之则亦然。如果节点间的合作时间越长、互惠次数越多、合作领域越广，则节点间属于强关系，反之属于弱关系。本书依据从1994年开始涉足汽车领域一直发展到现在，吉利汽车在其所处创新网络中的网络位置、网络能力以及网络紧密度等特点，将其创新网络的演进划分为四个阶段，分别是：创建阶段（1994~2000年）、成长阶段（2001~2008年）、成熟阶段（2009~2015年）和转型阶段（2016年以后）。本书将就其前三个阶段的创新网络与创新能力发展作深入剖析。

（一）创建阶段（1994~2000年）

吉利汽车在创新网络创建阶段，刚刚步入汽车领域，缺乏造车经验，甚至没有获得制造汽车的准生证，资金、技术、人才都非常匮乏，对于未来市场难以准确把握，这些因素使得吉利汽车的创新能力非常有限，只能大量依靠外部资源以获得造车的技术知识，逐步提高自身技术创新能力。这个时期，吉利对于外部创新网络的诉求很高。

吉利总裁李书福在1994年前后就觉察到市场对经济型轿车的强烈需求，开始了对经济型轿车的研究。通过解构安驰、中华子弹头和夏利汽车，梳理清楚零配件名单和底盘系统。在资金有限的情况下，采用"老板工程"化解了资金短缺问题：即邀请资金持有者加盟吉利，通过合伙办子公司或分厂等形式，将车架、车身甚至总装车间都分包出去。对于零配件的采购，更是难上加难，在国家对汽车产业管控相当严格的局面下，只能从若干小供应商处东拼西凑买来了零配件。1997年吉利收购四川德阳某濒临破产的国有汽车企业，从而正式进入汽车行业。1998年，吉利第一辆二厢轿车下线。吉利豪情的前脸模仿奔驰，车身和底盘模仿的是夏利，发动机采用的是天津丰田发动机公司的8A发动机，变速箱由菲亚特生产。为生产汽车，吉利甚至从天津一汽挖来了100多名技术工人。

在结网阶段，由于吉利自身实力较弱，首先从概念入手，通过解构各种（安驰、奔驰、夏利、中华子弹头）汽车，掌握了汽车的基本架构（一个发动机+四个轮子+两张沙发）。在此基础上，一边研究制造，一边试探性地结网获取网络资源和技术援助,摸索制造经济型轿车的技术经验,为以后实现自主创新打好基础。这个阶段创新网络的特点是边界不确定,企业间关系多是弱联系,时间不长久,网络位置不显著,技术能力发展受到网络节点属性和数量的制约而出现反复和变化。吉利在结网时期的创新网络如图3-4所示。

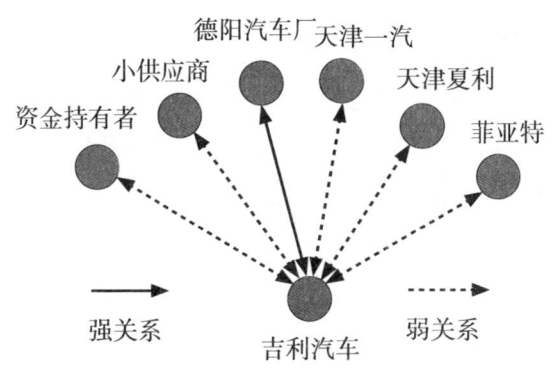

图3-4 创建阶段的吉利创新网络

(二)成长阶段(2001~2008年)

在创新网络成长阶段,企业的合作单位出现较大幅度增加,创新网络规模扩大,出现了外包、技术合作、合资控股等多种技术合作方式,创新能力显著提高。成长阶段企业与其他节点间的合作时间长短不一,创新网络中强、弱关系共存。创新网络节点间的协作,可以弥补单个企业在技术、资金、人才、管理方面的不足,从而获得资源互补方面的外部规模经济。

2002年吉利与浙江省以及上海若干家商业银行建立了战略性银企合作关系。同年12月,与韩国大宇签订了CK-1项目合同,大宇负责协助吉利完成一系列新车型的设计、开发与制造项目。同年12月,与意大利马吉奥拉公司正式签约,就设计具有世界一流水平的家用轿车系列达成战略合作协议。2003年,吉利与欧洲著名车身设计公司德国吕克达成技术合作协议，合作设计开发新型汽车车身。2005年，吉利与北京华冠、台湾福臻合作设计 LG-1（金刚）项目，外方负责造型设计，吉利则进行工程包定义、底盘和动力总成布置设计、电器设计、整车集成及试验。2005年7月，吉利和香港生产力促进局签署协议，联合开发中高档轿车。2006年吉利入股英国锰铜控股，获得19.97%的股份，并在中国建立了合资工厂——上海英伦帝华汽车部件有限公司。2007年吉利与同济大学联合成立"吉利—同济汽车研究院"，在人才培养、产品设计、关键零部件开发与整车试验及开发等领域开展全面紧密性合作，合作期长达20年。

在创新网络成长阶段，吉利汽车采取了联合开发、参股、合资等多层次深度合作方式，加大了与创新网络节点的合作力度，合作节点数量大幅增加，创新网络规模迅速扩大，网络节点呈现出多样化特点。在这个阶段，吉利开始了国内、国际范围的大规模合作，如与银行合作解决资金难题，与国内外大企业合作获取高端技术，与国内外大学和研究机构开展产学研合作，这些合作提升了吉利汽车科技创新的开发实力和影响力。成长阶段的吉利创新网络节点间出现了较多的强关系，同时节点间亦存在弱关系。成长阶段的创新网络如图3-5所示。

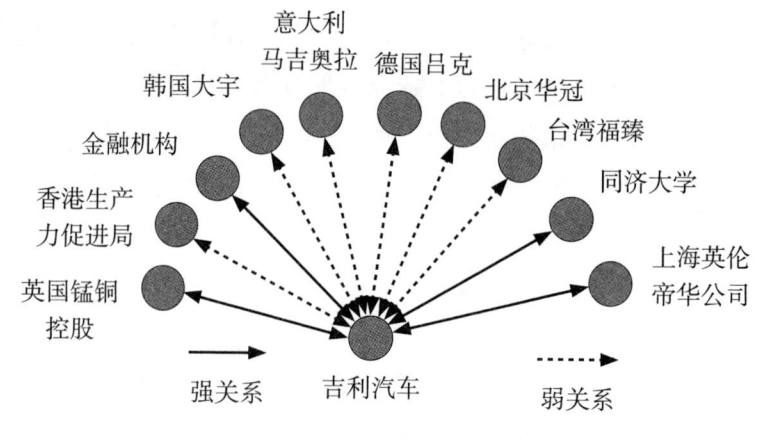

图3-5 成长阶段的吉利创新网络

(三)成熟阶段(2009~2015年)

在创新网络成熟阶段,节点间的合作密度大、频率高,合作时间长久,创新网络规模达到高峰。企业与政府、供应商、金融中介、国内外科研院所等多单位进行合作,采取合资、外包、参股、并购、技术合作等多种方式以获取技术知识,提升创新能力,形成了以自身为核心的产业集群。在成熟阶段,网络节点较多、关系紧密、时间长久,节点间的关系强弱并存,以强关系居多。

2009年,吉利闪电收购全球第二大自动变速箱公司——澳大利亚DSI 100%股权,并购之后将自动变速器技术进行消化吸收并引入国内,建立了湘潭、济宁等生产基地。同年11月,吉利与台湾裕隆汽车合作开发锂电池电动车。2010年吉利与福特签订沃尔沃轿车公司100%股权收购协议,成为中国汽车行业第一家跨国公司,联合开发小排量、高性能、绿色环保系列发动机和高质量、高技术含量的GMC整车。2013年,吉利以1104万英镑正式收购锰铜全部股权。同年3月吉利与康迪车业签署合资协议,成立浙江康迪电动汽车有限公司,从事投资、研发、生产、市场推广及销售电动汽车业务。同年9月,吉利与沃尔沃汽车联合成立了中欧汽车技术中心(CEVT),主要任务是开发紧凑模块化架构。2014年,吉利与科力远签署合作协议,合力打造世界级的混合动力总成系统。2015年1月,吉利集团与山东新大洋电动车公司成立新能源汽车合资公司。同年3月,吉利投资2.5亿英镑在伦敦建立了吉利前沿技术研发中心,主要研发与生产9种不同车型。表3-2为2010~2012年期间吉利的部分合作项目。

表 3-2　2010～2015 年吉利的合作项目（部分）

项目	合作项目名称	合作项目内容	合作方名称
底盘模块	万都悬架及转向系统	全系列悬架/转向系统	MANDO Corporation
	万都制动系统	全系列制动系统	MANDO Corporation
	万都底盘模块	全系列底盘模块化供货	MANDO Corporation
	金固车轮	钢制车轮	浙江金固股份有限公司
	汇众车桥	车桥	上海汇众
	塔奥底盘	副车架	美国塔奥
内外饰模块	佛吉亚利民项目	中高端内饰系统（IP/DP）	佛吉亚（中国）/浙江利民
	泰极座椅	全系列座椅	日本泰极/浙江俱进
	延锋江森项目	全系列顶棚/地毯/遮阳	延锋江森/浙江三京汽配
	延锋伟世通项目	全系列内外饰	浙江润达/延峰伟世通
照明模块	帝宝项目	中档的全车灯	帝宝工业股份
	伟世通车灯	高档的全车灯	大茂伟世通
电装模块	矢崎线束	全车线束及发动机线束	日本矢崎
	浙江银芝利	热交换系统	浙江银轮股份/上海加冷松芝
	住友线束项目	全车线束	日本住友
	被动安全系统	安全气囊及方向盘	延锋百利得
	麦格纳 BCM	车身控制器 BCM	麦格纳/智慧电装
	延锋伟士通电子	全车电子产品（影像、BCM 等）	延锋伟士通/智慧电装
车身附件	吉利—顶立—信昌	天窗、玻璃升降器等门模块	信昌集团/浙江顶立

资料来源：资料由吉利汽车内部提供，并由作者进行整理。

在创新网络的成熟阶段，吉利加强了与其他节点间的合作，合作节点数量多、时间长久、合作频率高，节点种类更为多样，开始重视与高端领域的机构合作，如国内外汽车同行、设计公司、科研院所、高端供应商以及海外工厂等。到目前为止，吉利已经与佛吉亚、万都、伟世通、江森、泰极等世界著名企业合作，世界前20强汽车零部件企业已有16强与吉利合作，这些合作提升了吉利汽车的技术水平、质量水平和成本管理能力。成熟阶段的吉利创新网络用图3-6表示。

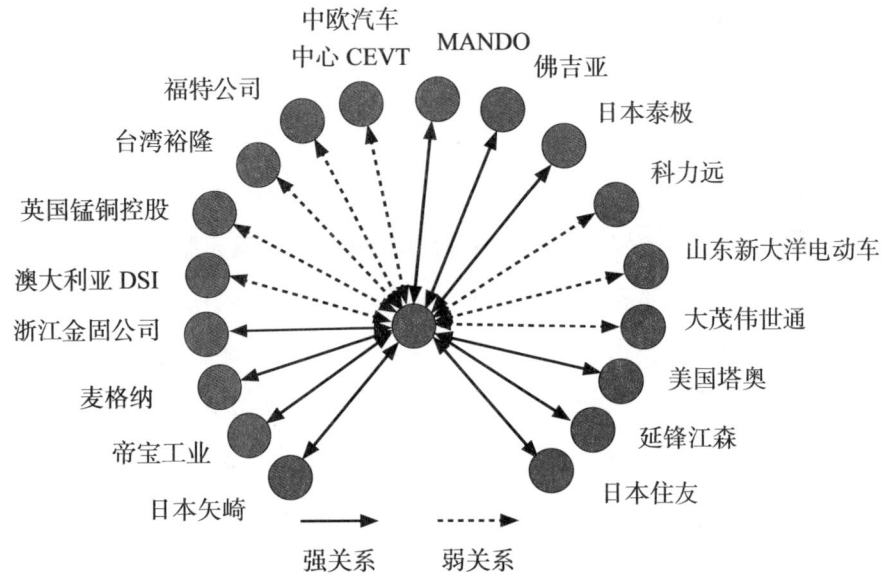

图3-6 成熟阶段的吉利汽车创新网络图

四、研究发现

基于创新网络的演进历程，剖析吉利汽车创新能力的发展轨迹和经验，本书总结出以下三点主要研究结论。

（一）发现一：企业创新能力与创新网络是协同发展的

当今世界的创新模式已经突破传统的线性和链式模式，呈现出非线性、网络化、开放性特征，多元主体间的协同互动成为创新的主流模式。企业的创新能力与创新网络是协同发展的：一方面，企业的网络能力需要建立在内部能力（如学习能力、并购能力、吸收能力等）的基础上，网络嵌入、创建网络、网络位置确立在较大程度上依赖于企业的创新能力；另一方面，企业需要在不断拓展的创新网络中获取知识技术和资源，实现技术协作能力和创新能力的提升。在科技经济全球化的背景下，开放、合作、共享的创新模式，是有效提高创新能力的重要途径，实施跨学科、跨部门、跨行业的深度合作和开放创新，对于加快技术融合与扩散非常重要。

（二）发现二：在创新网络的不同阶段，需实施不同战略以提升创新能力

创新能力的提升需依据不同阶段创新网络的特质，制定战略战术。在结网阶段，获取生存资源是企业面临的首要任务。供应商保障、政府扶持、资金充裕和技术援助，是保证企业在结网阶段生存下来并提高技术能力的主要诉求。在快速成长阶段，与网络中其他主体建立较持久、密切的合作关系，大量吸收技术知识，是企业形成创新能力的关键。在成熟阶段，通过建立互利互惠、长久的合作，提高创新网络的密度和强度，有利于形成和巩固企业自身在创新网络中的核心地位，从而实现自主创新能力的提升。

（三）发现三：应建立创新网络的动态优化战略

在不断演进的创新网络中，公司与合作节点开展创新活动，彼此之间是整合关系而不是简单的互连关系。创新网络中的资源和知识往往流向最适合、最需要它们的位置，而不是简单地汇集。因此，企业应自主规划和设计自身的创新网络，而不能只是被动地嵌入以及对外部网络作出被动反应。企业应对所嵌入网络的特征、合作者属性等进行实时地判别，动态调整企业的网络战略，同时自身也应该跟随外部网络的变化而作出动态适应与调整。

五、结论与观点

本书基于创新网络的演进,以吉利汽车作为研究对象,探讨了民营企业创新能力的提升路径。吉利在没有造车经验,缺乏人才、技术和资金的背景下,通过自身努力,嵌入网络、结网、拓展网络,从而逐渐占据核心的网络位置,巧妙利用网络资源,最终拥有了强大的自主创新能力,为众多民营企业的创新发展树立了标杆。其经验可以概括为:结网阶段,找准定位、获取支持和资源;成长阶段,快速建立广泛、互利互惠、持久的网络关系,增强自身技术知识含量;成熟阶段,提高企业创新网络的密度与强度,形成和巩固自身在创新网络中的核心地位。

第三节 案例三:基于核心能力动态演进的民营企业技术创新策略

当民营企业在技术创新上取得一定优势之后,是固守并强化已有的优势还是将核心能力转移,是值得民营企业深入思考的一个命题:固守并强化,能够保证民营企业在一段时期内凭借核心能力获得不菲的营业收入和利润,但同时也会面临"路径依赖"问题。如果将核心能力转移到其他领域,成功与否很难预料并且风险极大,因此这对民营企业而言是一个两难选择。

比亚迪公司是我国一家民营企业,其较强的技术创新能力已引起同行瞩目。本书以比亚迪公司为例,基于核心能力理论,详细剖析其核心能力的形成和动态演化过程,深入探寻民营企业在新经济形势下,应采取怎样的技术创新策略,以更好地保障建立、强化并适时演进其核心能力,从而逐渐拥有强大的企业竞争力。本书旨在探索出一条适合民营企业的创新能力提升之路。

一、相关研究现状

(一)核心能力

普拉赫拉德和汉默尔(Prahalad & Hamel)在 1990 年首先提出了"核心能力",认为核心能力是企业组织中的累积性学习,是将不同生产技能进行协调并且有机组合多种技术流派的能力。列奥那尔德·巴腾(Leonard Barton,1992)认为核心能力是知识的组合,能区别和提供竞争优势,包括四个方面:植入组织内部的员工知识和技能;技术体系及其过程;管理体系;价值和标准。格瑞·汉默尔(Gary Hamel,1994)认为核心能力包括隐含知识和明确知识。在前人研究成果的基础上,帕特尔和潘维特(Patel & Pavitt,1994)又提出了核心技术能力概念,并深入研究了核心技术能力对企业战略管理的影响。梯斯(Teece,1997)提出核心能力本质是蕴藏在某个组织中的能力,企业的竞争优势内含于管理和组织过程之中。

企业核心能力可以通过三个方面的因素来体现:技术能力、组织能力和知识资产。核心能力具有专有性,是企业自身创造的,无法通过市场来购买(Prahalad & Hamel, 1990;伊夫·多兹,1997; Leonard –Barton, 1992; Coombs, 1996)。同时,核心能力又具有动态性,需要企业组织长时间的累积学习才能形成,随着时间演进呈现动态变化(Dorothy Leonard-Barton, 1992; David Lei, Michael A.Hitt and Richard Bettis, 1996; Teece, 1997)。我国学者易法敏(2005)提出,如果组织长期追求单一的既定目标会导致企业出现核心刚性,产生核心刚性的原因在于路径依赖。梁桂川(2006)则研究了核心能力产生及其发展的历程,并且对动态能力与传统核心能力作了系统全面的区别和比较。

(二)动态核心能力

动态核心能力理论是基于核心能力以及动态能力两大理论研究的基

础上更进一步的升华：企业组织的核心能力会构成刚性，束缚企业发展，需要通过不断的动态演进以减除刚性，更好地获取竞争优势。核心能力通过不断演进，可以形成动态核心能力。1994年，梯斯和皮撒努（Teece & Pisano）提出了"动态能力"一词，认为动态能力是组织整合、建立和再配置内外部能力以适应环境迅速变化，并且不断推进企业能力演进的能力。梯斯（Teece，1997）提出了动态能力的分析框架，即3P模型：流程（Process）、位势（Position）和路径（Paths）。佐鲁和温特尔（Zollo & Winter，2002）在动态能力概念的基础上，提出快速变化的环境不是动态能力产生的必然条件，即便是在外部环境变化较慢的情况下，企业仍然在进行整合、构建与重构能力的活动。对于动态核心能力维度划分的研究，王和阿赫米德（Wang & Ahmed，2007）将动态能力划分为适应能力、吸收能力和创新能力三个维度。库优鲁维尔尼恩（Kuuluvainen，2011）将动态能力划分为机会搜寻、资源获取和资源重构三个维度。

关于动态核心能力的形成与建立，迈耶尔和阿特贝克（Meyer & Utterback，2008）着重探究了技术创新能力对于构建动态核心能力以及使其可持续演进的影响作用。牟绍波、任家华（2008）等提出了包括创新能力、吸收能力、市场能力、集群文化和社会资本等五种动态核心能力的钻石模型。韩凤晶等（2010）则认为企业动态核心能力需要在企业整合能力、学习能力、技术创新能力和评估能力的基础上，通过协调整合内外部资源方能构建，从而实现企业在动态复杂的环境中保持与提升竞争优势。武建龙、王宏起（2011）则针对核心刚性问题，提出企业应该科学构建动态核心能力培育机制的框架，而培育和运用动态核心能力的前提是准确地识别动态核心能力。

（三）技术能力

技术能力的概念首次出现于20世纪60年代，最具代表性的观点是阿罗（K.Arrow）的"干中学"思想和罗森伯格（N.Rosenberg）的"用中学"思想。关于技术能力内涵的界定,大致可以分为四种流派,主要有:结构学派(Fransman, Martin and King, 1984; Dahlman, Carl, Ross-Larson, Bruce and Larry E. Westphal, 1987; Linsu Kim, 1997)、过程学派(Stewart, 1981; Desai, 1984; Lall, 1992, 2000)、资源学派(Pavitt, 1992)和知识学派(安同良,2002;魏江,1997;郭斌,1996)。

潘维特和贝尔(Pavitt & Bell, 1995)对于企业技术能力的范畴作了进一步的界定,认为技术能力应该是包括企业组织结构、外部联系、经验与知识信息等一系列产生和管理技术变革的资源。劳尔(Lall, 2000)认为技术能力不仅仅是企业经验、知识和技能的组合,更为重要的是技术能力需要通过不断的学习来获得提升和积累。魏江(2006)认为技术能力是依附于组织、员工中的知识,需要通过研发活动丰富和积累知识。企业技术能力反映的是企业从外界获取先进技术信息,并整合附着在企业内部的知识,从而实现技术创新和扩散,同时又使技术知识得到积累和储备的能力。石芝玲等(2011)提出技术能力反映了企业实施技术创新的潜在能力,企业实现开放式创新的基础是技术能力的不断培育和提升。

关于企业技术能力的构建过程,安同亮(2004)认为技术能力是通过技术购买、使用、模仿到创新四个层次依次演进形成的。伏瑞斯曼与金(Fransman & King, 1984)则将技术能力的构建历程划分为四个层次,分别是:①察觉问题、搜寻、对引进技术的选择和谈判能力;②调整进口设备及生产工序的能力;③创新型转化、设计和制度化研发的能力;④技术转移的能力。魏江和许庆瑞(1996)提出技术能力演进历程的两层次:第一层次包括技术监视能力、消化吸收能力和技术创新能力;第二层次包括技术选择能力、技术搜索能力、仿制能力、硬件引进与生产能力、技术局部创新能力和技术整体创新能力。

二、研究设计与方法

（一）研究方法

本书采取的是单案例研究方法，选取比亚迪集团作为民营企业代表，剖析其为构建核心能力及其演化发展而采取的技术创新策略，从而深入探索民营企业技术创新的路径和方式。通过典型案例分析，详细阐述主要研究对象是什么，分析为什么会有这样的结果，有利于从案例分析中发现或探寻现象的一般规律或特殊性，从而推导出研究结论或者是新的研究命题。本书采取案例研究的目的在于基于企业核心能力的动态演化，探究民营企业的技术创新策略与路径。

（二）数据资料来源

本书以比亚迪作为案例分析对象，剖析其从1995年创业至今的22年间，由最初的为国际跨国公司生产电池，包括手机电池、电脑电池等，到后来陆续进入IT产业、汽车产业以及新能源产业，依据自身的特点和优势，始终坚持打造自己独有的核心能力，并使其不断演进的发展历程。为适应复杂多变的外部环境，比亚迪及时、科学地采取了一系列必要的技术创新策略，从而使核心能力得到不断演进，技术创新能力也得到了极大的提升。本书重点探讨基于核心能力动态演进的民营企业技术创新策略和路径，所采用的资料分为一手和二手资料，一手数据和资料主要来源于对比亚迪公司中高层管理人员的访谈实录以及所提供的企业资料；二手资料主要来源于网络搜索和相关文献下载，例如用百度搜索引擎搜"比亚迪"，摘录有关"比亚迪"的相关资料等。在此基础上，笔者将一手、二手资料整理成案例。

三、案例分析

比亚迪股份有限公司是一家创立于1995年的高新技术民营企业，总部设在深圳，分别于 2002 年在香港联合交易所上市以及于 2011 年在深交所上市。目前主要拥有三大产业群，包括：① 二次充电电池产业；② 电脑零配件、手机以及组装业务为主的 IT 产业；③ 包含传统燃油汽车及新能源汽车在内的汽车产业。此外，比亚迪还利用自身的技术优势积极发展包括太阳能电站、储能电站、LED 及电动叉车在内的其他新能源产品。公司现有员工约 18 万人，在全球建立了 22 个生产基地。

在二十多年的发展历程中，为适应复杂多变的市场环境，比亚迪公司不墨守成规以及被"核心僵化"，而是适时地依据其自身的优势特点，不断演进和发展其核心能力。而实现核心能力的构筑与演进，是和公司采取多种技术创新策略密不可分的，在此过程中，比亚迪的技术创新也形成了一条鲜明路径。

（一）构建低成本优势的技术创新策略

1995 年比亚迪刚刚创立，总裁王传福发现了电池行业所蕴藏的巨大商机，毅然决然地进入了当时被日系厂商所垄断的镍镉电池领域。但是，任何一条镍镉电池生产线都需要几千万元的投入，而王传福当时手中却只有 250 万元资金。为了成本低廉地生产出电池，王传福运用"人海战术"，充分发挥国内劳动力数量多、价格低的优势，采用了两种工艺创新策略："人＋夹具＝机器手"模式和"垂直整合"模式，成功地代替了镍镉电池生产线，从而实现了节约生产资金、降低生产成本的目的，成功地打入了镍镉电池市场。

1. "人＋夹具＝机器手"工艺创新模式

"人＋夹具＝机器手"工艺创新模式是将一条生产线分解成若干环节，核心环节用自动化设备进行生产加工，其他环节则由人工完成。这种工艺创新大大降低了固定资产投入，同时还控制了生产风险和运营成本。为了保证产品质量和工艺水平，王传福设计了许多夹具，保证了人工操作可以像机器一样精准。这种半自动化的工艺创新被称之为"人＋

夹具=机器手"模式，它给比亚迪带来的不仅仅是生产成本的大幅降低（一条日产三四千台镍镉电池的生产线至少需要几千万元，而采用这种工艺创新只需要一百多万元的资金投入），而且还增强了生产的灵活性：当生产制造新产品时，不需要更换整条生产线，只需要在关键环节作出相应调整即可，从而提高了生产效率和交货速度。

2."垂直整合"工艺创新模式

为了更大程度地降低产品成本，比亚迪创造了一种大而全的产业链纵向整合模式：将供应链上的每个环节进行分解，尽量不外购零配件，而是将供应环节纳入到自己的制造体系当中，有近70%的零部件都是由企业内部加工制造。这种将供应链内化的方式被称为"垂直整合"模式。"垂直整合"模式不仅应用于电池产品，后来还被推广到汽车、IT等产品，例如比亚迪F3的大多数零配件都来自于内供。凭借"垂直整合"工艺创新模式，比亚迪将产品成本降低到一般企业的80%，开发周期缩短到欧美企业的1/3。同时，比亚迪还非常重视对垂直整合的每个环节进行技术创新和工艺创新，自主研发生产设备和零部件，降低了设备采购成本，并取得了IT、手机零部件、汽车等领域的一系列行业先进技术，如PMH技术、SBID技术等。"垂直整合"的工艺创新模式，使比亚迪从设计到组装再到零部件制造的过程极大地降低了成本。

（二）构建"逆向创新"核心能力的技术创新策略

比亚迪为构建"逆向创新"能力，首先，明确了自身产品的市场定位，在开发设计产品时瞄准的是中国巨大的低端顾客市场；其次，通过广泛了解消费者的需求，充分利用大量已超过专利保护期的成熟技术和科研成果，模仿、解构国际上的流行产品，并使用大量劳动力和必要的机器替代全自动生产线，以降低产品成本；最后，比亚迪还对解构流行产品的生产工艺进行创新改进。这些举措从产品价格、性能等方面极大满足了低端消费者的需求。这种从低端消费者出发并加以改进的创新模式被定义为逆向创新。例如比亚迪将当时世界上最畅销的车型——丰田花冠作为模仿对象，打造出首款自主创新品牌汽车——F3。F3 外观仿照丰田花冠靓丽、大气的成熟设计，车内空间宽敞明亮，动力和配置足以迎合消费者城市代步的需求。而且 F3 车的性能达到了丰田花冠的 70%，价格却只有花冠的一半，使低端消费者获得极大的满足感。

比亚迪的逆向创新不是原始创新，而是从有到优的改进。它不仅仅是大幅削减了成本，也不单单是重新设计产品，更重要的是它创新了生产流程和商业模式。比亚迪凭借着企业自身的技术和生产优势，进行技术、产品的自主研发，实现了技术引进和消化吸收后的二次创新，逐步形成了强大的自主创新能力。这种逆向创新虽然没有在产品所属行业形成破坏性创新，但是给一些产品制造业带来了"颠覆性变革"。

（三）构建高性价比核心能力的技术创新策略

比亚迪的杀手锏是其产品的高性价比，能够使竞争对手产生畏惧，以致避开与其的正面竞争。比亚迪将企业超高性价比的产品投入市场，能够使产品市场的价格体系产生震动，威慑到竞争对手，从而可以迅速打入、占领市场，赢得消费者的满意。

为了构建高性价比优势，比亚迪主要采取了两项技术创新策略：一是通过工艺创新降低产品成本。比亚迪认为只有价格具有足够的杀伤力，产品才具有竞争力，才能迅速地占领市场。如果只比对手产品价格低几个百分点，不足以产生足够的威慑力。例如比亚迪的"明星产品"——F3，价格不到模仿对象丰田花冠的一半，通过工艺创新使得产品外观和丰田花冠有 90% 的相似度，甚至内里的部分零部件可以通用。再比如，为了进入电池产品市场，比亚迪以 40% 的成本优势向长期垄断镍铬电池市场的日系厂商发起猛攻，冲击日系企业主导的电池价格体系，导致除三洋以外的日系电池生产厂商全线溃败，只用了不到两年时间比亚迪就获得了 23% 的镍镉电池产品市场占有率。另外一个技术创新策略是保证自身产品的高质量和高性能。仅仅有价格优势，而没有高品质作为保证，

第三章 案例研究：民营企业技术能力提升的路径与策略

是不能形成高性价比优势的。比亚迪为了研制新车316，曾经耗时一年多、投资1亿多资金，然而结果却让人失望——国内经销商对其的评测结果大多是负面评价。为了让新车拥有高性价比优势，比亚迪继续加大研发投入力度，引入更多研发人员重新设计新车，旨在提高汽车的品质和性能，最终研制出了明星车型，广受市场认可和欢迎。

（四）构建相关多元化核心能力的技术创新策略

比亚迪利用不同产品技术、生产管理经验以及顾客资源之间的契合点，由电池业务逐步拓展到手机业务，然后再进入汽车制造领域。多种产品的生产技术和管理经验相关，可以使比亚迪从容地经营管理多种产品，构成了比亚迪的相关多元化核心能力。

在进入手机产业领域之前，比亚迪是摩托罗拉、诺基亚、三星等手机锂电池的最主要供应商，这为其后来成为世界上各大手机厂商的EMS和ODM供应商积累了巨大的客户资源。之后，比亚迪将在电池生产上累积的生产制造和品质管理经验巧妙运用到手机制造上来。后来进入汽车领域，一方面，也是因为电池是电动车的关键环节，这与其一贯宣扬的纯电动汽车战略高度契合，比亚迪纯电动车使用的就是基于电池技术积累而研发的高铁电池。另一方面，手机与汽车之间也具有契合点。手机与汽车在模具制造技术和外壳设计经验上是互通的，比亚迪所掌握的先进手机模具制造技术和外壳设计经验可以成功地转移到汽车领域中来。

比亚迪通过充分利用自身拥有的技术、资金、人才、工艺、生产经验和管理信息系统等资源，打破了进入新产品领域的壁垒，实现了产业多元化，并降低了成本。

（五）拥有多种核心技术的创新策略

比亚迪从电池行业起家，然后迈入到IT行业，继而进入汽车行业，最后拓展到新能源领域，企业在制造不同产品的同时，一直非常注重对产品核心技术的掌握。例如，1995年开始生产电池，到2000年就已经掌握了被日本厂商所垄断的锂电池制造的核心技术,达到了国际领先技术水平,成为电池制造领域的翘楚。进入汽车行业后,比亚迪继续采用占据技术制高点的创新策略,为生产具有世界领先技术的纯电动汽车,比亚迪加大研发力度,着力打造续航能力强的"铁电池",续航里程可达400公里,家用电源在8小时以内可完成充电,专业充电站10分钟可以充满一半,而且在节能环保方面不会造成任何污染,循环使用寿命长,制造成本低,凭借这样的高端技术比亚迪一举步入到电动车电源的世界领先行列。除此之外,比亚迪还拥有双模系统(Dual Mode,简称DM),双模系统是世界上首创的双混合动力系统,是最先进的新能源汽车动力系统。DM系统不仅占领了技术的制高点,而且至少领先国外两到三年。

四、研究发现

基于比亚迪公司核心能力的形成、发展、重塑的不断演进历程,剖析比亚迪为构建核心竞争力在技术创新方面所采取的策略和经验,本书总结出以下两点主要研究结论。

(一)发现一:动态核心能力是民营企业获得持续竞争优势的保证

通过对比亚迪公司的案例剖析,本书认为民营企业可以依据企业内部现有资源(人、财、物等)的特点以及优势所在,进行创建、整合和重组企业的核心能力。静态的核心能力不能保证企业获得持续的竞争优势,会形成"核心僵化",束缚企业成长。企业外部市场环境的不断变化以及企业自身产品、技术所拥有的特性都会促进企业核心能力的动态演化。以企业现有的人才、组织、技术、管理经验的自我更新和不断改进,能够在很大程度上激发企业自身的潜力,不断整合提升企业各个层次、各个方面的能力,并最终获得保持持续竞争优势的动态能力。处于转型升级过程中的中国民营企业,无论其产业特色如何,都应该着力发展动态核心能力,从而实现企业资源优化配置和技术能力成长的目标。

（二）发现二：动态核心能力与技术创新是相辅相成的

一方面，民营企业在每一时期核心能力的形成与发展，都需要以技术创新作为基础和保障，技术创新应围绕着核心能力的发展而实施，它是核心能力动态演进的有力支撑。如图3-6所示，在比亚迪核心能力演进的五个阶段中，"人+夹具"和"垂直整合"两种工艺创新构筑了比亚迪的低成本优势，对新产品的解构模仿与二次创新则有利于构建"逆向创新"的核心能力，通过提高产品质量、加强工艺创新、降低产品成本才使得比亚迪有了"高性价比"的杀手锏，技术工艺、管理经验上的契合促成了相关多元化优势，专注于锂电池、铁电池以及DM技术让比亚迪占据了多种技术制高点。另一方面，企业核心能力又会促进创新能力的提升和发展，比亚迪的低成本优势、逆向创新、高性价比、相关多元化等核心能力的形成与演进，从工艺流程、生产经验、成本价值等方面提升了企业的技术能力，核心能力的动态演进为比亚迪最终形成自主创新能力奠定了基础。而且，每一阶段的技术创新都是在更高层次上的创新。

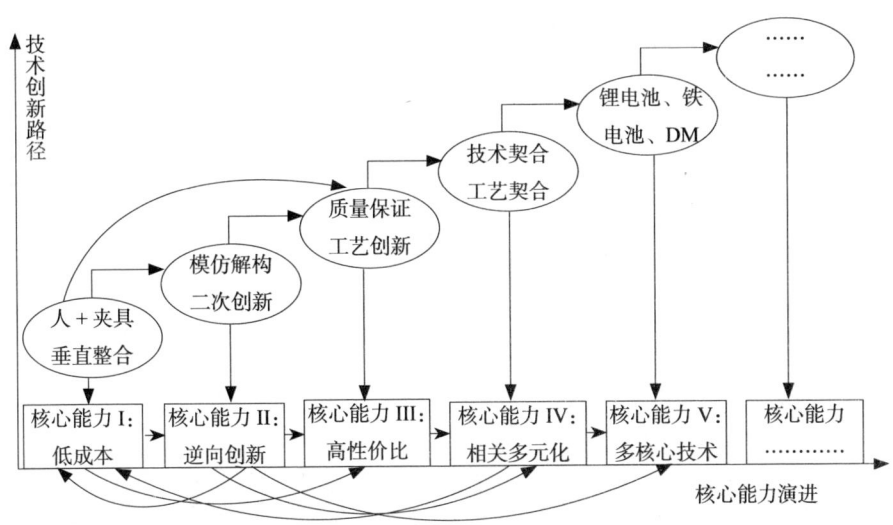

图3-6 基于动态核心能力的比亚迪技术创新策略

五、结论与观点

本书以比亚迪公司作为研究对象,从动态核心能力的视角,分析其核心能力的形成演变历程,并探讨了民营企业在此过程中的技术创新路径与策略。比亚迪集团从 1995 年创立之初为国际跨国公司生产电池,到后来进入 IT 产业、汽车产业和新能源产业,能够审时度势,依据自身资源特点和优势所在,采取科学合理的技术创新手段,构建了具有绝对竞争优势的核心能力。而且,比亚迪不被核心能力所束缚,不断动态演进其核心能力,使企业的技术创新与构建核心能力能够相辅相成,最终形成了企业的自主创新能力。通过对案例的深度剖析,本书认为在当今经济迅猛发展、市场竞争异常激烈的背景下,民营企业应该以技术创新作为保障,及时快速更新核心能力以应对不断变化的外部环境,准确把握时机,从而不断地提升创新能力。

第四章　民营企业创新绩效影响机制

第一节　创新绩效的影响因素

当前学术界对企业创新绩效影响因素的识别研究角度是多样化的，包括创新网络、技术学习能力、产业集群等。

创新网络对于创新绩效的影响。迪尔和辛格尔（Dyer & Singh）认为，与合作伙伴建立良好密切关系有助于企业发现潜在合作伙伴，及时获得真实可靠的市场、技术信息等，一定程度上促进企业创新绩效提升；摩根和哈恩特（Morgan & Hunt）指出信任、忠诚和承诺等表征的关系资源的持久性能够促进网络企业间的持续创新；迈克埃维利和热赫尔（McEvily & Zaheer）则认为在网络中占据着中心位置使得企业可获得更多、更新的非重复信息，并借助保持、控制信息提高企业创新绩效。

技术学习能力对于创新绩效的影响。陈劲、邱嘉铭和沈海华依据技术学习构成要素的区分，考察了技术学习如何通过影响企业技术能力进而作用于企业创新绩效，验证了技术学习对企业创新绩效的影响。陈劲和刘振借鉴 Carayannis、Everett 和 Kazuo 对技术学习的界定，在开放式创新情境下考察并验证了企业的技术学习对创新绩效的作用机理。

产业集群对于创新绩效的影响。迈克汉恩尔、格瑞特、尼亚托、寇伊万多（Michael & Grit，Nieto & Quevedo）分别考察了技术溢出对集群企业创新产出的作用，于旭和朱秀梅发现除了集群企业间的技术溢出对企业创新绩效有直接作用外，企业吸收能力和创新环境等对创新绩效产生影响。也有一些学者将集群作为创新网络的外在表现，分析其对创新绩效的影响。雅玛沃克和布瑞唐恩（Yamawak & Britton）分别考察了日本和加拿大的产业集群所形成的网络连接与企业创新绩效的关系，发现集群内企业的网络连接比区域间或国际间的网络连接对创新绩效的作用更显著。李志刚等人的研究证实了网络密度、联系强度、稳定性等网络结构变量均显著促进企业创新绩效。蒋天颖、王峥燕和张一青构建了网络强度、知识转移与集群企业创新绩效之间关系的理论模型，并研究验证了集群企业间的网络强度及知识转移对创新绩效的影响。

第二节 创新网络对创新绩效的影响机制

一、民营企业创新网络的内涵

创新网络的本质由伊迈和巴巴（Imai & Baba）提出，网络的形成和出现是为了响应组织对知识的需求，是应对系统创新的一种基本制度安排，是市场和组织之间内部渗透的一种形式。弗里曼引证并接受伊迈和巴巴的定义，提出创新网络是应付系统性创新的一种基本制度安排，网络构架的主要联结机制是企业间的创新合作关系。拉恩道尔（Lundall）发现网络中企业可看作是个体节点，彼此之间发生的每一个影响创新的联系都称之为连接，企业在参与创新活动过程中的联网行为组成了规模不一的个体网络，而这些网络直接影响着企业之间创新活动的开展，并最终导致创新网络的形成。随后寇斯查兹凯伊（Koschatzky）把创新网络定义为一个相对松散的、非正式的、嵌入性的、重新整合的相互联系系统，以便于学习和知识（尤其是隐形知识）的交流。此外汉瑞思、科勒斯和迪尔克森（Harris、Coles & Diekson）则把创新网络看作不同的创新参与者，制造业中的企业、R&D机构和创新导向服务供应者的协同群体,共同参加新产品的开发、生产和销售过程,共同参与创新的开发与扩散,通过交互作用建立科学、技术、市场之间的直接和间接、互惠和灵活的关系,参与者之间的这种联系可以通过正式合约或非正式安排形成,而且网络形成的整体创新能力大于个体创新能力之和。

  国内学者也对创新网络的内涵进行了探讨:吴贵生提出企业技术创新网络是技术创新过程中涉及的企业之间以及个人之间的联系形成的网络,由于技术创新的过程中受许多因素的影响,基于这种复杂性企业不可能完全孤立地进行创新。为了追求创新企业不得不与其他的组织产生联系,来获得发展和交换各种知识、信息和其他资源。这些组织可能是其他的公司如供应商、客户或竞争者,也可能是大学、研究机构、投资银行、政府部门等。刘友金认为创新网络应着重关注企业之间,以及企业与其他网络成员之间的相互作用和各种正式以及非正式的交流、沟通和对话。王大洲对创新网络概念进行了总结,将"企业创新网络"定义为企业创新活动所由以发生的网络,即在技术创新过程中围绕企业形成的各种正式与非正式合作关系的总体结构。需要对企业、研究机构等的所有创新合作关系一并加以考虑,而不局限于企业间的 R&D 联盟或创新合作关系。在这些研究的基础上,汪安佑等认为内部核心和外部核心要素共同支撑了创新网络的两大核心要素。内部核心要素是指各种企业,包括在产业链中具有上、下游关系的企业,以及一些具有竞争关系的同行企业。外部支撑要素则涵盖了产学研机构、高校、政府、金融机构和中介机构等。

  本书界定创新网络的内涵如下:企业创新网络是指一定区域内的企业与各行为主体在交互式作用中建立的相对稳定、能够激发创新、具有本地根植性、正式或非正式的关系总和。创新网络既可以规避高额的市场交易费用,又可以避免较高的组织成本,是解决快变市场环境下技术创新问题的一个最佳模式。创新网络的形成是社会活动的随机模式逐渐转变为组织的制度化模式的过程。

二、民营企业创新网络中的行为主体及相互关系

巴纳、汉森（Barney J.、Hansen M.）在对创新网络进行概念界定时指出创新网络的行为主体包括大学、企业、科研机构、中介机构、地方政府、金融机构等组织。赵珍、池仁勇指出民营企业创新网络应包括供应商、客户、其他相关企业、大学、科研院所、政府、资本市场以及中介机构。本书认为民营企业创新网络的行为主体应包括：供应商、客户、相关企业、大学、科研院所、政府以及中介机构等。吉峰、周敏指出网络中的各行为主体间是相互联结的，共同的利益、需要、各自的发展潜力以及外部的竞争、变革的压力、政府的政策推力等共同构成了企业创新网络联结的动力机制，因而民营企业会积极与各行为主体以网络方式展开合作。由于企业是网络最重要的经济单元，也是参与创新实现创新增值的最直接行为主体，因此在民营企业创新活动中，最重要的是企业通过网络，加强内部及与其他社会机构、部门的联系，促进知识的合理流动，以便在更大的范围和更有效的程度上配置创新资源，提高企业的创新力和竞争力。

民营企业创新网络中各行为主体间的联系包括正式和非正式的联系。正式的联系主要是指每一个民营企业在其设计、开发、生产、市场营销等创造价值的活动中，选择性地与其他企业或行为主体所结成长期的稳定关系，如民营企业与研究机构或大学在共同参与技术合作、知识技术扩散等活动从而结成 R&D 合作网络或者技术交易网络等，以及民营企业与公共机构或中介服务机构结成的交易、培训、公共政策扶持等服务网络。而非正式的联系主要包括基于共同的社会文化背景基础上建立的人与人之间的社会网络关系，包括民营企业内部各阶层的管理者、技术专家和生产工人之间的交流、民营企业家之间、民营企业内部职工与大学（研究机构）的人员、政府官员等非市场交易活动中建立的公共关系网络或个人间的人际关系网络。

政府不仅是创新过程的主要参与者，更是创新活动的推动者。政府通过引导、激励、保护和协调等方式影响着企业创新的整个过程。首先是因为技术创新需要包括基础研究、教育、信息网络等基础设施，而这些设施具有规模经济的特点，且具有公共性，从而是市场失灵的。所以要求政府能够超越单个企业的局部利益，从社会整体利益出发，进行一些基础设施建设，以降低企业技术创新的壁垒。其次是因为政府可以制定规则、实施监督以及协调创新过程中各利益主体的行为。这里的规则包括相关的法规、政策和标准，为创新主体提供一个良好的市场环境，引导其创新活动，积极促进民营企业创新网络的建设。最后是因为政府还可以通过设立中小企业创新发展基金，使民营中小企业有足够的创新资金，鼓励企业在创新项目上的投资。

大学和科研院所作为民营企业创新网络的参与者，其在网络中的作用逐渐从单纯地侧重于生产和传播知识、研究开发新技术成果而转向技术成果转让、衍生企业以及企业咨询和培训等方面。正是由于大学、研究机构直接融入到民营企业的发展中，以及与企业的密切合作，才促成网络内的知识流动、重新组合以及技术的不断扩散提供了更多的创新机会。据统计，硅谷的一半收入是由斯坦福大学的600多个衍生公司所提供的。同样，北大方正集团和联想集团也是依托大学、研究机构的力量而诞生的。在具体的网络体系中，大学、科研院所与民营企业的联系主要体现为物质资源、人力资源和技术资源三方面的联系，在物质资源方面，大学和科研院所为民营企业有偿或无偿地提供场地、设备等，间接地参与了企业创新活动；在人力资源方面，大学和科研院所为民营企业输送大量的各类人才，以人力资源培养为纽带，大学、科研院所和民营企业之间开展广泛合作，如联合培养人才等；在技术资源方面，大学和科研院所除了向民营企业提供技术的直接输入外，还表现为以技术创新为内容的相互合作。随着民营企业规模的不断扩大，以及大学和科研院所面向市场化的改革，大学、科研院所和民营企业之间的技术合作也越来越广泛。

　　一个完整的民营企业创新网络中还应该有为网络内企业提供社会化服务的中介机构。中介机构主要包括律师事务所、会计师事务所、资产评估事务所、行业协会、咨询公司、创业中心、高科技园区等。作为民营企业创新网络节点的中介服务机构，虽然不是创新主体，但作为创新活动的主要辅助者，在促进企业创新和发展，以及促进民营企业创新网络形成和发展方面，发挥着一种重要的"粘合剂"作用。中介机构在民营企业创新网络中的作用主要有沟通粘结功能（在各类创新资源或各创新行为主体间起到穿针引线、铺路架桥，从而使它们以低交易成本和低风险实现协同创新）、咨询服务功能（以知识与信息为民营企业技术创新提供全方位的服务，如技术创新知识、财务、营销、策划等管理知识）、协调重组功能（如上述各种行业协会以及技术合作创新与创新扩散机构）。中介机构是沟通企业与其他组织间信息流动的一个关键环节。技术创新中介机构通过技术经纪、咨询服务等方式为民营企业提供技术创新信息、创造交流信息的机会、帮助企业进行技术创新决策和推动技术成果转移。

　　客户和供应商之间这种密切而不排外的合作关系，一方面保障了竞争的有序展开，促进了技术在民营企业间的传播；另一方面也使客户和供应商变得更加专业化，技术上更加先进，并有能力对市场作出及时反应，从而使他们形成可持续的竞争优势。胡振华、刘宇敏研究发现在某些行业（如科学机械等）近 2/3 的创新可以追溯到顾客方的建议与思想，还有些产业（如有线终端设备等）大部分创新是由供应商推动的。因此，民营企业创新网络中供应商与客户为企业提供创新的新思想与创新的技术支持，在一定程度上推动了民营企业的技术创新。巴尔德威恩、海恩纳斯、黑皮尔（Baldwin、Hienerth & Hippel）认为企业通过顾客参与创新可以降低研发成本，顾客参与创新所具备的明确动机、技能和成本优势将为企业带来巨大的收益；兰特尔、赫斯塔特、詹缪恩登（Lettl、

Herstatt & Gemuenden）指出在开放式创新中，顾客成为企业的发明者或合作发明者，在创新系统中扮演了重要角色；普茹格尔和斯格瑞尔（Prugl & Schreier）强调了领先顾客的参与对开放式创新的重要性。

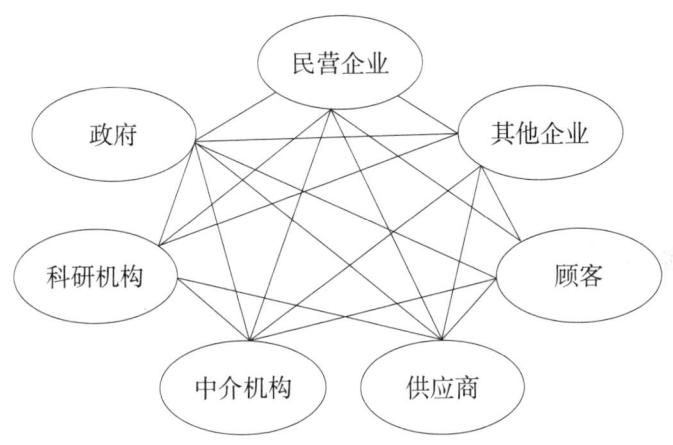

图 4-1　民营企业创新网络基本模式

民营企业创新网络是一个以民营企业为创新主体，政府计划、投资为导向，政策法规为激励，中介服务为桥梁，金融、大学、科研院所为支撑的有效运行机制。民营企业创新网络各要素之间存在着相互制约、相互依赖、相互促进的关系。如果某一要素发育不全，发展滞后，就会影响整个网络的发展和功能的发挥，从而影响技术创新体系的整体效率。

三、创新网络对于民营企业技术创新的作用和意义

从企业网络对技术创新的影响作用角度来看，现有研究没有形成一致的观点。迪尔、拉赫尔、古拉蒂、罗威、安德森、拉赫尔和贝尔（Dyer、Zaheer、Gulati、Rowley、Anderson、Zaheer & Bell）等学者在研究中普遍认为，企业同外部成员联结的网络对焦点企业的技术创新具有非常重要的促进作用。然而，波特、普度尼、巴尔腾、格旧洛和本纳斯（Burt、Podolny、Baron、Gargiulo & Benassi）等学者却在研究中指出，

企业网络对技术创新绩效的影响作用会因为环境的不同而出现差异。格旧洛和本纳斯（Gargiulo & Benassi）曾在研究中指出，企业与网络成员的关系联结负向影响企业整体绩效；波特（Burt）认为企业网络的存在有可能将焦点企业固定于特定的非生产性关系，有可能阻止企业去寻找更加有效的协作伙伴，从而给企业带来发展的阻碍。

还有一些学者引入了中间变量来研究该问题。侯沃卡和拉森（Hovorka & Larsen）在网络联盟的探索性案例分析研究中发现，高强度和高密度的组织网络交流可以对社会信息处理和动态吸收能力产生显著的正向影响，进而加快各个联盟成员对新型信息技术的成功应用。我国学者窦红宾和王正斌在对西安通讯制造业企业的研究中发现，网络强度、稳定性以及密度能够通过吸收能力对企业创新绩效产生显著的正向影响；但是，网络规模对吸收能力和企业创新的影响作用不显著。王志玮通过实证研究指出，网络嵌入性、网络中心性和网络关系质量可以通过吸收能力对破坏性创新产生显著的正向影响作用。彭新敏在对企业网络与技术创新绩效的研究中，将组织学习作为中介变量，经实证分析后认为，组织学习企业网络通过组织中介影响了技术创新绩效。林春培以广东创新型企业为样本，对企业外部创新网络影响不同技术创新活动进行的实证研究显示，不同的创新网络特征通过企业吸收能力对渐进性创新和根本性创新产生不同的影响作用。

民营企业由网络连接在一起，能够降低成员企业之间、成员企业和非成员企业之间交易的成本。首先，一个完整的民营企业创新网络能够为其提供深层次的、专业化的供给源，民营企业能够直接从网络中获取资源，使存货降到最低，削减了进货成本和拖延交货等带来的损失。其次，民营企业创新网络内企业之间的互动行为会产生某种形式的信任机制，而信任是一种非常重要的社会资本。彼此的接近使企业互相有机会较长时间地密切接触，更容易建立信任感、限制机会主义倾向。这有助于企业建立长期的合作关系，降低交易成本。再次，因网络组织可随外界的变化灵活调整，履约成本又可在一定程度上得到削减。最后，由于信息网络的迅速发展，民营企业能以更快的速度、更低的成本管理合作事务，又进一步降低了合作的成本。

经济合作与发展组织提出，在知识经济中，厂家和用户在交换编码化知识和隐含经验类知识的过程中相互作用推动了创新活动。而这类知识主要蕴藏在人们（尤其是专家、工程师和技术工人）的大脑之中，一般很难用语言表达，个人属性较强。最近的研究表明，创新不一定是由发明开始到扩散的线性模式，而是可能有不同的创新源，例如原料供应、生产、销售等企业价值链中的所有活动都有可能产生创新，研究与开发、生产和销售等是相互作用的，各种信息频繁反馈。创新所需要的知识除编码化知识以外，还有隐含类知识（意会知识），而隐含类知识只有通过交流才能得到，而这里所指的知识包括技术知识、需求信息、供给信息、经营经验等。因此，为获得隐含经验类知识，民营企业就必须建立与其他节点的正式和非正式的联系。

正是因为民营企业创新网络内松散的链接，为相互学习和交流提供了满意的条件。网络不断开辟途径，以接纳纷繁芜杂的信息资源，并提供比等级性组织更广阔、更可观的面对面交流的机会，还可以使隐含经验类知识能够在区域内逐步转化为编码化的知识，而这种隐含经验类知识能让网络外竞争对手难以复制。民营企业创新网络的建立便于民营企业之间通过人员流动与私人之间的交流等形式建立稳定和持续的关系，为组织内部及不同组织之间的隐含经验类知识准确的传递与扩散提供了基础条件，从而有利于提高创新速度，如与供应商、富有经验的客户之间的频繁交流便于企业控制产品质量和保证交货时间，同时还有利于改进产品质量，更快地了解市场潜在需求和发展趋势。

四、民营企业创新网络的结构特征

开放式创新的实施是建立在网络结构的基础之上的，开放式创新下的网络有诸多形式，如开放式社区、创新社群等，学者们主要从网络情景（Hippel & Krogh）、网络价值（Piller et al.）、网络凝聚力（Chesbrough, Vanhaverbeke & West）、网络领导者（Fleming & Waguespack）、网络成员关系（Simard & West; Dittrich & Duysters）等方面对开放式创新的网络进行了论述。同时也应该看到，开放式创新下的网络是一种动态的、开放的网络结构，网络的开放性、创新要素自由流动有助于企业利用各种有用资源并提高其开放式创新下的组织网络能力建构利用效率，有助于合作创造新知识、相互学习。可见，开放式创新下形成的网络有别于一般性的组织网络，网络成员及成员关系不断地调整和变化，尽管这种网络特性促进了创新要素自由流动，提高了要素的利用效率，但同时也对开放式创新企业提出了新的挑战。

从网络的合作对象来看，民营企业创新网络的结构特征有三种类型：垂直型、水平型和混合型。垂直型民营企业创新网络，是指与民营企业形成上下游关系的供应商以及客户之间的合作网络，这种关系是在产品生产链的一系列过程中形成的。民营企业生产产品由供应商提供原材料，生产完成的产品销售给客户。在这个过程中，客户反馈给民营企业一系列产品的信息，要求民营企业进行产品改造和更新。民营企业根据这一市场需求，会相应地要求供应商进行原材料的创新。因此，这一过程的循环往复，也就形成了垂直型创新网络。水平型民营企业创新网络，是指民营企业与大学、研究院所、政府或竞争对手之间形成的网络。而混合型创新网络，则是同时包括垂直与水平关系的合作网络。

五、民营企业创新网络对创新绩效的影响机制

在开放式创新的背景下，越来越多的企业开始寻求交易、合作等"知识转移"的方式，获取有利于企业自身创新的外部知识。而关于"什么是知识转移"，目前研究者们尚未达成一致。

梯斯（Teece）是最早提出知识转移思想的学者，他认为，企业通过

技术的国际转移,可以积累大量跨国界应用的知识。阿格欧特(Argote)则认为,企业知识转移是一个组织(如团队、部门、企业)的经验影响另一个组织行动的过程。它意味着知识的改变或知识接受者行为的改变。斯茹兰斯基(Szulanski)则强调,知识转移不仅是知识的扩散,而且还是跨组织或个体边界的有目的、有计划的共享,知识转移是组织内或组织间跨越边界的知识共享,通过这一过程,组织把复杂的、隐性的惯例、流程或程序等在一个新环境中进行再造和应用。达万泡特和普鲁萨克(Davenport & Prusak)认为知识转移包括知识传递和知识吸收两个过程。随着研究的深入,国内外学者开始强调知识转移中知识的应用和新知识的产生。尼万尔(Newell)等人认为,知识转移是对组织中个人或群体创造的知识的再利用过程。科威恩(Kevin)认为知识转移是知识源将知识传递给知识接收方的过程,知识接收方吸收并应用这些知识。温德范克尔(Weidenfekl)认为知识转移过程也即组织学习的过程,这种学习过程带来了知识存量的增长。左美云指出,知识转移不仅仅是形成一个彼此交换知识转移的渠道,而且还是真正吸收并产生新知识的过程。巴巴拉(Barbara)认为知识转移是组织间资源的联系,通过这种联系促进了组织间的合作,使得组织可以通过这种联系来利用合作方的知识。企业创新网络中的知识转移,目的是影响或改变知识接受者的行为,提高组织的绩效水平。

关于创新网络对创新绩效的影响,已有诸多学者对其进行了研究。李志刚利用实证分析研究集群创新网络结构变量对企业创新绩效的影响。章威检验了网络嵌入性及创新绩效关系概念模型。解学梅指出不同创新网络对企业创新绩效的影响程度存在显著差异。张方华的研究表明,企业通过对组织网络的关系型嵌入和结构型嵌入对企业的创新绩效产生显著的推动作用。王长峰的研究表明,网络中心性、企业网络联系强度对企业创新绩效有直接的正向影响。王燕妮认为,企业间关系强度与创新网络绩效间的正负相关性是运动变化的。彭伟的研究表明,企业联盟网络的关系强度对其创新绩效具有显著的正向影响。康虹从创新网络特征角度分析企业知识创新绩效形成的过程机制。本书构建了创新网络对于创新绩效的影响机制框架，如图 4-2 所示：

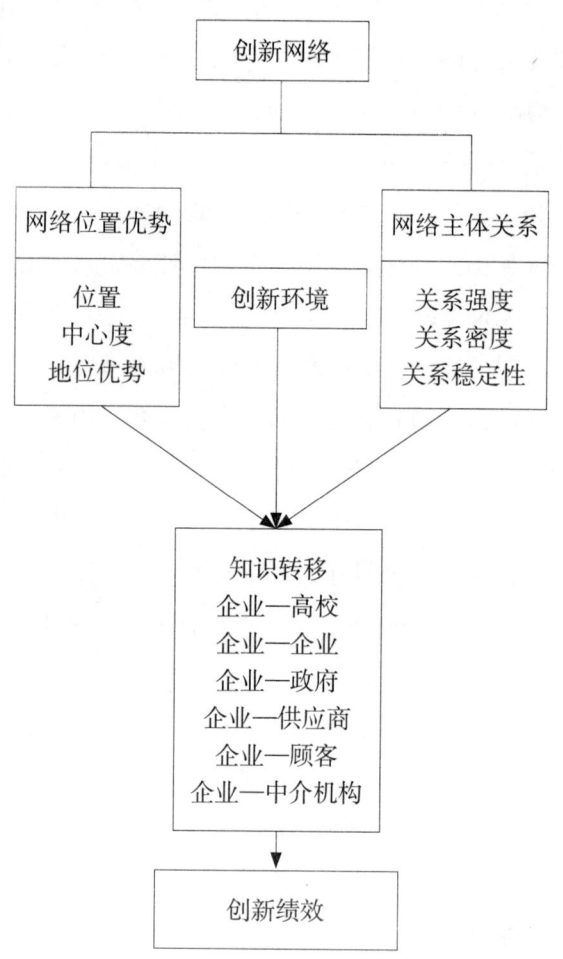

图 4-2 创新网络对创新绩效影响机制框架图

（一）创新行为主体与知识转移影响关系

结合我国的实际情况，陈钰芬和陈劲将企业创新的外部知识源按照来源对象以及利益相关者划分为：领先用户、供应商、大学、政府、技术中介等。在企业创新网络中的创新行为主体有：高校、政府、顾客、供应商、其他企业、中介机构。因此，本书将分别就企业与各创新行为主体之间的知识转移进行论述。

1. 企业—高校

企业与高校之间的知识转移主要是指在企业与高校间建立知识获取渠道，并利用这些渠道实现高校知识向企业流动的过程。高校是企业技术创新的重要知识来源之一，其所产生的知识溢出效应是提升企业创新绩效的重要途径。

企业与高校之间的知识转移是建立在信息传播与理论沟通的基础上的。高校除了教育、科研工作之外，还肩负了向社会传播新知识、提供知识服务的责任。高校（传递者）作为知识源（信源），向企业（接收者）传播新知识（目标）。企业接受高校知识，能够让知识的价值得以实现。企业要获得竞争优势，依靠的是独特的知识资源，因而需要从高校获取具有前瞻性的知识，作为其创新的基础。同时要将知识转化成市场的新产品与服务，带来知识的价值创造。高校向企业转移知识需要借助多种渠道，既可通过专利、学术论文或专著等渠道传递显性知识，也可通过双方的合作研发、人员来往等正式或非正式渠道传递隐性知识，即高校向企业传递知识的渠道可分为显性渠道和隐性渠道。根据 Bekkers 和 Freitas 的研究，校企之间存在多种知识转移渠道，如专利许可、出版物、毕业生招聘、联合研发项目、委托研发项目、共建实验室、校友联系等。这些渠道构成了企业获取高校知识的重要来源。

高校与企业之间知识转移有三种模式：首先，知识交易模式。在此种模式下，高校和企业将知识作为可交易的产品，进行等价交换，主要是通过专利许可授权、出版物发行与购买等渠道实现知识转移。其次，合作研发模式。校企双方通过共同的研发项目，在一个较长的时间段内，将知识逐渐传递给企业，使得企业能够在这一过程中吸收并利用知识创造出新产品或服务，并且有可能形成共同拥有的专利技术成果。最后，以人为载体的人员流动模式。这种模式下，高校会对企业进行人员培训、向企业输送毕业生、为企业提供相关的专业技术与管理咨询等。

显然，高校对企业所做的知识转移并不能直接为企业创造价值。企业需要对其进行吸收消化和利用，将其转化成市场和消费者所需要的产品与服务，才能为企业创造价值，即发挥知识的价值创造功能。

2. 企业—政府

就目前来看，大多数企业尤其是民营企业，都想走规模扩张之路，最终实现规模经济。然而在此过程中，企业货币资本和人力资本的"完美统一"通常会被打破。原因在于：首先，大多数企业资本不足，股权融资虽然是很好地增加资本的方式但会改变企业权力结构，使得大多企业不愿采用此种方式。其次，规模扩张后，企业内部结构变得复杂，极有可能超出原有的人力管理范畴。因此，企业缺乏足够的人力、资金等资源是其创新难以成功的重要原因。而无论是产品创新还是技术创新，其作用对于企业尤其是民营企业的发展而言都是不容小觑的。在信息网络时代，市场和需求的变化速度极快，要求企业不断研发新产品和新技术。产品创新更是能够为企业带来一定的现金流，提升其在资本市场上的可见度。

政府与企业之间的知识转移主要体现在以下几个方面：首先，政府提供合理的制度安排，制定并实施有利于企业提升创新能力、加速科技创新成果转化的政策法规，并帮助企业理解与其密切相关领域的最新政策。我国企业数量众多，中小企业的数量占企业总数的99%。而中小企业大多缺乏广泛的关系网络，信息网较为封闭，往往无法及时获得最新信息，因而企业难以及时利用政策优势开展研发工作。其次，政府通过各种政策手段促进技术中心、孵化器等机构的发展，以此促进企业对技术的吸收和转化，降低他们在市场上寻找服务机构的成本，为其提供与外部部门的网络关联。最后，政府能够在企业进行产品和技术创新的过程中给予一定的财政和政策支持。近年来，我国政府相继出台各类政策扶持中小企业发展。2014年10月31日颁布的《国务院关于扶持小型微型企业健康发展的意见》中明确指出，要充分发挥现有中小企业专项资金的引导作用，鼓励地方中小企业扶持资金将小型微型企业纳入支持范围；加大中小企业专项资金对小企业创业基地（微型企业孵化园、科技孵化器、商贸企业集聚区等）建设的支持力度；鼓励各级政府设立的创业投资引导基金积极支持小型微型企业；积极引导创业投资基金、天使基金、种子基金投资小型微型企业；符合条件的小型微型企业可按规定享受小额担保贷款扶持政策。

3. 企业—企业

企业的发展需要依靠创新为其注入生机，而企业的创新需要依靠知识资源作为基础保障。在当前互联网高速发展，信息处于爆炸式增长的时代，知识升级的速度日益加快，企业所处的内外部环境均处于不断变化之中。企业如果不能及时更新自己的知识储备，就会缺乏创新优势，面临被市场淘汰的风险。而对企业尤其是民营企业自身来讲，仅凭自身力量难以抵御激烈的市场竞争、适应迅速变化的市场环境，特别是处在科学技术尖端、科技发展领先产业中的企业，若单纯依靠自身的力量，其竞争优势将很难持久。因此，企业间需要进行合作，充分交流技术知识等，以增强企业实力。

企业间的知识转移，无论是对知识的输出企业还是接受企业而言，都会带来积极有利的影响。知识转移可以发挥知识资源所具有的独特战略资源优势，丰富企业的知识基础，增加企业的知识存量。通过学习和共享彼此间的异质性知识，并将其与企业自身知识进行融合，有助于完善企业自身的知识储备，减少研发不确定性的风险并提高资源的使用效率，最终为企业的创新思维和行动提供源源不断的动力。值得注意的是，企业对转移知识的同化能力在此过程中显得尤为重要，吸收同化能力足够强，企业才能真正利用好外部有价值、深层次的知识，实现创新思维的多样性，丰富自身知识体系，最终在多种知识的共同作用之下，实现产品和技术的创新。

4. 企业—顾客

企业与顾客之间的知识转移是双向的，顾客到企业的过程被称为顾客知识管理。企业通过收集顾客信息包括顾客喜好、需求、联系方式等基本资料，再由专门的组织对其进行整理、分析并可以在组织内部形成共享后，转化成为顾客知识。

而从企业到顾客的过程被称为企业–顾客导向型知识转移，企业通常向顾客传递的知识内容包括企业产品的内容、技术、企业文化、产品关联信息以及行业相关信息等。

在当前的买方市场下，企业–顾客导向型知识转移占据了更为重要的地位。企业到顾客的知识转移的本质是企业与顾客这两个不同范围主体的跨层次知识转移。在顾客需求日渐多样化、个性化的今天，知识经济和体验经济汇合而来，使得顾客对产品附加值的需求上升到更高的知识层面，企业必然要追随顾客需求，进而主动自愿地向顾客提供更深更广的知识，并通过体验情境来保证这一传播渠道的畅通，促进顾客获取、利用和同化相关知识，从而在企业与顾客间实现原来在企业内部才能实现的知识共享与转移。在此过程中，企业营销部门负责整理和开发关于企业产品的知识，再散播给特定的顾客，以使顾客行为产生对企业有利的影响。

目前，很多企业已经倾向于用体验营销的方式给顾客传播更深更广的知识，甚至涉及无法表达的隐性知识、企业产品技术内涵以及企业相关文化等。利用体验营销来进行知识转移，能够让顾客更为全面深刻了解企业、认同企业，乃至忠诚于企业。因此，体验在一定程度上促成了企业与顾客之间更为全面彻底的知识转移活动。在这一过程中，企业是知识的发出方，主导着知识的内容和效果，能够发挥引导顾客和市场需求的作用。而顾客是知识的接受方，会在购买行为中对自己获得的知识进行鉴别、确定并且内化为自己的知识。知识转移的效果与顾客对知识的需求程度直接相关，顾客需求程度越高，知识被顾客吸收的可能性越大。并且，顾客与顾客之间是相互联系的，一个顾客获得的知识很可能会再传送给周围的顾客，引发口碑效应。对企业而言，最终的效果将是顾客对企业知名度、美誉度、忠诚度的一定提升。

5. 企业—供应商

企业—供应商之间的知识转移，是围绕核心企业，从纵向关系上对其进行研究的。是供应商与买方企业之间，在一定时期内，共享信息、共担风险、共同获利的协议关系。企业与供应商之间的关系类型可分为合作伙伴关系、关联公司关系、技术合作关系和一般的交易关系等。无论是哪种关系，企业与供应商之间都涉及资源的输入与输出。

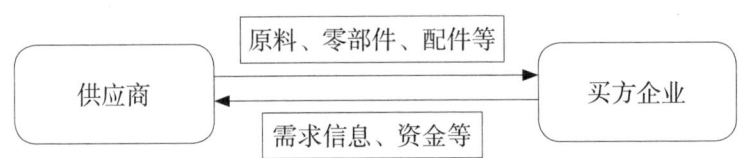

图 4-3　企业与供应商之间的知识转移

企业—供应商之间的知识转移，受到多方因素的影响。首先，企业与供应商之间的信任同知识转移是正相关。企业与供应商之间的关系持续时间越长，信任与知识获取之间的联系就越强，越有利于知识转移的进行。其次，充分的信息共享有助于企业与供应商之间的知识转移。供应商与买方企业之间的信息共享有利于彼此间技术知识的转移。最后，企业与供应商之间的高度承诺会促进双方先进制造技术的获取与转移。值得注意的是，在纵向关系上，供应商与买方企业之间是同处供应链的上下游企业，他们之间的依赖关系和供应链组织结构，是决定知识传递是否有效的关键。

6. 企业—中介机构

中介机构分为公正性中介机构、代理性中介机构和信息技术服务性中介机构。对民营企业而言，进行外部创新搜索的难度较大。一是因为其外部搜索视野较为狭窄，往往依赖于企业家的个人网络来发现机会；二是资源有限，外部搜索成本相对较高，会耗费较多的组织资源以及管理者的时间。因此，民营企业就必须很好地平衡其创新搜索的成本与收益，而在当今市场环境动荡的背景下，难以实现这一平衡。此时，中介机构的出现对民营企业而言可谓是"及时雨"。对企业而言，服务性中介机构指的是能为企业提供诸如会计金融、人才搜索、法律和技术服务的专业服务机构。服务性中介机构通常是为一个地区内的企业提供专业服务，在该区域内具有较为庞大的关系网络，掌握着该区域内大量的信息、知识和机会。民营企业若能与服务性中介机构建立较为紧密的关系，企业就能间接地加入该区域的社会网络，降低其外部创新搜索的成本。

服务性中介结构中，科技服务机构对企业的创新而言是尤为重要，通常有以下两种形式：第一，企业向科技服务机构支付固定的报酬购买其技术成果或服务，并通过对其进行消化吸收和运用，实现"知识"的价值增值。具体形式包括签订技术开发合同、技术转让合同、技术服务合同、技术咨询合同等方式。第二，科技服务机构与企业合作，共享收益，共担风险，科技服务机构输出技术和人力，企业输出生产要素和市场资源，表现形式包括共建实验室、技术入股、共建企业、技术合作等，致力于加快企业技术创新。

（二）创新环境要素与知识转移影响关系

企业的外部创新环境要素能够通过影响企业内部环境进而影响企业创新活动的意愿形成、决策制定和结果产出，最终提高企业创新收益。朱建新等将企业外部创新环境要素按照作用方式分为三类：第一，创新网络要素，主要是指创新网络中各主体之间基于某种相互联系而形成的网络关联，旨在通过传导信息和资源以激发企业创新意愿的要素集合。按照网络连接关系的差异，可分为竞争关系网络（水平联系）、合作关系网络（垂直联系）和外部支持网络（人际联系）。第二，动力效应要素，主要是指外部动力要素中直接影响企业对从事创新活动的未来收益、风险的预期的要素集合。根据作用主体的不同可分为市场需求、科学技术以及政府激励与规制三类要素。第三，保障效应要素。保障效应要素是指用于保障企业在从事创新活动时，由于自身创新资源不足而导致创新失败的外部资源要素集合，一般包括人力资源、财力资源、物力资源、信息资源、服务资源和配套资源等。

影响知识转移的因素整体上可分为知识转移主体（知识本身）、客体（知识发出方和接收方）以及情境三类。瑞蒙德（Raymond）等将影响知识转移的因素划分为知识特征、组织特征和社会资本特征三类。其中，纳哈皮尔特和格侯萨尔（Nahapiet & Ghoshal）将社会资本划分为结构、关系和认知三个维度。结构维度是指知识转移主体之间的连接模式，企业处于中心位置将更有利于进行知识转移；关系维度反映知识转移主体间的信任水平和关系强度，信任度越高，联系越紧密，知识转移越容易发生；认知维度则是指知识转移主体间的认可程度，若主体间的行为模式、价值观差异较大，会增加合作困难，不利于知识转移。

综上所述，企业创新环境要素实际上与知识转移的影响因素存在一定的重叠交叉部分，因此同样会对企业知识转移产生影响。创新网络要素中各行为主体之间，若存在较高的信任水平、紧密频繁的联系以及较高的认可度，则企业知识转移意愿会大大增强。动力效应要素中，不断变化的市场需求从外部引发企业的知识转移诉求。同时，不断变化的市场需求要求企业具有极强的适应能力，迫切需要提升企业科学技术水平，由此又从内部引发企业的知识转移诉求。保障效应要素中的人财物信息等资源会对企业组织特征产生影响，一般而言，资源充足的企业具有较强的整合、吸收和利用知识的能力。而大量研究表明，企业对知识的吸收能力与知识转移间存在显著正向关系，并能提升知识转移的效益。

(三)知识转移对创新绩效的影响

企业的创新,离不开知识与信息技术的支撑,而知识转移能够帮助企业学习、使用内外部信息,提升内部创造性,从而促进组织整体创新能力。通过与创新网络内的各主体间进行知识转移,企业能够将外部知识资源、人力资源、物理资源、信息资源等有形或无形资源转移至内部,并加以消化吸收和利用。董广茂等指出,企业间知识转移一方面可以扩大企业的知识存量,另一方面还可以提高企业的创新绩效,包括新产品开发数、专利数、市场份额或利润等。奎因(Quinn)等在其研究中指出,组织间的知识交流,可以使彼此的知识、信息和经验成倍的增长,即在知识转移过程中发生的知识共享能使知识呈现指数形式增长。侯、克瑞斯汀(Hong & Christine)通过实证分析指出组织外部知识的获取与共享和企业创新绩效之间存在正向的影响。因此,企业间进行知识共享可以增加企业所需知识的范围和深度,高效的知识转移机制将加快企业创新资源的价值创造进程、缩短企业创新周期,进而在一定程度上增强企业对新技术的使用,提升产品创新的成功率,及时改进工艺,增加专利数等,而这些指标正是评价与衡量企业创新绩效的标准。因此,开放式创新情境下,知识转移能够有效提升企业创新绩效。

对企业而言,要想提升企业创新绩效,便需要高度重视创新网络内各主体间的知识转移。企业应在内部注重塑造开放的知识共享的企业文化,促进员工进行知识方面的沟通和良性互动;外部也要积极寻找有价值的知识,抓住获取知识的机会,将外部知识为已所用,提升企业的创新能力,从而促进知识转移的成功进行。里波尼恩(Leiponen)指出,企业创新绩效的提升源于企业足够的同化能力,进而使企业所需的知识可以实现获取和转移。因此,对于输入的知识,企业要增强吸收和同化能力。只有对输入的知识进行有效的消化吸收,才能使其成为自己的知识储备,为日后的创新活动打下良好的基础。哈堪恩森(Hakanson)研究表明，知识转移的成效与其转移的知识数量成正相关，组织之间的知识转移最终能够有效提升企业自身的创新能力。因此企业应该明确的是，知识转移是能够扩张自己的知识边界的，企业应当建立畅通并且有保障的知识转移路径，不断进行知识转移，并吸引更多的伙伴企业与本企业进行互补知识的转移，最终使企业最大限度地实现创新。

第三节 创新绩效影响机制的实证研究——以电子信息企业为例

SCP 理论最早是由梅森提出的，它是用于分析产业组织的理论。SCP 理论是以价格为基础，构建结构—行为—绩效的分析框架，通过实证分析进行研究。该理论认为市场结构影响企业的行为，而企业的行为影响企业的绩效，所以提升企业绩效的根本方法是改善市场结构。该理论对于研究产业的市场结构、指导产业内主体的行为和提升产业内主体的绩效具有重要的意义。而后，乔·贝恩在马歇尔的完全竞争理论、张伯伦的垄断竞争理论和克拉克的有效竞争理论的基础上，于 1958 年提出了 SCP 分析范式。他认为，完全竞争模型太过于理想，产业内的企业是不可能完全同质的，它们存在规模差别，而这一规模差别有可能导致垄断的发生，垄断企业进而会获得超额利润。所以，他认为产业的规模经济是企业绩效的源泉。

本书在剔除系统分析的基础上，将 SCP 分析范式应用于具体企业的创新绩效。以电子信息企业为例，研究创新绩效的影响机制：首先进行我国电子信息企业的资源结构、网络结构和知识结构等结构分析。其次进行我国电子信息企业的学习和竞争协作行为分析。再次进行公共环境政策分析。最后选择我国电子信息企业的结构、行为、公共环境政策影响企业创新绩效的指标，形成分析我国电子信息企业创新绩效影响因素的指标体系。分析框架如图 4-4 所示。

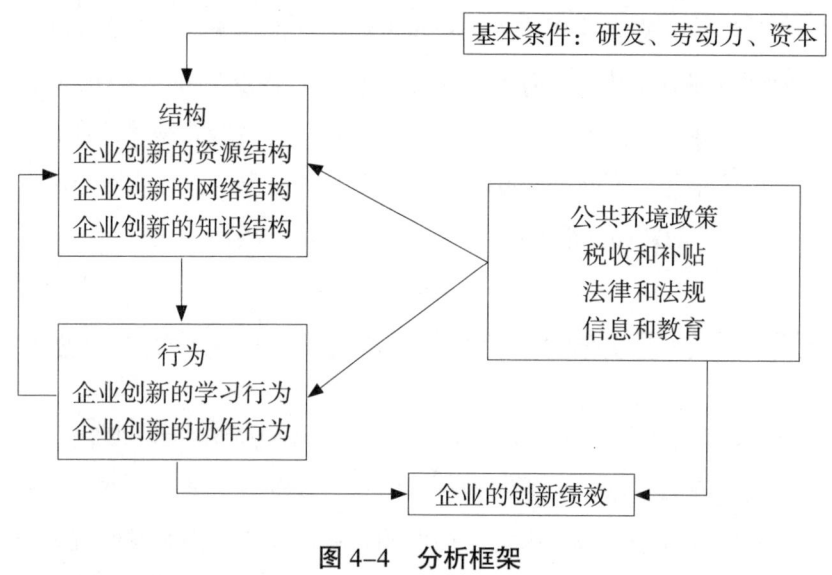

图 4-4 分析框架

一、我国电子信息企业的结构对创新绩效的影响

(一) 我国电子信息企业的资源结构对创新绩效的影响

资源是我国电子信息企业进行创新活动非常重要的组成部分,创新的过程实质就是对各种资源进行重新组合分配的过程。我国电子信息企业的资源包括各种各样有形的无形的资产,如企业的资金、设备、员工、专利、厂房等。我国电子信息企业能否利用好这些资源决定了企业创新绩效的好坏。

本书将我国电子信息企业的创新资源结构分为人才结构、资本结构以及技术结构。这些资源结构代表了我国电子信息企业对资源的拥有程度和利用能力。不同的资源结构会带来不同的竞争优势和创新绩效。所以,为了充分利用资源,企业需要对资源结构进行不断地整合调整,摒弃创造价值不高的资源,调整创造价值高的资源在资源结构中的比重,以使所有的资源都能够发挥出自身的最大价值。企业也可从产业、区域的角度进行本企业资源结构的调整,如将企业向该行业企业的集聚地靠拢,不仅可以使企业更易获得所需的技术、人员等资源,而且也降低了一系列的成本,同时使得本企业的资源也得到更充分的利用。

(二)我国电子信息企业的网络结构对创新绩效的影响

我国的电子信息企业处于电子信息产业这个巨大的创新网络中,它们之间相互联系、相互影响,它们共同参与新技术的研发、新产品的销售和推广,促进创新成果快速扩散。由于我国电子信息企业身处这个巨大的创新网络,使得它们更容易获得自身所需的各种资源,并且完成单个企业所无法做到的各种创新。创新网络分为正式的和非正式的。

我国电子信息企业之间通过市场联系起来并进行多种交易活动,它们之间的联系大体分为三个层次:纵向联系、横向联系以及立体联系。纵向联系是指它们之间作为独立的个体进行的各种交易活动,如企业间的购买等活动。横向联系是指它们之间通过收购、合并、合作等方式成为互相有经济效益联系的市场主体。立体联系是指它们之间既有横向的联系,也有纵向的联系,它们之间的联系错综复杂。创新网络为身处网络中的企业都带来了巨大的收益,使得它们的资源获取更加容易,技术扩散更加迅速,生产成本更低。

(三)我国电子信息企业的知识结构分析对创新绩效的影响

我国电子信息企业的知识是指它们所拥有的能够促进创新的各种显性的、隐性的知识的总和。显性知识指的是各种易于保存、记录和推广的知识,如企业的规章制度、生产工艺等。隐性知识指的是难以记录和交流的知识,如员工积累的经验等。企业的知识是显性知识和隐性知识的各种比例组合。企业的知识结构处于不断的动态变化中,它们通过交流、碰撞等对企业的创新绩效产生影响。

此外,知识还具有流动性。它们通过人员之间的流动或者技术交流等活动在整个创新网络的主体之间进行流动,而且这种流动性有时是不可避免的。知识的流动性可能会对创造者造成很大的损失,但是对于整个行业来讲,知识的流动性对于促进行业的整体进步和发展是非常有利,并且是必要的。

二、我国电子信息企业的行为对创新绩效的影响

(一)我国电子信息企业的学习行为对创新绩效的影响

学习有多种模式,分为"干中学"和"用中学"等。企业通过学习能够迅速掌握新知识、新工艺、新方法等,提高创新能力、提升创新绩效、促进企业发展。不仅如此,学习还能够推动行业技术进步,因为知识总是在学习的过程中不断增长的。企业在不断的学习过程中,总能够发现新的知识,总结出新的经验,推动本企业的技术进步,其他企业又通过学习该企业,推动了本企业的技术进步,以此类推,从而带动整个行业的技术取得进步。学习还能提高创新效率,因为企业在学习行业先进企业的过程中,会感受到很大的竞争压力,迫使他们也需要进行创新。所以,学习也会提高创新的效率。

企业的学习行为具有长期性和持续性等特点。学习并非短期活动,而要贯穿企业生命周期的始终。只有通过不断地学习,企业才能不断吸收新的知识、新工艺,才能跟上社会和技术的发展,满足市场的需求。而学习又是一个漫长的过程,人们需要在长期的实践过程中,不断摸索、尝试、积累,从错误中学习,从以往的经历中总结,才能获得新的知识和经验。

企业的学习有时不仅仅于企业本身有关,还与创新网络中其他组织有关。比如政府和研究机构,他们通过一系列的政策、法规和活动等将新技术、新工艺等推广开来,促进企业的学习行为。企业的学习行为还与行业中其他企业有关,行业中其他企业的学习行为会影响到该企业的学习行为。如果整个行业中大多数的企业都有较好的学习习惯,那么其

他企业必然也要不断学习才不至于被淘汰；如果整个行业中的大多数企业都不太重视学习，那么其他企业可能也不会很重视，因为他们不会受到太大的威胁。

（二）我国电子信息企业的竞争协作行为对创新绩效的影响

我国的电子信息企业身处于电子信息这个大行业中，没有哪个企业是独立的，没有与其他企业发生任何联系的，它们之间或多或少地存在竞争或者协作或者两者皆有的关系。它们之间通过竞争协作延续自身的竞争优势和增强创新的能力。

在市场经济中，资源总是短缺的，企业之间需要通过竞争来决定谁能够获取这有限的资源。而企业要想在竞争中获胜，就需要不断进行创新，以此保证自身比竞争对手能够更加有效地配置和利用现有的资源，取得竞争优势。所以，竞争能够实现资源的有效配置，也能够提高创新效率，从而提升企业的创新绩效。

在电子信息这一大产业中，企业之间的关系可能不只是竞争，有时还存在协作的关系。资源互补的企业通过协作进行研发等各种活动，能够促进企业技术的进步。协作不仅能够实现资源互补，还能够降低创新的风险，并且实现技术的流动，从而提高创新效率，提升企业的创新绩效。

企业之间的竞争协作关系是矛盾统一的。在市场经济中，不可能仅存在竞争或者协作关系。企业之间通过竞争，优胜劣汰，以使资源得到更有效的利用；通过协作，规避风险，实现技术和知识的流动，促进技术进步，提高创新绩效。

三、公共环境政策对我国电子信息企业创新绩效的影响

（一）政府支持力度对我国电子信息企业创新绩效的影响

我国政府一般通过财政补贴和税收优惠支持我国电子信息企业的创

新活动。我国政府对于企业的创新活动的补贴或税收优惠都是无偿的，这种补贴或优惠改变了生产要素的相对价格，从而改变了企业的资源结构。由于技术和知识具有公共物品的溢出特征，研发活动不可避免地遇到市场失灵和投资不足的问题。财政补贴可以有效缓解市场失灵导致的商品市场和融资市场的非有效性。政府的支持力度对于企业的研发活动起到引导性的作用，指引企业未来的发展方向和技术发展方向，激励企业进行创新活动。

对于我国电子信息企业而言，几乎所有的企业都能够得到政府的补贴和支持。而在政府的支持和帮助下，我国的电子信息企业将更多的资金投入到了研发活动中，并且取得了显著的成果。

（二）外溢效应对我国电子信息企业创新绩效的影响

我国电子信息企业间的学习行为过程中会产生外溢效应。这种外溢效应是通过企业间的模仿、联系和人事流动等途径形成的。外溢效应对于创新主体而言是非自愿的，它们为获得此项创新付出了大量的资金、人力、设备等，但是创新成果却被产业中的其他企业轻而易举地获取，对于创新主体而言是非常不公平的。但是，从另一方面进行考虑，对于产业中的非创新主体而言，这种外溢效应能够快速提高它们的创新效率和创新绩效，从而带动整个产业的技术进步和创新效率的提高。所以，外溢效应对于提高资源配置效率和生产效率、打破垄断和促进创新成果的扩散是非常有益的。当然，外溢效应并不是越频繁越好，频繁的外溢效应会打击企业进行创新的积极性和主动性，使得它们都想坐收渔翁之利。

四、我国电子信息企业创新绩效影响因素的指标体系

依据 SCP 分析框架的结构 – 行为 – 绩效的分析框架和本章以上内容的分析，选取出的研究我国电子信息企业创新绩效影响因素的指标体系如图 4-5 所示。本书的行为因素选取我国的电子信息企业的研发投入、

人力投入和创新产出即专利数量作为衡量指标；结构因素选取总资产、净现金流、学习效应和溢出效应作为衡量指标；公共环境政策因素选取政府的支持和产业创新机遇作为衡量指标。

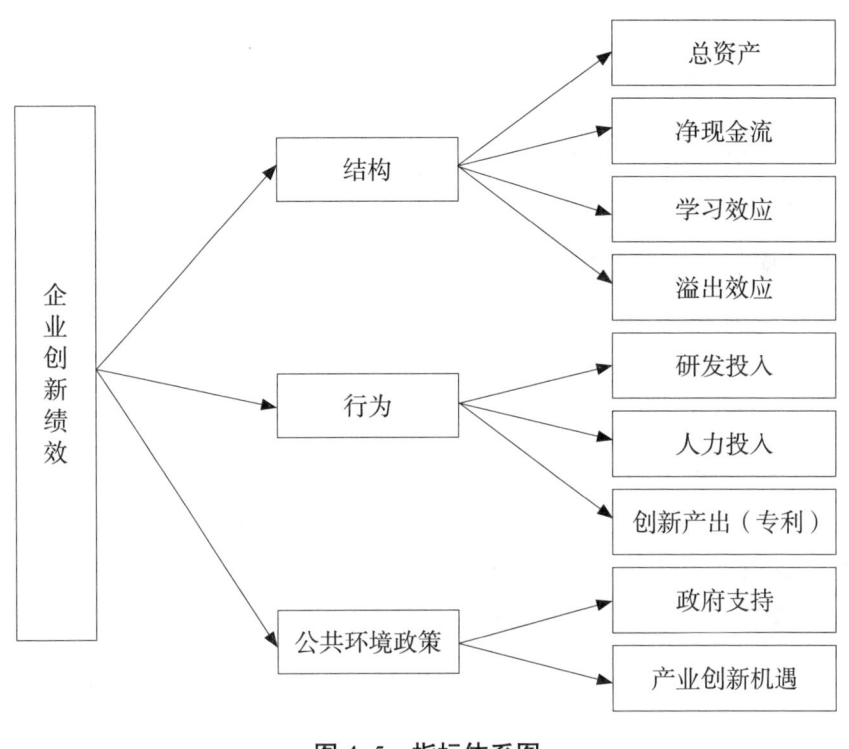

图 4-5　指标体系图

五、研究假设及模型构建

（一）研究假设

本书在现有的理论和研究的基础上，提出以下七点假设：

假设1：研发投入（研发费用和研发人员）与我国电子信息企业的创新绩效正相关。

假设2：专利的数量与我国电子信息企业的创新绩效正相关。

假设3：产业效应与我国电子信息企业的创新绩效正相关。

假设4：学习效应和创新机遇与我国电子信息企业的创新绩效正相关。

假设5：政府支持力度与我国电子信息企业的创新绩效正相关。

假设6：溢出效应与我国电子信息企业的创新绩效正相关。

假设7：企业规模与我国电子信息企业的创新绩效正相关。

（二）构建模型

1.CDM模型理论基础

CDM模型共包括四个方程，分别是创新决策方程、创新投入强度方程、知识生产方程和创新绩效方程。

$$g^*=x_0b_0+u_0 \quad (4-1)$$
$$k^*=x_1b_1+u_1 \quad (4-2)$$
$$t^*=a_kk^*+x_2b_2+u_2 \quad (4-3)$$
$$q=a_tt^*+x_3b_3+u_3 \quad (4-4)$$

$g^*=x_0b_0+u_0$ 是企业创新决策方程，研究的是企业当年是否有创新行为。若企业当年有创新行为，则$g^*=1$，否则，$g^*=0$。

$k^*=x_1b_1+u_1$ 是创新投入强度方程，研究的是研发投入费用的影响因素。其中x_1是解释变量，包括政府的投入、市场的规模、市场的需求、企业的年龄等因素。k^*代表研发费用。

$t^*=a_kk^*+x_2b_2+u_2$ 是知识生产方程，研究的是研发投入因素对研发产出的影响。t^*表示研发产出，用企业当年获取的专利数代表。

$q=a_tt^*+x_3b_3+u_3$ 是创新绩效方程，是柯布道格拉斯生产函数的扩展，研究的是研发产出和企业创新绩效的影响因素。其中，q代表企业创新绩效，用企业当年的营业利润表示。

2.模型的建立

以CDM模型为基础，借鉴了其他专家学者对于CDM模型的应用和发展，并结合本书所选取我国电子信息上市企业的实际情况，在假定规模报酬不变的情况下，得到了包含外溢效应的以下研究模型：

创新方程：

$$G=a_0+a_1\ln L+a_2\ln K+a_3\ln Innoe+u_1 \quad (4\text{-}5)$$

$$\ln CT=b_0+b_1\ln Q+b_2\ln K+b_3\ln L+b_4\ln Innoe+u_2 \quad (4\text{-}6)$$

知识生产方程：

$$\ln P=c_0+c_1\ln CT+c_2\ln Q+c_3\ln K+c_4\ln L+c_5\ln Innoe+c_6\ln Innoop+c_7\ln Exp+u_3 \quad (4\text{-}7)$$

企业绩效方程：

$$\ln Y=d_0+d_1\ln P+d_2\ln Q+d_3\ln K+d_4\ln L+d_5\ln Age+d_6\ln Ca+d_7\ln Spill+u_4 \quad (4\text{-}8)$$

3. 指标说明

表 4-1 模型相关指标说明

指标	本书中的含义	指标计算
Y	企业创新绩效	企业当年的营业利润
G	企业创新决策	若企业当年有研发费用，则 G=1，否则 G=0
CT	企业研发费用	企业当年的研发费用
L	本科及以上员工的比例	企业本科及以上员工占总员工的比例
P	专利数	企业当年所获得的专利数量
Q	托宾 Q 值	国泰安数据库中企业当年 12 月 31 日当天的托宾 Q 值 A
Exp	新产品出口	电子信息行业出口额占总销售额的比例
Innoop	新产品销售	电子信息行业新产品销售额占总销售额的比例
Innoe	政府支持力度	政府研发投入费用占企业研发费用的比例
Spill	外溢效应	企业当年研发费用 * 当年该区域创新综合系数
K	资本	企业年末资本总额
Cashfloat	净现金流	企业经营净现金流
Age	公司年龄	公司成立年限

有关指标的计算：托宾 Q 值本书采用国泰安数据库中该企业当年年末的托宾 Q 值 A 表示，计算公式为：托宾 Q 值 A=（通股市值＋优先股

的价值+负债净值）/总资产账面值。创新投入用研发费用和本科及以上员工所占比例来表示，创新产出用企业当年获得的专利数表示。政府支持力度以企业当年年报中披露的政府对企业研发投入占公司研发费用的比例来表示。行业机遇指标用新产品的销售收入占总销售收入的比例来计算，使用的是电子信息产业的行业数据，数据来源于当年的《产业统计年鉴》。学习效应指标用新产品出口额占总销售额的比例进行计算，采用的也是电子信息行业的行业数据，数据同样来源于当年的《产业统计年鉴》。外溢效应指标用企业当年的研发费用乘以当年该区域的创新综合指数表示，区域创新综合指数数据来源于当年的《中国区域创新能力报告》。

六、数据选取和样本选取

选取我国在上海证券交易所和深圳证券交易所上市的40家电子信息企业作为研究对象，公司名称如表4-2所示。

表 4-2 研究对象名称

公司名称	公司名称	公司名称	公司名称	公司名称
象屿股份	安彩高科	联创光电	法拉电子	均胜电子
海信电器	天通股份	航空电子	恒生电子	航天电子
上海贝岭	旭光股份	士兰微	长电科技	北矿科技
福日电子	华微电子	科力远	仪电电子	航天通信
赛格三星	特发信息	风华高科	超声电子	振华科技
广州国光	航天电器	晶源电子	得润电子	横店东磁
苏州固锝	莱宝高科	康强电子	顺络电子	华天科技
利达光电	东晶电子	歌尔声学	超华科技	宇顺电子

选取40家企业作为研究对象，共120个样本点。收集整理了这40

家企业在 2013~2015 三年间的相关创新数据进行实证研究。创新有关数据来源于上海证券交易所和深圳证券交易所网站上披露的企业年报、中国专利统计局网站、《中国产业统计年鉴》，公司的官方网站等。选用三年的资料作为创新研究的时间跨度，是与国际创新研究的惯例相符的（OECD and Eurostat，2005）。

七、实证分析

实证思路是：首先，进行因子相关性检验；其次，进行因子间多重共线性检验；最后，进行模型回归分析。

（一）因子相关性检验

使用 SPSS 22.0 的皮尔森相关系数检验，得到的因子相关性系数表如表 4-3 所示。

表 4-3 因子相关性检验系数表

		Q	Y	CT	L	P	Exp	Innoop	Innoe	spill	K	Cashfloat	Age	G
Q	皮尔森 相关	1	.000	.094	.005	-.211	-.086	-.158	-.175	-.289	-.239	-.004	-.121	.
	显著性(双尾)		.999	.476	.970	.105	.511	.229	.181	.025	.066	.979	.358	.
	N	120	120	120	120	120	120	120	120	120	120	120	120	120
Y	皮尔森 相关	.000	1	.874	-.145	.244	-.035	-.024	-.242	-.041	.685	.553	.428	.
	显著性(双尾)	.999		.000	.269	.061	.789	.857	.063	.753	.000	.000	.001	.
	N	120	120	120	120	120	120	120	120	120	120	120	120	120
CT	皮尔森 相关	.094	.874	1	-.119	.282	.028	.065	-.197	.033	.780	.716	.300	.
	显著性(双尾)	.476	.000		.365	.029	.831	.621	.132	.800	.000	.000	.020	.
	N	120	120	120	120	120	120	120	120	120	120	120	120	120
L	皮尔森 相关	.005	-.145	-.119	1	.310	.020	.037	.286	-.040	.014	-.278	-.028	.
	显著性(双尾)	.970	.269	.365		.016	.880	.779	.027	.759	.914	.032	.832	.
	N	120	120	120	120	120	120	120	120	120	120	120	120	120
P	皮尔森 相关	-.211	.244	.282	.310	1	-.005	.018	.147	-.069	.516	.102	.176	.
	显著性(双尾)	.105	.061	.029	.016		.967	.892	.262	.599	.000	.439	.178	.
	N	120	120	120	120	120	120	120	120	120	120	120	120	120
Exp	皮尔森 相关	-.086	-.035	.028	.020	-.005	1	.938	-.081	.007	-.023	-.063	.013	.
	显著性(双尾)	.511	.789	.831	.880	.967		.000	.540	.958	.864	.630	.921	.
	N	120	120	120	120	120	120	120	120	120	120	120	120	120

续表

		Q	Y	CT	L	P	Exp	Innoop	Innoe	spill	K	Cashfloat	Age	G
Innoop	皮尔森 相关	-.158	-.024	.065	.037	.018	.938	1	-.043	.118	.039	-.030	.041	.
	显著性(双尾)	.229	.857	.621	.779	.892	.000		.742	.368	.765	.820	.754	.
	N	120	120	120	120	120	120	120	120	120	120	120	120	120
Innoe	皮尔森 相关	-.175	-.242	-.197	.286	.147	-.081	-.043	1	.073	-.043	-.119	-.192	.
	显著性(双尾)	.181	.063	.132	.027	.262	.540	.742		.578	.742	.365	.142	.
	N	120	120	120	120	120	120	120	120	120	120	120	120	120
spill	皮尔森 相关	-.289	-.041	.033	-.040	-.069	.007	.118	.578	1	.109	.020	.111	.
	显著性(双尾)	.025	.753	.800	.759	.599	.958	.368			.406	.878	.397	.
	N	120	120	120	120	120	120	120	120	120	120	120	120	120
K	皮尔森 相关	-.239	.685	.780	.014	.516	-.023	.039	-.043	.109	1	.614	.257	.
	显著性(双尾)	.066	.000	.000	.914	.000	.864	.765	.742	.406		.000	.047	.
	N	120	120	120	120	120	120	120	120	120	120	120	120	120
Cashfloat	皮尔森 相关	-.004	.553	.716	-.278	.102	-.063	-.030	-.119	.020	.614	1	.057	.
	显著性(双尾)	.979	.000	.000	.032	.439	.630	.820	.365	.878	.000		.664	.
	N	120	120	120	120	120	120	120	120	120	120	120	120	120
Age	皮尔森 相关	-.121	.428	.300	-.028	.176	.013	.041	-.192	.111	.257	.057	1	.
	显著性(双尾)	.358	.001	.020	.832	.178	.921	.754	.142	.397	.047	.664		.
	N	120	120	120	120	120	120	120	120	120	120	120	120	120
G	皮尔森 相关	.	.	.	.	.	.	.	.	.	.	.	.	.
	显著性(双尾)	.	.	.	.	.	.	.	.	.	.	.	.	
	N	120	120	120	120	120	120	120	120	120	120	120	120	120

由表 4-3 得出，托宾 Q 值与外溢效应 Spill 通过了 0.05 的显著性水平，相关性显著，且呈现负线性相关性；研发费用（Y）、资本总额（K）、现金流量（Cashfloat）、企业年龄（Age）与营业利润（Y）均通过了 0.01 的显著性水平，且呈现显著的正相关性，这与假设相符，说明营业利润随着研发费用、资本总额、现金流量和企业年龄的增大而增多；专利（P）、资本总额（K）、现金流量（Cashfloat）、企业年龄（Age）与研发费用（CT）之间分别通过了 0.01、0.05、0.05、0.01 的显著性水平，且均呈现显著的正相关性；专利（P）、政府的支持（Innoe）、现金流量（Cashfloat）与研发人员比例 L 分别通过了 0.05 的显著性水平，且专利（P）、政府的支持（Innoe）与研发人员比例 L 呈显著正相关性，而流量（Cashfloat）与研发人员比例（L）呈负相关性，这说明随着专利数量的增多、政府支持力度的加大企业投入的研发人员数量在增加，而现金流量越大，研发人员数量越少，这与假设不符，需要进一步研究。产品的出口比例（Exp）与新产品的销售比例（Innoop）通过了 0.01 的显著性水平，且呈现显著相关性，相关性系数达 0.938，这与一般的理论相符，说明新产品所占销售总额的比例越高，出口总额也占总销售额的比例随之提高，但是也说明它们之间可能存在内生关系。现金流量（Cashfloat）、企业年龄（Age）与资本总额（K）分别通过了 0.01 和 0.05 的显著性水平，且呈现显著正相关性，这与假设相符，说明随着现金流量和企业年龄的增大，企业的资本总额也随之增大。

根据线性相关性系数结果，为了保证模型保持较高的拟合度和因子之间不存在内生关系，本书将新产品的出口额占总销售收入的比例 Exp 这一因素移除，得到新的知识生产方程：

$\ln P = c_0 + c_1 \ln CT + c_2 \ln Q + c_3 \ln K + c_4 \ln L + c_5 \ln Innoe + c_6 \ln Innoop$

（二）多重共线性检验

为了确保各因素之间不存在多重共线性，本书采用三阶段最小两乘法检验各变量之间是否存在多重共线性关系。通过 spss 22.0 的方差膨胀因子（VIF）检验得到的创新决策方程、创新强度方程、知识生产方程和创新绩效方程的多重共线性系数表，分别为表 4-4、表 4-5、表 4-6 和表 4-7。

表 4-4　创新决策方程多重共线性检验结果

模型 B		非标准化系数		标准化系数	T	显著性	共线性统计数据	
		标准错误	Beta				允差	VIF
1	（常数）	−6826903.341	43661796.860		−.164	.361		
	L	−2368885.566	1376982.291	1.008	−1.455	.398	.584	1.711
	K	.021	.034	1.209	11.344	.175	.829	1.207
	Innoe	−2458555.021	3876550.711	1.334	−1.030	.000	.368	2.718

表 4-5　创新强度方程多重共线性检验结果

模型 B		非标准化系数		标准化系数	T	显著性	共线性统计数据	
		标准错误	Beta				允差	VIF
1	（常数）	−8826903.341	53661796.860		−.164	.870		
	L	−2151295.566	1478252.291	−.110	−1.455	.151	.913	1.095
	K	.041	.004	.846	11.344	.000	.934	1.071
	Innoe	−3396555.021	3298750.711	−.079	−1.030	.308	.878	1.139
	Q	25932412.881	6958970.007	.282	3.726	.000	.904	1.106

表 4-6　知识生产方程多重共线性检验结果

模型 B		非标准化系数		标准化系数	T	显著性	共线性统计数据	
		B	标准错误	Beta			允差	VIF
1	（常数）	-4.747	63.274		-.075	.940		
	CT	-4.399E-8	.000	-.169	-.826	.412	.279	3.582
	Q	-.845	3.114	-.035	-.271	.787	.689	1.452
	K	8.012E-9	.000	.639	3.097	.003	.275	3.635
	L	1.351	.591	.265	2.287	.026	.872	1.147
	Innoe	.660	1.304	.059	.506	.615	.858	1.166
	Innoop	-.174	2.128	-.009	-.082	.935	.945	1.058

表 4-7　创新绩效方程多重共线性检验结果

模型 B		非标准化系数		标准化系数	T	显著性	共线性统计数据	
		B	标准错误	Beta			允差	VIF
1	（常数）	628248499.512	682294213.867		.921	.361		
	P	-439323.011	515396.476	-.095	-.852	.398	.584	1.711
	Q	14238567.859	10343312.748	.129	1.377	.175	.829	1.207
	K	.035	.008	.604	4.314	.000	.368	2.718
	L	-1847206.576	2260870.079	-.078	-.817	.418	.790	1.266
	Age	10919688.348	3177390.295	.307	3.437	.001	.903	1.107
	Cashfloat	.135	.106	.155	1.271	.209	.487	2.053
	Spill	-10924687.607	8459794.114	-.117	-1.291	.202	.874	1.144

表 4-8　方程组多重共线性检验结果汇总表

方程	VIF 值			
	创新决策方程	创新强度方程	知识生产方程	创新绩效方程
L	1.008	1.095	1.147	1.266
K	1.209	1.071	3.635	2.718
Innoe	1.334	1.139	1.166	
Q		1.106	1.452	1.207
CT			3.582	
Innoop			1.058	
Spill				1.144
P				1.711
Age				1.107
Cashfloat				2.053

根据表 4-8 的多重共线性检验结果可知，模型的各个方程中变量之间的 VIF 值均小于 4，这说明本书构建的 CDM 模型中的变量之间不存在多重共线性，因此可以进行线性回归分析。

(三) CDM 模型回归分析

CDM 模型方程组中创新决策方程是 probit 方程，本书运用 spss 22.0 的 probit 进行回归分析。创新强度方程、知识生产方程和企业绩效方程，本书用二阶段最小二乘估计进行回归分析。创新决策方程和创新强度方程线性回归分析结果如表 4-9 所示。

表 4-9 创新决策方程式和创新强度方程线性回归分析表

方程	创新方程					
	创新决策方程			创新强度方程		
	相关系数	Z-Statistic	显著性	相关系数	T-Statistic	显著性
Q				.282	3.726	.000
L	0.1582	0.7816	.050	−.110	−1.455	.151
K	0.3456	2.5660	.010	.846	11.344	.000
Innoe	0.1389	4.7822	.100	−.079	−1.030	.308
R Square			.694			

由表 4-9 可知,在创新决策方程中,资本总额(K)通过了 0.01 的显著性检验且系数为正,说明资本总额与企业是否进行创新存在显著的正相关性,资本总额越大,进行创新决策行为的可能性就越大,这与假设相符。研发人员比例(L)通过可 0.05 的显著性检验且系数也为正,说明本科及以上人员的比例与企业是否进行创新存在显著的正相关性,本科及以上人员的比例越高,企业进行创新行为的可能性就越大,这同样与假设相符。政府的支持力度(Innoe)通过了 0.1 的显著性检验且系数为正,说明政府的支持力度越大,企业进行研发的可能性也越大,这同样也与假设相符。

由表 4-9 可知,在创新强度方程中,托宾 Q 值与资本总额(K)通过了 0.01 的显著性检验且系数为正,说明托宾 Q 值和资本总额(K)与企业研发投入存在显著的正相关性,托宾 Q 值和资本总额(K)越大,企业的研发投入也越大,这与假设相符。研发人员的比例(L)和政府的支持力度(Innoe)分别通过了 0.151 和 0.308 的显著性检验且系数为负,说明研发人员的比例(L)和政府的支持力度(Innoe)存在显著的负相关性,研发人员的比例(L)和政府的支持力度(Innoe)越大,则企业的研发投入越少。这与假设不符。

知识生产方程和创新绩效方程线性回归分析结果如表 4-10 所示。

表 4–10 知识生产方程和创新绩效方程线性回归分析表

方程	创新方程					
	知识生产方程			创新绩效方程		
	相关系数	T-Statistic	显著性	相关系数	T-Statistic	显著性
CT	.169	.326	.212			
Q	−.035	−.271	.787	.129	1.377	.175
K	.639	.233	.	.604	4.314	.000
L	.265	2.287	.026	.278	−.817	.418
Innoe	.059	.506	.315			
Innoop	−.009	−.082	.935			
p				.395	−.852	.398
Age				.307	3.437	.001
Cashfloat				.155	1.271	.209
Spill				−.117	−1.291	.202
R Square	.310			.574		

由表 4–10 可知，在知识生产方程中，资本总额（K）、研发投入（CT）和研发人员比例（L）与创新产出专利（P）分别通过了 0.01、0.212 和 0.026 的显著性检验，且呈现显著的正相关性，这与现有的理论相符，也与本书的假设相符。托宾 Q 值与新产品的销售比例（Innoop）与创新产业专利（P）呈负相关，这与假设不符。

由表 4–10 可知，在创新绩效方程中，企业的资本总额（K）、专利数量（P）和企业的年龄（Age）分别通过了 0.001、0.398 和 0.001 的显著性检验，且呈现非常显著的正相关性，这与现有理论和本书假设相符。托宾 Q 值、研发人员比例（L）和现金流量（Cashfloat）通过了显著性检验，但是与企业创新绩效（Y）的正相关性较弱。溢出效应（Spill）通过了 0.202 的显著性检验，但是与企业的创新绩效（Y）成负相关性，这与假设不符。

八、实证结果分析

由以上的线性回归分析结果,我们可得出以下几条结论:

(1) 由表 4-3 和 4-10 可知,我国电子信息企业的创新投入与创新绩效存在显著的正相关性。其中,由表 4-3 可知,研发费用与专利数量存在正相关性,且正相关性系数为 0.282。由表 4-10 可知,研发人员比例与创新绩效的线性相关性系数为 0.278。这两个结果验证了假设 1。这说明我国电子信息企业的研发费用的提升和研发人员比例的增大,有利于提高企业的创新效率,从而提升企业的创新绩效。也就是说,通过提升企业的研发费用和企业研发人员的比例提升企业创新绩效的方法是可行的。这与传统的经济管理理论相符。但是,根据现有的对于企业的资本、人力和产出之间关系的研究,人力对于产出的影响比资本的作用更大。本书出现这种现象的原因,可能是研究对象样本太少,结果不具代表性。

(2) 由表 4-10 可知,我国电子信息企业的专利数量与创新绩效存在显著的正相关性,且相关性系数为 0.395。这验证了假设 2。这说明我国电子信息企业的专利数量的增加,有利于企业创新绩效的提升。也就是说,要提升企业的创新绩效,通过加强研发的投入和管理以提高企业的专利数量是可以实现的。企业的专利数量可以为企业带来巨大的收益,这与资源优势论相符。资源优势论认为正是企业所拥有的相较于其他企业有优势的资源为企业带来更大收益,我国电子信息企业的专利可以认为是本企业的优势资源。

(3) 由表 4-10 可知,我国电子信息企业的托宾 Q 值与企业创新绩效存在正相关性,相关性系数为 0.129。这验证了假设 3。托宾 Q 值可以综合衡量影响企业创新绩效的多方面因素。所以,得出的这一结论也与我们的预期相符。

(4) 由表 4-10 可知,我国电子信息企业的学习效应与专利的数量呈正相关,这验证了假设 4。我国电子信息企业的学习效应为本企业更好地把握产业内创新机遇。

（5）由表4-10可知，我国电子信息企业的政府支持力度与企业的创新绩效正相关，相关性系数为0.059，这一结果与假设5相符。这一结果说明，政府对于企业的各种补贴和税收有利于企业积极进行创新，提升企业的创新绩效。但是正相关性较弱，这表明企业的补贴和税收优惠对于提升企业创新绩效的作用并不明显。发生这一现象的说明政府对于企业研发的支持过程中存在问题。造成这一现象有多方面的原因，可能是由于企业没有将政府的专项补贴用于研发，也可能是企业因为政府的补贴而产生惰性，不合理利用政府的研发支持费用或者对于研发的过程和结果疏于管理。

（6）由表4-10可知，我国电子信息企业的溢出效应与创新绩效负相关，负相关性系数为0.117，这与假设6不符。这一结果表明，企业从市场上接受的外溢效应小于本企业扩散的外溢效应。而这也与传统的理论不相符，传统理论认为企业间的技术交流和扩散对于产业内企业的技术提升都有很大的推动作用。得出这一结果的原因有两个：一是在我国电子信息产业，由于产业的特殊性，可能外溢效用与企业的创新绩效本身就是负相关的关系；二是由于所选取的研究对象数量太少，研究结果不具有代表性。

（7）由表4-10可知，我国电子信息企业的资本总额与企业创新绩效正相关，且正相关性系数为0.604。这验证了假设7。这一结果说明，我国电子信息企业的资本总额越大，企业可用于研发的费用就越多，从而提成企业的创新绩效。这与传统的经济管理理论也相符。

第五章　提升我国民营企业技术能力的对策

第一节　知识转移对民营企业能力系统中分能力提升的机理

知识是公司所拥有的一种具有优势的竞争力的根本基础。从竞争市场来看，由于公司竞争日益加剧，知识更新速度越来越快，因此企业需要连续获取新知识，而且可以运用相关知识使公司价值得到升值。从员工角度来看，工作的稳定性是一个问题。员工的稳定性如果不强，企业就无法有效地管理员工所拥有的知识，就会面临失去其知识的风险。从经营环境角度来看，由于市场环境的不断变化，竞争日益剧烈，因此导致经营环境具有不确定性。在动态的环境下，知识更新频率就要不断加速，只有不断获取知识才能保证企业得以长久发展，知识已成为企业获取竞争优势的基础，成为企业重要的稀缺资产。

知识转移对企业能力提升的作用过程是复杂的。原因在于企业内不同部门和个人需要不同类型的知识，而且每一种知识的作用是不同的。在企业内，由于分工而导致不同职能部门、不同个人所要承担的功能不同，因此他们所需要的知识也是不同的。企业内部分工还导致不同部门和个人在企业内部的位置不同，由此其获得知识的途径也不同。

知识转移促进企业内部知识含量的增加，是由企业的需要产生的。知识转移增加内部知识含量一般通过两种途径：一是职能部门或个人从企业外部获取所需知识，比如承担战略规划的决策者，需要对企业环境进行扫描、分析、识别；承担生产运营功能的部门或个人，需要从外部学习借鉴新技术、新工艺或新方法。二是职能部门或个人从企业内部获取所需知识，比如承担战略规划功能的决策者，虽然知道环境（社会）对企业的要求，但是还要清楚知道企业能做什么，能做好什么，否则根本不能满足环境的需要。要清楚了解企业的实力，就要调查了解企业状况，方法就是通过和职能部门人员面对面的交谈或调取一系列数据，从而清晰了解企业实力。对于生产运营部门或个人，要在企业规划指导下进行资源运用，以期完成承担的任务。对企业战略规划的学习和理解过程，就是决策部门把知识进行向下转移的过程。管理协调职能的部门或个人，需要了解和把握环节之间的匹配，以获得最优的产出和绩效。

战略规划就是从外部获得环境知识，从企业内部获得职能部门知识，综合作出指导企业发展的目标，同时还要负责进行下行的知识转移。生产运营就是从决策部门获得执行性知识，从外部获得有助于提升效率的技术和诀窍等知识，同时要负责把知识平行性发送。管理协调就是从企业外部获得先进的管理思路和方法，从内部的战略规划部门获得指导性信息以检验生产运营部门的工作进度等，并对其进行管理和协调，以此进行指导性知识的转移。

企业能力是战略规划能力、技术研发能力、生产运营能力、市场营销能力和管理协调能力五个能力的合力。任何一个能力的缺失都会对企业能力形成产生不良影响。其中，战略规划能力是根本，没有好的战略规划能力，无法指导企业进行有效的资源配置。资源配置是市场导向的，也许企业有较高的生产效率，但是市场不需要某产品或者是无法推向市场，那么生产效率越高，企业的损失就越大。生产运营能力是基础，是实现企业战略规划的关键。没有好的产品或服务，或者不能把好的产品或服务推向市场，企业的目标就是海市蜃楼。

企业能力系统中，战略规划能力是指企业分析和把握环境的变化，为企业的资源配置做好充分的准备。战略规划由企业高层决策者制定，因此决策者对环境变化的正确分析和把握程度是该能力高低的反应。生产制造能力是企业配置资源的能力，把有限的资源投入到正确的领域并使之功能得以最大限度地发挥。生产制造过程由企业的一线生产者所承担，他们应用一定的生产设备、按照一定的流程对资源进行加工，使之成为社会需要的产品。加工制造效率的高低是企业生产加工能力的体现。由于产品由不同工序生产的零部件组成，不同工序和部门之间的沟通和协调需要有企业管理部门来承担。各部门之间的协调原则和匹配程度是管理协调能力的体现。

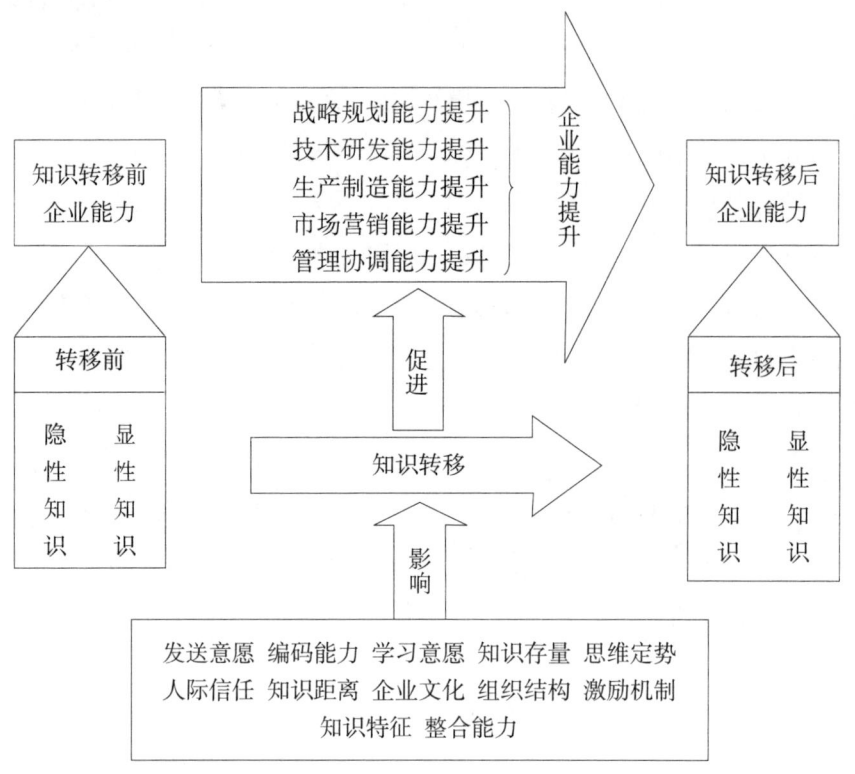

图 5-1　知识转移与民营企业能力提升的分析模型

根据前文对企业能力系统的构建和影响知识转移的因素分析，构建知识转移对企业能力提升的结构模型。该模型把能力结构和影响知识转移的因素融合在一起，得到图 5-1 所示的知识转移促进企业能力提升的结构模型。

根据本书所提出的企业能力系统，并结合企业的经营过程，制定民营企业运营的逻辑分析，见图 5-2。

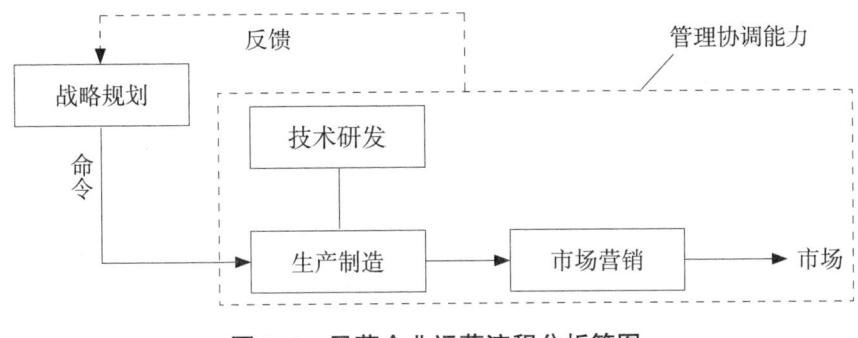

图 5-2　民营企业运营流程分析简图

第二节　民营企业技术能力培育的对策

面对经济全球化的趋势，民营企业只有加大技术创新力度，不断提高企业技术能力，才能更好地应对国际竞争压力，这需要在多层次共同努力，为民营企业的发展创造良好的宏观和微观环境。

一、自主创新模式下民营企业技术能力培育的对策

自主创新是在新的技术领域中进行率先性的探索，其创新的产出常具有高度的不确定性，这使得基于自主创新模式下进行技术能力培育的企业必须承担较大的风险。此外，民营企业还需要具备足够的资金支付巨额的研究开发费用，要拥有一支素质精良的科研队伍从事研究开发，为保持技术和市场领先者的地位，创新者还必须建立较强的信息网络，广泛地收集科技与市场的最新信息。因此，选择基于自主创新模式下进行技术能力的培育，要求民营企业必须具备较强的风险承受能力、资金

投入能力和技术储备能力。

（一）企业层面培育民营企业技术能力的对策

从企业角度来讲，尽管目前我国民营企业对R&D部门很重视，但却不能保证对该部门投入足够的资金，同时，投入又无法保证有足够的创新产出。在这种经济实力和技术实力都十分有限的情况下，民营企业要想通过自主创新来培育出具有自己特色的核心能力、积累技术能力，就必须将有限的资源集中投入到关键性核心技术的自主研发，灵活恰当、适时地进行技术转让。自主创新企业所开发的新技术，一经授予专利，便成为企业合法的无形财富，自主创新企业既可以保持对新技术的独占性，也可对新技术进行合理转让。从实际情况来看，不转让、过早转让、过晚转让、向不恰当的对象转让新技术，都是不正确的。正确的技术转让策略应该是：在适当的时候，向恰当的对象，对所有的新技术进行适度的转让。技术转让不仅可以使自主创新的民营企业获得丰厚的经济回报，而且对加速新兴产业的发展、强化自主创新企业的竞争优势具有十分重要的作用。

在自主创新的整个过程中，技术研究与开发无疑占有其重要的位置。由于自主研究与开发的艰难与曲折，民营企业不得不对其予以高度的重视，这在一定程度上会削弱企业对设计、生产、销售等创新后续环节的关注和资源投入。但是，一项创新产品能否最终被消费者或客户接受，能否为企业带来相当的利润，不仅仅是由技术研究与开发的成效决定的，创新产品的竞争力也不仅仅取决于企业对新技术原理的掌握情况。在相当程度上，设计、生产制造、销售部门的能力和努力起着至关重要的作用。创新产品的设计、生产、销售中的技术问题和管理问题同样是十分复杂的。只有在创新链的每一环节投入足够的人力、财力、物力，创新才能产生理想的效果。

应该提高民营企业管理水平，增强市场竞争能力。

首先，要转变观念，建立以人制胜的观念。应该尽量给科研人员提供宽松的工作氛围，让科研人员参与管理并赋予决策自主权；应该不断增强创新意识，创新是民营企业的动力源泉，通过创新，不断地研制、开发企业发展所需要的新技术和符合市场需求的新产品，进一步开拓新的市场，把技术转化为丰硕的利润。要把企业的技术创新与市场需求结合起来，或者说，只有根据人们的生活消费、生产方式的变化，根据国家产业政策和国内外市场竞争态势进行的技术创新才是有价值、有生命力的。

其次，应该大力培养职业企业家，强化企业家的创新精神。通过加快企业家队伍的年轻化、专业化进程，加强对民营企业家的教育，通过培育企业家精神，造就一大批职业企业家，增加民营企业家追求技术创新的责任心、自觉性，提高其对国内外新产品新技术的了解、把握能力和技术创新的水平。

再次，应该建立与技术创新工作相适应的管理机构和管理制度，要有扎实的企业管理，特别是企业的质量、成本、现场、营销管理等与之配套，要使技术创新能持久下去，必须在内部机制上进行创新。要围绕加快创新这一主线，制订创新规划和实施计划，改革内部机构设置和管理体制、运行机制，强化创新力量、健全创新网络、优化激励机制，挖掘创新潜力。

最后，应该建立良好的企业创新文化。良好的企业文化是企业进行技术创新的一种动力，又是实现创新目标的一个重要保证条件。作为企业共同基础的价值观念和这种价值观念下所形成的行为规范，是企业文化的核心。良好的文化氛围能够协调企业内各部门的行动，调动员工的积极性，为创新的成功铺平道路。其中，特别重要的一条就是要使全体员工有充沛的创新精神，这是增强民营企业活力的重要源泉。

（二）政府层面培育民营企业技术能力的对策

从政府的角度来讲，要完善专利制度、产权制度，完善创新激励政策。政府应鼓励和倡导民营企业参与国家科技计划和科技项目的实施，组织企业、大学、政府三方合作参与国家大型科研计划，全面提高企业的技术能力。对采用国产技术自主品牌的产品，政府应实行优先采购。舆论导向应该多宣传自主研发的品牌，加大自主研发企业各项开支的税收抵扣和信贷力度。应该深化产权制度改革，建立现代企业制度，改变过去分配不合理的现象，充分体现科技创新人才的创新价值，调动他们的创新热情。自主创新企业的优势，在很大程度上是通过自主研究开发、形成并掌握新的核心技术而建立的，能否独占并控制其核心技术，是自主创新模式能否奏效、达到理想效果的前提。新技术本身有一定的自然壁垒，模仿跟随者想要通过反求工程或仿制自主创新者的新技术成果存在一定的困难，需要一定的时间。对于复杂技术和包括大量技术诀窍的新产品、新工艺，反求与复制的困难则更大，所需时间更长。但是随着现代信息、检测与分析手段的不断发展，对复杂技术的解密手段日益提高，要保证自主创新技术的独占性，仅仅依靠技术的自然壁垒是远远不够的，还必须求助于专利制度的法律保护。

政府应该积极开拓多种融资渠道，为民营企业的技术创新提供资金保障。民营企业的发展需要大量资本投入，良好的资本市场是民营企业规模化、高质量发展的重要条件，特别是风险资金融资渠道的建立。当前，融资难问题仍然是制约民营企业快速发展的瓶颈。解决民营企业发展资金的问题，已经成为民营企业快速发展的前提条件。市场经济条件下，民营企业可以通过自筹、向银行贷款、申请国家创新基金项目等渠道融资，由于企业发展所需资金非常庞大，完全通过自筹解决不切实际，银行贷款又往往过于考虑资金使用的安全性，所以主要面向还贷能力比较强的大企业。由于我国民营企业数量非常多，依靠申请国家创新基金项目数量有限，不能从根本上解决问题。良好的资本市场将是民营企业技术创新投资的主要渠道，特别是要建立市场引导下的风险投资机制，拓宽民营企业融资渠道。可以考虑从两个方面入手：一方面，政府建立风险投资机制，在市场化融资上提供风险投资渠道，为民营企业提供股票上市及税收优惠等，方便民营企业面向市场融资；另一方面，由大企业建立风险投资公司，直接支持民营企业发展。一些大企业可以建立自己的风险投资公司，以风险资本支持为其产品和零部件提供配套服务的民营企业发展。

政府应加大政策扶持力度。民营企业通过技术创新，获取的虽然是企业的核心竞争力，但同时也构成了国家核心竞争力的基础。因此，政府应该采取行之有效的措施，在政策方面给予大力支持，不仅是民营企业健康发展的可靠保障，而且是民营企业不断前进的推动力。美国、日本等发达国家为了使经济能充满活力及增强国际竞争力，都不遗余力地支持本国中小企业的发展。我国经济正处于转型升级过程中，民营企业不仅面临发展的障碍和风险，而且还面临体制障碍，因此政府必须营造公平的市场环境，规范各类企业的经营行为和竞争行为，创造良好的市场秩序。政府可通过建立健全政府性基金、实行税收优惠支持民营企业发展。税收优惠是财政性资金对民营企业融资支持的一种重要方式。发达国家一般采取降低税率、减免税收、提高税收起征点、提高固定资产折旧率等措施来降低民营企业的税赋。对我国开展技术创新的民营企业可以采取降低企业所得税率、减免技术转让增值税、提高固定资产折旧率等政策措施，来鼓励其创新，支持其发展。此外，应该健全有利于民营企业的制度和政策体系，特别要注意营造形成民营企业产业集群的氛围。

（三）中介层面培育民营企业技术能力的对策

从中介组织的角度来讲，国外的技术中介机构早已经形成多层次、多方位的网络体系，开辟了诸多信息、成果转让的渠道。近年来我国中介机构发展很快,极大地促进了民营企业技术创新能力和市场竞争能力。当前,一是要进一步发挥现有中介机构作用。二是要培育和建设多层次的各种新的中介机构,如加快信息网络建设、建立成果库等,中介服务机构是知识技术流动传递的一个重要环节,它可以有效地为创业者提供良好的创业环境和条件,帮助创业者把发明和成果尽快形成商品进入市场,帮助新兴的民营企业迅速长大形成规模,并提供综合服务,为社会培养成功的企业和企业家。三是技术中介机构要强化服务意识,不断开拓服务领域,提高服务质量,为民营企业技术创新提供项目、高水平评估、咨询、人才和技术培育与服务、成果转让、技术推广等各项工作。一方面,使民营企业的新技术成果迅速商品化;另一方面,也可以避免产品的重复开发,使民营企业在发展过程中,从研究开发、咨询到管理、后勤等方面得到一体化的服务,使中介机构真正成为连接科研和生产的桥梁与纽带,帮助民营企业在自主创新的过程中积累企业技术能力。

二、合作创新模式下民营企业技术能力培育的对策

技术创新是一种高度依赖于企业自身素质和条件的活动,面对同样的市场和社会经济环境,致力于技术创新的民营企业其表现却各不相同,有的连获成功,有的屡遭失败。在影响创新成功与否的诸多因素中,技术积累是决定企业创新成功与否的最重要、最核心的内在因素。而合作创新应以提高企业的技术能力,尤其是增强企业的核心技术为最终目标。目前,产学研合作模式存在的问题及主要原因:一是以松散型合作为主,紧密型合作少。其主要原因是企业技术创新主体缺位,企业科技创新动力不足,高校和科研院所重学术成果,轻市场需求及成果转化、产业化。二是以浅层次、短期合作多,深层次、长期稳定合作少。共建模式也主要是以高校为主的多,企业主体到位的少。其主要原因是局限于各自不同目标价值取向,利益共享、风险共担的合作机制还未形成。因此,合作创新模式下的企业技术能力培育对策,尤其是民营企业技术能力的培

育对策,可以从以下方面采取相应措施。

(一)增强合作创新的动力和合作创新的规划

民营企业已开始逐渐成为合作创新的主动因素,合作意识增强,但总的来说合作的动力不足。在合作或兼并中,企业进行合作的层次较低,大都停留在合作生产层次上,而与国内外先进企业开展合作设计和合作研究的情况比较少。表现为企业对与生产直接相关且在短期内能够见效的活动较为关心,比较执衷于追求外延扩大再生产,热衷于新上固定资产投资项目,而不重视知识和技术能力等无形资源的积累,有意识、有目的的技术积累较少,对事关企业长远发展但短期内难以有明显效果的技术能力积累缺乏热情。因此,企业应该改变上述传统的做法,在合作过程中应该致力于建立和培育企业的技术能力,尤其是培育企业的核心技术体系,进而改善企业整体上的创新能力。在选择合作伙伴时,要求合作者之间各有其能力优势,合作双方能弥补其现有能力的不足。

(二)完善合作创新利益分配机制和组织形式

企业与高校和科研院所的优势互补是客观存在的,这为双方的合作创造了广阔的前景,但利益分配的不合理和人际关系的不协调,往往影响着合作项目的取得成功。因此,应该以制度和协议的方式明确规定各方合作的条件、各自承担的责任,以及应享受的利益,充分体现出共享利益、共担风险、相互平等的合作原则。另外,企业之间的协作较少,没有形成技术积累资源的共享机制,难以支持重大创新项目的开展,改革措施跟不上,协调组织不得力,缺乏良好的合作和软环境,制约着合作的有效开展。因此,企业应该增加技术能力积累的投入,建立合理的合作过程管理体制。

（三）建立健全政策法规体系

有关法律法规尚不健全，企业之间或企业与科研单位、大专院校之间进行技术协作时，有关各方的合法权益得不到充分的保护，这妨碍了企业通过横向联合获得外部技术积累资源的支持。此外，产权交易市场尚未规范化，企业通过收购兼并实现自身的技术积累还有一定的困难。因此，政府应该加强知识产权等方面的保护。

（四）注重自主创新和合作创新相结合

技术积累不能从企业外部简单输入，不能单靠花钱购买，它是一种过程的产物，是在企业技术实践的过程中形成的。

技术积累源于企业的技术活动，反过来又会支持或制约企业的技术活动。企业技术能力的积累和融入是关键，这本质上取决于一系列学习环节的有效性。因此在对外开放、加强经济合作的过程中，应该建立和培养有效的学习机制，尤其要重视合作中的学习，将学到的知识内部化和系统化，以提高自身的技术能力。

三、模仿创新模式下民营企业技术能力培育的对策

由于民营企业资金短缺、人才匮乏、抗风险能力差等原因，使得部分民营企业在进行技术创新时，选择了模仿创新模式。在该种模式下进行企业技术能力培育，其对策可以从以下角度进行考虑。

（一）民营企业要在不断的模仿创新中提高自主创新能力

在世界高技术产业中，那些真正具有竞争优势的高技术企业都是强有力的自主创新企业，如IBM公司、微软公司、波音公司等。即使是那些靠模仿起家，后来具有较强竞争力的企业，它们的竞争优势地位也是在经过一定模仿学习过程的磨练，在取得了较强的自主创新能力后才取

得的。他们在创业初期都曾大量模仿生产其他企业特别是发达国家企业的先进产品,这时他们均不具有多大的竞争能力,但他们在模仿中不断汲取技术知识、获得营销技巧,在模仿产品的经营过程中积蓄经济实力,最终提升了它的技术能力,形成了核心竞争力。

自主创新是技术创新的最高境界,基于模仿创新模式下的企业应在不断的模仿创新的基础上提高自主创新能力,培育自己的技术能力,从而跻身于世界科技企业之林。

(二)政府、中介组织应在创业初期加大对民营企业的扶持

民营企业在创业和成长的初期,企业创新能力一般较弱。首先是企业的资金缺乏,民营科技企业的创业者一般是一些科技人员,他们没有多少创业资本,而且企业的技术创新人力资源不充足。现代高技术的率先创新,往往涉及许多领域,创新产品或创新工艺通常是多种技术的综合。这就要求由各领域的技术专家的通力合作方能够完成率先创新所要求的技术上的突破。在民营科技企业创业和成长初期,一般难以物色到领先创新所需的各方面技术专家。此外,还会受到新产品的生产能力等方面的限制。因此,虽然民营企业选择了模仿创新的模式,但仍然会面临着很多的困难。在这一阶段,政府相关部门和中介服务机构应主动站出来,为企业提供相应的扶持,帮助企业渡过初创期,培育他们面对竞争的技术能力。

(三)妥善处理知识产权保护与模仿创新的关系

模仿创新并非是一种不高尚的行为,更不能等同于窃取。从社会利益看,没有模仿创新,就没有新技术的普及与扩散,产业也得不到健康成长。模仿创新通常会涉及专利技术、技术秘诀、商标和著作权(含软件)等,在知识产权所覆盖的市场中,模仿创新只要依照法律,按照适当的形式给知识提供者以符合法律和双方认可的物质与精神补偿,就不

会构成侵权行为。

（四）准确把握模仿创新时机

如果模仿过早，技术与市场尚不稳定，风险较大，且技术壁垒较强，模仿难度较高。如果行动过晚，技术趋于成熟，市场开始饱和，改进空间有限，同样风险较大。因此，模仿技术或者产品进入市场的最佳时机，应该在产品生命周期的成长阶段，然而在实际运营过程中，尚有待于企业准确把握时机。

就目前国内外形势来看，我国已有一定科技和经济实力，世界贸易组织的加入使我国经济全球化的进程加快，所以我国民营企业应从日本、韩国等新兴工业化国家的创新转向中得到启示，选择模仿创新模式的企业应立足于此，并最终向自主创新转变，达到企业技术能力的迅速提升。当然，随着企业的成长，其技术创新能力逐步增强，企业的技术创新模式也应该与之相适应，对应的技术能力培育对策也应该作相应的调整。

第三节　提升我国民营企业技术能力的保障措施

一、建立有利于技术创新的外部环境

在现代科技日新月异的大环境中，为民营企业的技术创新构建良好的外部条件，是十分必要的，政府在推动技术创新的外部环境中起着至关重要的作用。

（1）政府要为企业的技术创新建立良好的环境基础。通过政府的支持健全市场竞争规则，建立和维护市场环境，解决市场环境中的不规范情况。政府还应致力于建立公平的市场环境，使得企业的技术创新生产要素得到优化配置。

（2）政府还应进一步加快科技体制改革步伐，使得产学研一体化的进程不断加快。我国现阶段民营企业的科技创新与经济发展相脱节的原

因之一,就是科研开发大部分是依靠政府供给。政府除了要鼓励企业加强与科研机构及高校的联系,还要加快建立技术创新的服务体系以及保护机制,完善技术创新市场。资金方面必须做到合理的分配,对产学研合作研究的项目予以税收和信贷方面的照顾。对产学研合作开发项目的申请应予以优先审批,对民营企业的购买国内创新技术的行为,应予以鼓励以及政策上的优惠,并给予一定的资金保证。

（3）政府应在资金方面对民营企业技术创新予以支持,分担民营企业的创新风险,加大投入力度的同时,要形成政府拨款为导向,银行贷款为后盾,企业投入为主体的投资格局。当民营企业经营遇到困难时,难以得到银行的贷款,就会影响企业的技术创新进程。所以,政府要放宽对技术开发和新兴产业的发展税收优惠政策。提供长期的低息贷款,以及在税收方面给予退税、减税、免税等优惠政策。

（4）中介平台的建立会极大促进民营企业的技术创新。民营企业应通过中介来加强与高校和科研机构的合作联系,使企业迅速掌握新思想、新发现、新技术并使之商业化。利用政府的优惠政策,充分发挥自身的资源优势,通过中介使企业加强各方合作,为有效经济合作拓展新方式,注入新内容。与此同时,将技术创新与技术引进紧密结合起来,除了与国内科研机构及高校协作创新提高技术水平之外,还要积极引进国外先进技术。例如,日本的引进消化吸收与企业自主研发创新相结合的做法,都值得我国民营企业借鉴。应该加强与国际间交流合作,以及与国外企业合作创办技术研发创新的机构。技术引进不仅仅是企业自身扩大生产,更是为了做到引进技术的再创新,提高企业的自主研发创新能力。

二、拓宽多元化的融资渠道

（1）优化融资结构。内部融资是民营企业融资的重要方面,优化融资结构就必须要提高内部融资比重,企业想发展就必须要提高直接融资的能力,这也是企业生存和发展的首要问题。体现在资金管理上,就是要提高内部积累和规划的合理程度。企业发展直接融资，增强了社会盈余资金使用效率的同时又减轻了银行的贷款压力，拓宽了企业的融资渠道，增强了融资工具的流通性。随着我国的经济体制改革进一步发展，债务融资的成本更低，由于债券融资也具有更为激励的作用以及更小的风险，所以我国的债券市场血液进一步增强发展。应该鼓励和支持民营企业发行企业债券及上市融资。从国家角度来看，则需要政策上对企业内部融资进行鼓励，以减轻民企的税费负担。

（2）民营企业发展过程中的一大障碍就是资金缺乏，因此必须要拓宽民营企业的融资渠道。让民间资本进入到中小商业银行，例如村镇银行、小额贷款公司等。应大力发展股权融资，支持民营企业发行集合债，为民营企业提供金融零售等方面的服务。应该允许民间金融大力发展，政府要出台相关法律法规，对民间金融行为进行规范，防范民间金融风险的发生。政府还应出台政策，鼓励保险机构参与分散民间金融风险的活动。放宽小额融资贷款公司准入条件，支持民间资本开办的融资租赁业务。除此之外，政府还应引入风险投资公司，并且设立风险投资基金，努力创办良好的投资环境。

（3）应加大融资扶持力度。政府有关部门要完善相关的政策，用政策来支持民营企业的融资，除了鼓励更多的金融机构加入为民营企业贷款的队伍中，还要开展专利权、商标权、知识产权、股权质押、存货抵押动产、抵押登记等资产质押贷款。通过逆向贴息、风险补偿、定向费用补贴等方式鼓励金融机构向民营企业提供贷款。建全信用评级制度，统一信用评级标准，并做好民营企业的融资工作。

（4）民营企业自身需要提高企业自身素质。民营企业身处于不断发展的金融环境下，虽然选择越来越多，但是企业自身的变化却很有限。企业自身必须要随着环境的变化而不断调整自己，才能得到市场的认可。只有通过制定合理的财务政策，以及对企业自身发展进行明确路线规划，保证各种信息的真实性和透明度，才能提升企业的信誉。在遵守各项规章制度的同时，也要进行文化等方面的宣传，提高企业认知度，充分利用各种资源和政策拓宽企业融资渠道。金融市场的变化也为企业提供更好的发展机遇，企业只有提高自身素质，找到适合自己的多元化融资渠道，才能使企业的技术创新更好更快发展。

三、聚集创新型人才

人才资源是企业的首要资源，它与第一生产力的科技是相辅相成的。不同于教育这种长期投资，人才引进是短期投资。美国硅谷就是依靠引进世界高端人才战略取得成功的。例如在人才管理方面的双阶梯制度等，都是对人才的鼓励。不惜重金引进人才，以及对人才的专门招聘、内部培训等做法都是聚集创新型人才的有效办法。

企业的技术创新发展需要引进高新技术产业的人才，为企业的研发团队注入新的活力，而这些人才很多都是需要从国外引进，这就需要政府的制度政策的帮助。引进的人才相当于风险投资，这些人才所带来的企业技术创新效益，可能在短期内无法体现，市场前景也不一定很明确，这种投资对于民营企业来讲是极其困难的，这就需要政府的资金和政策的支持，形成开放的环境和广纳人才的制度特点。鼓励高素质技术创新型人才，走入民企、留在民企，形成企业稳定技术创新队伍。民营企业必须要进一步完善人才引进机制，确保企业能够补充优秀的创新型人才。此外，企业还要从内部挖掘创新人才，要加大对员工的各方面培训，让员工树立创新意识，让创新的企业文化深入到每一个员工心中。企业必须要建立轻松灵活的管理机制，为企业创新人员提供优惠政策，确保这类人才能够踏踏实实在工作岗位上履行职责。

四、充分利用产学研合作优势

产学研结合的政策包括对科技成果方面的转化，对面向市场以及有目标导向的项目，应该由产学研组成的联合体来承担。应杜绝产学研结合走向形式化,而应加强对产学研联合申报项目的必要性和有效性的审核,从根本上防止产学研结合的形式化。对于长期的战略性的产学研合作,国家应予以支持。为产学研结合的研究设立专项资金,支持大学和科研机构的技术成果向企业直接转化。

与大学共同研发新技术,企业应提供技术研发的风险投资。现阶段我国民营企业的技术创新应致力于产业创新,依靠最新的科技推动产业创新,是实现跨越发展的基本路径。由于产学研的最终成果在企业中实现,所以产学研的关键也在企业,企业要根据其商业目标整合各种创新要素,与不同动力机制以及目标追求的高校及科研机构,建立长期稳定的制度化的合作契约。企业作为资金的投入者和利益的分配者,必须确立其主体地位,发挥其作用。

五、强化技术创新意识

许多民营公司认为,现阶段最重要的战略任务是创新。公司层面在员工创新工作方面也提出了具体的要求,比如要求主管和员工定期至少要有一个创新项目的申报。也许,有一些基层主管在这方面会比较困难,怎样才能找到创新的项目呢?要想找到解决问题的方法,必须要知道到底什么是创新?在许多基层员工眼中,创新是指生产新产品,新服务的形成,开拓新业务等,这些事情好像是企业高级管理人员需要做的工作,而与基层业务单位尤其是与一线员工没有直接关系。所以在推动企业创新发展的时候,许多主管和员工不知道如何开始,也不知道该做什么。企业员工技术创新意识的缺失,导致创新项目很难找到。事实上,真正意义上的创新应体现在两个方面的内容,首先是企业需要的,也就是所谓的"新事物"。"新事物"是不容易找,即使发现,基层也不太容易运作成功,从某种程度上,确实需要一定的管理层出面,由高层管理者处理这类问题。

一线员工对企业的工作流程了解的越深,越能找到改善的办法,可以提高工作效率的地方是"结",或在乏味的日常工作中隐藏的结,因为缺乏部门之间的协调,就被一直搁置,所以只有促进创新发展,这些问题才能被解开,被根治。同时,全员都可以参与到创新的活动当中来,每个员工都可以去发现身边的"结",如果把企业内部的"结"都解决了,企业的发展就可以上升到一个新的水平,并走上健康快速发展的道路。企业健康发展和创新是分不开的,如何采取有效的战略对策,需要每一个人都认真思考。

六、吸引、培养和留住技术人才

实施人才战略的基础是吸引优秀人才,怎样进行培养和挽留住人才,是企业发展过程中的重要课题。首先,需要建设企业文化、提升凝聚力,对于老员工要有好的福利政策。另外,作为企业自身更要能以心换心,多与员工交流,知道他们的需求,及时做好他们的思想工作。其次,在了解员工真正需求的同时,应该及时有效地与员工进行交流沟通。同时,企业的管理层也需要综合考虑多方面因素。在留住员工方面,要有和谐的工作氛围、良好的沟通环境。对员工来讲,广阔的发挥空间是个人发展的重要因素。有一个轻松的工作环境,以及人性化的管理制度,能够给企业员工带来归属感。此外,还必须要注重企业文化的建设以及团队精神的建设。

七、适应市场需要,及时捕捉市场相关信息

企业的发展就是要满足市场的需求,在多变的市场环境中,企业要善于捕捉相应的信息,了解顾客的需求,根据市场的导向进行产品的生产。一个信息封闭的企业,无法得到更好的发展。

捕捉市场信息,就要进行详细的市场调研,了解同类产品的特性、功能、质量等环节,借助于对这些产品的分析,对自己的产品进行评估,是否在同等竞争中具有优势,如果没有,要怎样进行改进,是完全淘汰

还是进行技术更新，这对产品能否得到收益是非常重要的。

　　大的企业或跨国公司，在信息的收集和整理中，具有较强的优势，设立独立的部门开展该项工作。而民营企业，受到资金等因素的影响，在信息的捕捉方面还存在很多不足，对市场的反应还不够敏感，这也是民营企业需要加强的。

第六章　提升我国民营企业创新绩效的策略及保障措施

结合前文对于民营企业创新绩效的影响机制、主要影响因素分析，本章将从政府和企业两个层面提出相关的政策和建议。

第一节　政府层面的政策建议

政府对于我国民营企业的创新绩效有很大的影响作用。通常，政府对民营企业的创新支持能够促使企业加大力度进行创新活动，提高创新投入和创新效率，最终提升企业的创新绩效。然而，目前我国政府对于民营企业的支持存在着若干问题，为了解决这些问题，真正发挥政府的促进和指导作用，本书提出以下几点建议。

一、政府应不断提升我国民营企业的创新意识、激发创新热情

对于国家而言，企业将创新意识放在首位，对于提升企业的创新绩效，促进民营企业的发展，促进我国经济结构的改善和产业升级是非常重要的。因此，政府要不断提高我国民营企业的创新意识，增强他们的自主创新意识和能力。增强我国民营企业的自主创新意识和能力，对于我国建设创新型国家也至关重要。所以，政府要引导我国的民营企业向

自主创新的良性方向发展，以技术求突破，以产品求发展，并且政府要加强市场的管理和知识产权的保护，严厉打击侵权行为和假冒伪劣产品。增强我国民营企业的创新意识，也有利于改善我国在国际产业链上的分工。我国民营企业一直处于国际产业链的中下端，提升我国民营企业的创新意识，增强创新能力有助于将我国的民营企业向以创新、技术和营销取胜的产业链上端靠拢，改善我国在国际产业链中仅处于制造和加工这一环节的困境。

政府还要消除垄断，激发我国民营企业的创新热情。垄断会形成进入壁垒，使其他企业难以再进入该行业；垄断会破坏市场的自由竞争，削弱市场上企业的创新意识和能力。垄断企业利用其垄断地位无须进行创新也能轻易攫取超额利润，所以，他们会失去创新的动力。由于垄断产业存在巨大的规模经济，所以，我国的部分产业也不可避免地存在自然垄断现象。要打破我国部分产业的垄断现象，首先要转变我国政府的职能，加强政府投资行为的治理，逐步把投资主体和投资风险从政府转移到垄断企业身上，这样才能从根本上消除垄断企业的自然垄断。我国政府还可以借鉴发达国家在其他方面的经验，将垂直一体化的垄断产业结构进行分解，将产业链上的上游产品生产与下游销售环节分离，营造上游产品的竞争性结构。

二、加强对我国民营企业知识产权的保护

对于我国民营企业而言，知识产权是它们在激烈的市场竞争中取得胜利的重要法宝。企业的知识产权数量对于创新绩效的作用比创新投入的作用更大。所以，政府要提升我国民营企业的创新绩效，就必须增强知识产权的保护力度，为企业营造良好的创新发展环境。一般而言，企业的创新外溢效应不仅能够促进本企业的发展，还能促进其他企业的发展，从而带动整个产业的发展。但是，有时候外溢效用与企业的创新绩效负相关，也就是说，民营企业接受的外溢效应小于自身扩散的外溢效

应。所以，政府要增强对我国民营企业知识产权的保护力度，营造健康的创新环境，引导我国民营企业向自主创新的良性方向发展。

政府可以从以下三个方面努力做好我国民营企业的知识产权保护的工作。一是完善相关立法。我国政府要完善知识产权保护法律法规，以改变目前我国知识产权法律法规存在大片空白的现象，使知识产权保护真正做到有法可依，也应加强对法律法规的执行力度的监管，使得知识产权保护也真正做到有法必依。我国政府还要加强对知识产权相关法律的教育和普及，培养企业和公民通过法律途径来保护自己合法知识产权的意识和能力。二是要调整政府的职能。我国政府要明确自身在知识产权保护中的作用，严格按照工作原则开展各项工作，切实将自身所担负的责任履行到位。对于触犯知识产权法律法规的单位和个人，严格按照知识产权法律法规进行处罚，做到法律面前人人平等，确保知识产权法律建设工作顺利开展。三是强化保护意识。在知识产权保护方面，政府要改变过去落后的观念，充分认识到知识产权保护的重要性。不仅需要认识到国内企业间知识产权保护的重要性，最重要的是要认识到国际企业间知识产权保护的重要性，保护好属于我国企业的知识产权。政府要加强提高我国企业知识产权保护意识，加强相关法律法规的普及和教育，营造一个良好的知识产权保护风气和氛围。

三、促进我国民营企业产学研一体化

"以产养研"和"以研促产"是我国民营企业的良性发展途径，既能将研究结果充分利用，转化为直接面向市场并且能带来经济效益的产品，又能保证研究活动有充分的资金支持。所以，要促进我国民营企业良性发展，政府就要采取一系列措施促进民营产业产学研一体化。产学研一体化可以充分利用各方力量和资源，将从创新投入到创新产出的过程和创新产出到创新绩效的过程紧密联系起来，克服企业、科研机构各自为营的缺点，改善企业仅依靠内部的研发资源和成果或者大学等研究机构

的创新成果缺乏依托而无法转化为市场上的产品的问题。我国政府可以通过创建产学研园区或基地、创建产学研示范工程、创造产学研合作新模式等方法，促进我国民营企业的产学研一体化真正落到实处。

四、制定合理的税收优惠政策

我国政府应该逐步将研发税收优惠放在国家税收体系的重要位置上。因为创新具有很大的风险性，所以，我国政府研发税收优惠的目标是通过税收优惠降低企业的研发风险。我国目前的税收优惠主要体现在生产和销售方面，所以，我国应该改变税收优惠的重点，逐渐将对企业的研发过程的税收优惠放在主要位置上。

我国政府要改变这种现状，可从三方面进行努力：一是鼓励我国民营企业进行固定资产投资。我国政府应出台相关政策允许扣除固定资产增值税，这样可加大我国的民营企业对固定资产的投资，加快设备更新换代的速度，提升我国的技术和生产水平，从而为企业带来更大的收益，企业将有更多的资金投入研发，最终促进企业创新绩效的提升。二是允许我国民营企业研发过程中产生的各项费用从应税所得额中扣除，对于研发成果产生的收入，应给予税收优惠，从而刺激企业将科研成果产品化，最大限度发挥科研成果的市场价值。三是实行加速折旧的办法。我国政府应规定民营企业因为自主创新所购置的新设备以及新工具等可以采用双倍余额递减法或年数总和法进行折旧。

五、拓展税收优惠适用范围

我国的现行税收制度也在不小程度上限制了我国民营企业的创新。目前，实行的生产型增值税不能刺激企业进行创新，因为企业用于研发的固定资产可以进行税前抵扣，但是研发人员、企业的专利等企业用于研发的无形资产不能进行税前抵扣，而无形资产投入往往占民营企业研发投入的比例很大。因此，建议我国政府允许民营企业研发投入中的无形资产可进行税前抵扣，适当下调民营企业营业税的税率，减小民营企业资金方面的压力。

扩大税收优惠范围。建议我国政府对从事医疗设备、航空航天设备、计算机与办公设备、软件集成电路等领域的民营企业，研发投入占销售收入比例超过20%的，将其纳入增值税超过6%即征即退的政策范围。在所得税方面，允许软件、集成电路等高新技术企业将工资总额计入应纳税所得额扣除。在进出口税方面，我国政府应简化民营企业自主知识产权产品出口的纳税程序，并提高自主创新产品出口的退税比例。

六、建立企业科技开发准备金制度

可以考虑建立科技开发准备金制度，允许企业特别是有发展前景的民营企业，按其销售收入的一定比例提取科技开发基金，以弥补科技开发可能造成的损失。我国政府还应对这一准备金的使用进行监管，规定准备金在规定的时间内必须完全用于企业研发支出。

七、完善政府采购政策

完善我国政府的采购政策，可以从这三方面进行：一是加大对民营企业自主创新产品的政府采购。尽管目前国务院和有关部委对自主创新产品的政府采购政策都有明确的规定，但政府在实际的采购过程中，并没有真正做到对我国民营企业自主创新产品以及企业的优先选择。例如，虽然我国政府对软件的采购有"同等优先"的原则，但是由于我国在软件方面较发达国家相对落后，所以，几乎不存在"同等"的情况，因此，对于国产软件的"优先"就无从谈起。所以，我国政府应逐步完善政府采购的实施细则，要求采购前对国内企业的自主创新的产品进行公平客观的评价，不可只凭感觉评价和采购。二是建立健全鼓励创新的政府采购制度。我国应尽快修改政府采购法及采购细则，增加政府采购民营企业自主创新产品与技术的规定，将政府采购从以成本目标转移到对民营企业自主创新产品和技术的支持；应明确规定政府对民营企业产品和服务的采购金额占全部产品采购金额的比例不低于50%。三是增加政府采购的额度。参照国际标准，我国政府应该加大政府的采购额度，使政府的采购总额占GDP 10%左右，以此为我国民营企业的自主创新产品创造出充足的需求，有效拉动企业的技术创新。另外，要在政府采购实践中加大对民营企业创新产品的倾斜，对企业产品开发符合政府采购技术标准和目录的新产品实施政府采购和订购制度，增加在政府采购民营企业产品中创新产品的比例。

八、建立健全创新支持服务体系，改变民营企业融资难状况

我国政府应针对民营企业的创新需求，集中建立和发展与我国民营企业发展相配套的社会服务协作体系，包括融资服务、法律服务等。同时，对我国民营企业的服务需求进行深入调查，以实现中介机构所提供的服务与民营企业的实际需求有效对接。我国政府应加强创新服务体系建设，增强为我国民营企业服务的能力。政府部门应促进银企之间的合作，主动将发展前景好但缺少资源的项目推荐给金融机构，缓解我国民营企业流动资金紧缺矛盾，重点保障"四有"（有市场、有效益、有产能、有担保）民营企业的流动资金合理需求。

九、鼓励民营企业走向产业化

我国民营企业要实现产业化，可通过组建以国家级科研院所为核心的民营企业集团、以民营企业为核心的民营企业集团或者以高等院校为核心民营企业集团等方式实现。这些组建的企业集团具有强大的科研基础和实力，较高的人才智力结构，有较多的科研成果。这些集团是多专业、多层次、多功能、综合性的企业集团，将成为发展我国民营产业的核心力量，在跟随世界先进技术水平中起带头和先锋作用。

第二节 企业层面的策略与建议

政府对于提升我国民营企业的创新绩效有一定的作用，但是，企业创新绩效的提升更多地需要企业内在的推动力。本书提出以下策略与建议，以更好地提升我国民营企业创新绩效。

一、加大创新投入

企业为了在激烈的市场竞争中生存，就必须加强企业的创新水平，以创新求突破，以技术求发展，除此之外别无他法。由于创新投入与企业的创新绩效有非常显著的正相关性，所以我国的民营企业必须加大创新投入力度。同时，对于投入的资源结构也要进行合理的分配，即人员和资金的比例要合理。我国的民营企业应该重视科研人员的培养和激励，调动科研人员的积极性，为企业的发展培养一批复合型的创新人才。同时，企业也应该重视加强企业的管理水平和对研发过程进行合理的管理和控制。

我国民营企业可从两方面加大创新投入：一是加大研发企业自主品牌的投入。我国现阶段民营企业竞争力不高的主要原因是没有自主品牌，目前国际之间的竞争已经从价格的竞争逐步转向了以质量为核心的竞争，尤其是著名品牌的竞争。品牌是一个企业的无形资产，是企业与消费者相互作用的产物，是企业的信誉和形象的体现。当前我国民营出口企业大量的出口产品都是"贴牌生产"，对品牌的自我保护意识淡薄，这就导致我国民营企业对出口逐渐有了很强的依赖性。在自身核心技术缺乏、品牌形象缺乏和国内市场需求不足的处境下，我国很多民营企业的发展和生存变得非常困难，将来只能被市场淘汰出局。所以，我国的民营企业想要发展必须要拥有自己的核心产品，拥有自己的品牌，生产出能满足不同顾客需求的差别化系列产品。二是加大产品升级的投入。我国的民营企业需要对企业的产品体系有明确的规划和管理，不仅需要关注现有的新产品系列，还应该拟定将来3~5年的新产品系列。要尽力做到：创造出一批名牌，生产一批新产品，引入一批样品研发，改造一批老产品。通过产品的推陈出新带动企业的升级，用技术和产品为企业在市场保持良好的竞争力。

二、加强对研发人员的培养

企业的研发人员作为研发投入的重要部分，对于企业的创新绩效的好坏起决定性的作用。企业的研发投入的资金、技术、设备等资源，都需要经过研发人员的使用、管理、重新组合等发挥出其价值，因此，企业研发人员素质的高低直接影响企业创新绩效的结果，并且传统的经济管理理论也认为企业的研发人员对于创新绩效的影响作用最显著，所以，企业要高度重视对企业研发人员的培养。企业要加强对研发人员的培养，就需要在人力资源规划、招聘、培训、绩效管理、薪酬管理和员工关系管理这六大模块及日常的管理活动中高度重视。企业在做人力资源的中长期规划时，要确保研发人员的比例达到企业未来的发展要求，并且提前做好研发人才的储备工作，而不应该现用现招，这样会将公司置于非常被动的位置。企业在招聘的过程中也要严格对研发人员进行选拔，按照公司的用人标准以及岗位的职责和任职要求选拔适合该工作岗位的研发人才，尽量做到选拔品学兼优的人才，这样不仅有利于公司进行管理，而且一旦取得重大突破，他们会为公司带来不可估量的价值。

企业在培训方面，不仅要保证培训的内容满足公司的要求，而且需要结合研发人员自身的情况。企业培训体系的建设也需将企业对研发人员的要求和研发人员自身的职业生涯规划结合起来。企业在薪资和绩效管理方面，也需考虑研发人员的特殊性，提高研发人员薪资中绩效工资的比例和绩效管理评价体系中研发成果所占的比重，以此激发他们的研发热情。企业在员工关系管理方面，也要重视研发人员的特殊需求。根据马斯洛需要层次理论，一般情况下，他们的生理需要和安全需要均得到了满足，企业需要重点关注他们的情感需要、尊重需要和自我实现的需要，在这些方面采取措施满足他们的需要，才能达到激励他们的目的。总而言之，企业的研发人员有其特殊性，企业需要在考虑这些特殊性的基础上，在人力资源管理六大模块的每一模块上都做好企业研发人员的管理工作，提高企业研发人员的素质。

三、重视专利的产品化

专利是我国民营企业创新的主要成果，它是企业将创新成果转化为新产品的基础，能够为企业创造竞争优势。我国民营企业的专利的数量与创新绩效的正相关系数大于创新投入与创新绩效的正相关系数，由此说明加强专利的产品化对于企业创新绩效的提升作用比加大创新投入对创新绩效的提升作用更显著。专利是企业进行创新活动的主要产出，但是它不是企业进行创新活动的最终目的。企业进行创新活动的最终目的是提升创新绩效，而企业的专利只有将其应用在产品上才能发挥出它的价值，才能实现企业进行创新活动的最终目的。所以，我国民营企业一定要重视企业专利的保护和产品化，不能将企业的专利数量作为企业创新活动的唯一指标，而应该将企业专利的产品化程度、企业的营业利润作为衡量企业创新活动的主要指标。

四、正确对待和使用政府的支持

我国政府为了激发民营企业的创新积极性，对于企业的创新活动在各个方面和过程均给予了大额度的补贴和税收优惠。根据传统的经济管理理论，政府的支持能够激发企业的创新热情、加大企业的研发投入从而带来创新绩效的提升。所以通常情况下，政府的支持力度与企业的创新绩效正相关。但是在某些情况下，我国民营企业并没有正确对待和使用政府的支持。一方面的原因可能是，企业没有将政府的研发补贴真正用于研发，而用在了其他的方面；另一方面的原因可能是，由于政府的补贴行为，使得企业的研发成本压力变小，企业放松了对于研发过程的管理，从而导致创新效率降低，政府的补贴没有发挥出其应有的作用。政府对企业进行研发补贴，一方面是为了激励和引导企业进行创新，提升企业的技术水平和管理水平，提高企业的竞争力；另一方面是为了促进民营企业产业升级，改善国家的经济结构，改变我国民营企业在国际产业链中的不利地位。因此，我国民营企业需正确对待和使用政府的研发支持补贴，正确行使作为国家经济个体所拥有的权利和履行应尽的义务。

五、积极进行管理创新

我国民营企业要提高企业的创新绩效，不仅需要加大创新投入力度、加强研发人员的培养、重视专利的产品化和正确对待与使用政府的支持，还需要积极进行管理创新。管理创新包括技术创新、制度创新、组织机构和结构创新等。

首先，我国民营企业需要进行管理理念的创新。管理理念是我国民营企业一切活动的指导思想，企业的所有的经营管理活动都必须紧密围绕管理理念开展。我国民营企业要想在复杂多变的市场上生存，就要不断进行管理理念的创新。企业管理理念的创新可能来源于新的管理者的加入或者对现有业务的再思考。其次，我国民营企业需要进行制度创新。企业管理理念的创新必然会引起企业制度的创新，因为企业现有的制度已经不符合企业新的管理理念，而企业的管理理念是企业一切活动的指导思想。所以，企业的制度必然需要进行重新设计调整以适应新的管理理念。企业的制度一般是书面形式的，是企业员工的行为准则，企业通过一系列的制度对员工的行为进行约束和鼓励。企业制度的创新会使员工的行为发生一定的改变。因此，我国民营企业进行制度创新也可为企业带来一定程度的创新绩效的提升。最后，我国民营企业需要进行组织机构和结构创新。企业的组织机构是企业进行经营活动的决策、执行和监督的最高领导机构，企业的组织形式有直线型、事业部制和矩阵制等。通常不同的企业性质有不同的组织机构。企业组织机构的创新会提高企业的工作效率、市场敏感度和反应灵活性。所以，我国民营企业也需要通过组织机构的创新提高企业的创新绩效。

第三节 提升民营企业创新绩效的保障措施

民营企业的创新之所以有诸多障碍且难以取得突出成效，归纳起来有两点深层次的原因：一方面是民营企业由于种种因素的限制导致企业本身创新能力欠缺，如内部原因的缺资金、缺人才、缺信息等实力不足，外部因素中企业缺乏良好的市场运作平台、风险分担平台、政府扶持政策等导致无法创新；另一方面为即使民营企业在能力方面可以实现创新，但却缺乏创新的积极性，如无创新的文化氛围、创新意识不足、对创新失败的担心甚至抵制等，导致企业在创新上难有建树，企业发展上难以突破。所以，本书认为应该从以下几个方面采取保障措施，提高民营企业的创新绩效。

一、创新能力的挖掘

对于创新能力，应一分为二地看待。一种情况是民营企业有创新能力，但未充分发挥，另一种情况是企业目前确实不具备创新的能力。为了提高民营企业创新能力，企业必须通过科学管理，充分挖掘企业内部的创新能力，同时采用借力的方式，变外部资源为其所用。

（一）创新能力内部的挖掘

在内部挖潜的过程中，民营企业管理人员应秉持全面协同创新的理念。即在创新的过程中，企业的所有成员、所有领域、所有时间、所有环节都有创新的责任与义务，也应假定他们都有创新的能力。在企业的价值链中，任何一个环节的创新都受到其他环节的影响也会带来其他环节的创新。

在充分发挥企业自身创新能力的过程中，民营企业可以从以下两个方面进行创新管理：一是各职能部门本身的创新，如研发部门的技术创新、营销部门的营销策略创新、人力资源培训与使用创新等；二是各部门之间的协同创新，如营销部门新需求的发现，通过沟通、竞争、合作触动研发部门的产品或技术创新，再次引导营销部门的市场创新等。

为了保证职能部门内部创新的成功性，就必须保证相关人员成为创新性人才，最直接的对策就是对相关人员进行知识、技能方面的培训、在企业内部建立系统稳定的标杆学习机制，并让员工走出企业、走向市场、走向社会，进行充分调研学习，以获得创新的灵感，取得率先性创新或模仿性创新。而部门之间协同创新的成功是建立在信息、知识的碰撞以及各部门环节需求诉求的基础上，故创立各部门间的横向正式与非正式沟通机制，保证组织内部网络状的沟通以及良好的合作基础就显得尤为重要，对于民营企业而言，由于规模较小、人员较少，这种沟通更容易实现。

（二）创新能力的外部引进

对于民营企业而言，创新更大的难题可能在于其自身能力的缺乏。但民营企业成长在一定的生态系统中，无论是哪种类型的企业，它外部都有一定的社会资源，民营企业必须充分利用其社会资本，尤其是产业链中相关利益群体的共生关系与寄生关系之间可以充分借力。在外部社会资本的借用中主要包括借资金、借人力、借设备、借关系、借管理等。

在众多的外部力量中对于民营企业创新而言，直接可以借用的力量就是科研院所、各类院校、大企业、其他民营企业，可以采取紧紧跟随模仿创新、合作率先创新、合作模仿创新等路径，引入并提升创新能力。由于民营企业自身的特点，在自我创新和借力创新的过程中要重视核心技术创新，但不能忽视推进非核心技术创新，同时还要提倡工艺创新。

企业能够借力成功必须具备三个先决条件：一是利益的共享，即能够满足民营企业外部价值链各环节的价值增值，创新能够为他们接受，同时民营企业可以从外部获得创新资源；二是责权的明确，即合作双方承担的责任以及享有的权利必须明确；三是依赖于民营企业上层人员以及相关人员的借力意识与社会活动能力。

二、创新意愿的提高

影响民营企业创新绩效的另一要素，即创新的意愿。即使企业有实力进行创新，也不能保证企业一定愿意进行创新。因为在创新的过程中企业各层人员是否具有创新的意识、创新对相关人员的负面影响程度（如失败带来的沉没成本）、创新成功对相关人员的正面收益是否有足够的吸引力等直接影响企业员工创新的积极性。不仅如此，企业既定的发展战略、组织结构、领导风格、个人惰性等内部因素甚至会抵制创新。

所以在提升企业员工创新意愿方面，民营企业应该从三个方面做好工作：一是树立创新的意识，从企业家开始建设企业的创新文化，宣传企业全面创新的理念，设置鼓励扶持创新的管理制度。如建立相应创新基金，进行有组织的创新活动，对于员工的自发创新活动给予认可并提供一定的帮助等，即使其最终没有成功。二是合理分配创新成果，对于创新成功所产生的收益应该在企业与相关利益群体以及相关人员之间合理处理，做到多方共赢，如做好知识产权的界定与分配。三是降低创新成本，在员工创新的过程中发生的成本主要是精力、时间等沉没成本，以及失败产生的机会成本。所以企业内部应建立宽松的环境，能够容忍创新的失败，甚至对其进行补偿。对员工创新的风险进行科学的管理，尽量降低员工个人承担的成本。

三、拓展税收优惠适用范围

我国的现行税制在相当程度上限制了民营企业的技术创新。生产型增值税制度不鼓励创新,企业研发投入中固定资产价值可以抵扣,但以科技人员、企业专利发明为主的无形资产等投入不能抵扣,而后者往往占科技型企业投入的很大比例。建议允许企业发明专利等无形资产可以进行税前抵扣,适当下调科技型企业营业税的税率,减小科技型民营企业资金方面的压力。

扩大税收优惠范围,对重要新药与中药开发、生物工程、医疗设备、航空航天、通信与广电设备、计算机与办公设备、软件集成电路等企业,凡研发投入强度超过2%的,建议纳入增值税超过6%即征即退的政策范围,对高技术企业统一按照销售收入的4%计增值税。减免企业与大学、科研机构联合开展研究开发项目的营业税。在所得税方面,允许软件、集成电路和新药研究开发企业将实际发放工资总额计入应纳税所得额扣除。在进出口税收方面,简化自主知识产权高技术产品出口纳税程序,提高自主科技创新产品出口退税比例。

四、提高创新意识,建立民营企业自主创新的激励机制

消除垄断,激发民营企业的创新热情。垄断的实质是对市场控制力的滥用,无论哪种垄断方式,都是企业竞争的"宿敌",都会削弱企业的创新能力。垄断的存在对企业的技术创新将不可避免地带来负面影响。突出表现为:拥有垄断地位和垄断利润的企业不再承受激烈的市场竞争造成的压力,没有进行技术创新和采用先进技术的动力。打破垄断首先要转变政府职能,加强政府投资行为的治理,逐步把投资主体和投资风险从政府转移到企业身上,这样才能从根本上消除出现自然垄断的可能。对于已经存在自然垄断的行业,可以借鉴发达国家的经验,分解其垂直一体化的产业结构,将电力、煤气、自来水供应等自然垄断产业链的上游产品生产和下游销售环节分离,营造上游产品的竞争性结构。对于无

法分离的垄断型业务，必须实行严格的行业监管，防止运营者攫取垄断租金。

五、注重民营企业内部能力的培养

企业内部能力主要包括学习吸收能力、内部研发能力以及企业的软能力（包括创新意识、跨组织的协调管理能力、谈判能力、市场营销能力等）。组织学习表明企业必须重视促进知识的流动，并增强接受知识存量的能力，从而提高公司的领先知识的含量和优化知识结构。吸收能力和内部研发能力涉及企业能否有效获取外部信息并运用到企业内部组织学习当中，从而为企业内部创新能力和技术能力提高服务。创新意识决定了企业在创新范式转变的大环境下能否主动制定开放式创新战略和应对策略，从而在研发创新模式上紧跟世界潮流和步伐，并增强其国际竞争力。企业跨组织协调管理能力决定了企业在内部进行有效管理以及跨出企业边界与外部创新源合作。企业的谈判能力决定了企业能否吸引外部创新源与企业合作并带来更多的创新资源，而优秀的市场营销能力则为开放式创新产品的销售出路等做好了铺垫。企业内部能力的水平直接影响到企业创新的成败，因此需要企业根据自身情况有重点有目标地对企业内部能力进行细分，制定出培养内部能力的计划。

六、建立企业创新网络，确认外部创新源

民营企业进行技术创新的核心就是需要企业与外部建立开放性的创新网络，将更多创新主体涵盖到自身创新体系中来，获得远距离的知识和互补性的资源，并不断向外开辟新的市场。企业要进行开放式创新，就必须寻找外部信息资源和外部创新源。发现和确认外部创新源之后的重要工作就是评价该外部创新源给企业带来的创意对于企业创新的价值，企业与外部创新源有没有合作的可能性以及开放式合作的具体模式。善于利用外部创意并不断强化企业研究成果商业化途径和渠道，可以为企

业创造更多的价值和利润空间。可以说,外部创新源的确认是企业开放式创新中最为重要的维度,企业管理者应该给予充分重视。

七、实施开放式创新,充分运用创新网络中的资源

(一)明确开放式合作动机及利益分配

开放式合作的动机及利益往往是企业和外部创新源考虑的首要因素。企业之所以进行开放式创新,是想获得外部资源并降低创新成本,这是出于对自身利益的考虑;而外部创新源参与的动机,也是由对"创新利润的期望"所驱使。企业与外部创新主体应该明确大家的共同利益及自身利益,这利于大家朝着共同的目标进行,以便实现"双赢"的目的,但如果片面地追求自身的利益,则可能会影响对方的利益,从而造成开放式创新的失败。因此,企业在开放式创新过程中,一定要与外部创新源进行友好谈判,明确合作动机以及各自的利益分配。

(二)合理进行关系管理

企业与外部创新源之间良好伙伴关系以及开放式创新团队的建设,都是开放式创新成功的前提。由于开放式创新项目涉及企业与外部创新源等多个创新主体,各方高层领导的支持,彼此间相互信任、相互依赖及有效沟通显得特别重要。当出现问题时,彼此间良好的关系可以避免草率的单边决策所带来的不良后果(如破坏彼此的信任等)。团队建设也是开放式创新的一个重头戏,鉴于人才在创新过程中的重要作用以及开放式创新环境下高素质人才的流动性风险,企业必须高度重视这一问题并采取相应的人才使用和稳定机制,尽可能防止新创意的商业化潜能流失。优秀的创新团队给企业带来积极的财务绩效,这正是企业开放式创新所追求的目标。因此,企业应该在培养与外部创新源良好的伙伴关系及团队建设方面下一番功夫。

（三）合理进行过程控制

高技术企业的开放式创新活动的高风险、企业与外部创新源的互动使得过程控制显得尤为重要。高技术企业的开放式创新过程中要加强界面管理，当出现一些不能预料的情况时，过程的监督及控制就至关重要。同时，为了防止其他意外，需要对开放式创新活动进展保持一定的弹性，以便在出现问题时及时调整。由于开放式创新项目往往是矩阵式的组织结构，因此在实际的工作中，往往存在不同合作方的领导在管理具体的工作，这可能会引起"多头管理"的问题，需要管理者注意并明确各自的工作职责。

（四）制定出台科学合理的政府政策

政府政策对开放式创新的机会窗口产生重要的影响。从某种程度上说，它会影响我国企业开放式自主创新的整体发展进程。因此，政府的作用在于营造支持企业开放式创新的政策环境，从宏观层面上促进企业技术创新绩效。

（1）应深化经济和科技体制改革，引入竞争机制，建设以企业为核心、产学研有机结合的技术创新体系。政府应该在信息、人才、资金、技术和管理咨询等方面构建有效的企业技术创新服务体系，增强本国企业持续技术创新的能力。

（2）要对知识产权保护立法。在政府大力提倡知识产权保护的大环境下，引导企业进行知识产权管理活动，并实施企业知识产权管理策略。

（3）政府可以采取措施加强对我国战略产业中骨干企业的保护和支持，避免其遭受来自国外竞争对手的打击，带动国内相关产业的快速发展。同时在税收上给予更多优惠措施，并且在国家采购制度方面有目的地增加对高技术创新的引导。

（4）政府在制定技术标准时应该发挥积极作用，技术标准战略是为了提高我国技术标准水平和树立起中国标准、中国制造的品牌。

第七章 新形势下民营企业的商业模式创新

  风起云涌的21世纪，是属于创新的时代，是一个注定不平凡的时代。在新的世纪，我国的经济总量已经站在了世界第二的位置上，摆在世人前面是值得期待的"双百年"战略，每一个中国人都会为之热血沸腾。在新世纪里，新概念、新思路、新理念如潮水般涌过：互联网＋、信息技术、工业革命4.0、新旧动能转换、一带一路、共享经济、云计算、大数据、平台化战略……随着这些浪潮，国内涌现出一批批行业翘楚，诸如BAT三巨头、华为、小米、海尔……在新的历史时期和经济形势下，我国民营企业也正在面临着许多变革，例如传统民营制造企业的转型升级、绿色制造、智能制造、先进制造业基地建设……在如此纷繁复杂的时代背景下，"变则通，不变则亡"。对于民营企业来讲，在互联网、信息化的大背景下，传统的商业模式受到挑战，已经越来越不适应新形势的要求，很多民营企业开始纷纷进行商业模式创新。

  从本世纪初开始，商业模式创新就已经成为世界各国企业争相参与和运用的一种概念，并被广大的传统制造型企业所采用，例如传统的民营制衣企业——红领集团，充分利用互联网带来的便捷，使用大数据、利用人工智能，实现了企业的商业模式转型——智能化生产。对于更大多数企业来讲，在互联网、信息化的大背景下，传统的商业模式受到挑战，已经越来越不适应新形势的需要，很多制造型企业已经开始纷纷进行商业模式创新。例如，海尔、美的、格力等制造型企业都已经开始尝试构建新型的商业模式以便顺应市场形势。世界白色家电巨头海尔成立了"U+平台",着力打造海尔生态圈,由生产型企业向服务型平台转化,构建网络化的创业平台,更提出"人人是创客"的口号。美的与小米公司签署了战略性合作协定,美的可以借助于小米的互联网生态平台,实现跨界合作,并加快了智能家居产业的布局。格力集团则是以自身的核心优势积极打造格力空调品牌优势,并将产业领域的触角延伸到制造与能源产业,开始布局未来的智能家电产业。格力集团2016年全年总收入达到1100亿元,利润总额达到185亿元,每股收益2.56元。2016年青岛海尔实现全年总收入1190亿元,比去年增长32.39%,实现净利润50亿元。海尔和格力所取得的这些成就是与它们商业模式的成功转型密不可分的。

第一节 商业模式的概念和相关理论

一、商业模式的概念

商业模式的概念是在1998年由保罗·提姆斯(Paul Timmers)提出来的,他认为商业模式是一种将企业信息、产品和服务三种因素有机结合在一起的复杂系统。在该系统中含有潜在受益者、收入来源、商业参与者及角色等内容。商业模式是与营销模式并列的一个分支,商业模式只包括要素和结构,营销模式则包含了市场地位确定、销售产品以及如何构建企业竞争优势。理查德·博尔顿(Ricard Boulton)在2000年提出自己对商业模式的理解:商业模式是企业有形资产和无形资产的有机组合,不一样的企业有不一样的组合方式,所以不一样的有机组合就会产生不一样的企业商业模式。但是,只有合理的、科学的商业组合,才能够使企业获得市场竞争能力、创造出市场价值。在博尔顿的商业模式概念中,更加强调无形资产的作用,他认为无形资产中的知识产权、人才、公共关系等对于企业获得竞争力至关重要。还有一些学者以价值链作为切入点提出了自己的见解。例如，玛格瑞塔（Magretta）认为企业无论是优化企业原有的价值链，或者是改善原有价值链条中的一些因素，这种组织行为都可以称之为商业模式创新。此外，还有学者斯哥尔考（Siggelkow）提出了自己的看法，他认为商业模式创新中的两大重要因素分别是微创新和强化创新，如果企业对其进行的修改完善超越了一定的程度，就可以称之为商业模式创新。另外，学者玛格瑞塔更进一步提出了自己的见解，他说具备优秀的商业模式和好的组织形式，对于企业自身的成果不可或缺。还有一些学者如阿米特和热特（Amit & Zott）通过深入研究，发表了自己的看法，他们认为无论是企业与企业之间的相互合作，还是企业对自身资源进行有机整合或者有效配置，他们所能够产生出来的总体价值都不会超过商业模式创新所能给企业带来的价值。另外，著名学者米切尔和科尔则提出了自己的观点，他们说商业模式创新对于企业而言非常重要，可以为企业提高市场占有率，有效推动企业的利润率增长，提升企业的核心竞争力。还有学者认为，企业的商业模式创新不会是一蹴而就的，需要企业领导人清晰地了解企业有哪些特质、可以从何下手去创新，为此需要对商业模式有着全面的、高度的认识和掌握，为此需要洞悉市场形势，这样才能保证企业成功地实施商业模式创新。

另外，学者塔科（Tucker）提出了一种新颖的观点，他认为商业模式创新是要以消费者作为切入点，要进行换位思考，需要充分发挥自己的想象使企业的工作顺畅进行的完整过程。玛格瑞塔则认为可以利用商业模式来剖析企业的运作方式，即科学而合理的商业模式是企业需要明确自身的客户是什么？企业应该通过什么方式赢利？企业产品对于客户的价值表现在什么地方？企业应该以怎样的方式将产品价值转移到客户？迈克尔·拉帕（Micael Rappa）对于商业模式的概念提出了自己的看法，他说商业模式是可以为企业带来经济利益的，是企业借此生存发展的，是企业用于实施商业理念的一种模式。他认为企业商业模式是企业自身在上下游伙伴中如何选取自己的合作伙伴，以及在产业链当中应该怎样与客户达成利益交换并且确定自己位置的方法。

　　国内的学者在商业模式创新领域也进行了富有成效的研究，很多学者提出了具有前沿视角的观点，取得了令人满意的研究成果。例如，罗珉等一些学者从租金理论的角度，提出现代企业必须要经过持续不断的商业模式创新才能保持活力。正是由于现代社会分工的不断发展和进化，才有了信息不对称的形势，构成了信息分布不均、趋于分散的形态，而商业模式创新正好可以有效利用这种信息不对称，它为市场的新进入者打破行业垄断力量、获得优势创造了机会，商业模式创新可以为市场的新进入者掌握并创建一种新的经济租金。北京的学者乔卫国则提出，将一些新型的商业理念、思想、模式运用到企业原有的运行体系中，在此基础上为企业自身以及为消费者创造出最大化的价值，这个过程就可以视为商业模式创新。而杨锴则提出企业商业模式创新是研究怎么策划企业的营运模式、发展潜力以及资源整合能力，以适应不断变化的市场环境和竞争环境，并能够不断获得竞争优势，满足消费者不断增加的消费需求，从而使企业获得应有的利润空间。

　　对于商业模式的内涵，国内外学者对此进行了许多有意义的探索，并提出了众多有意义的概念。当前，学界比较认可的一种理解是：商业模式可以用于阐述某种经济组织，例如企业的商业逻辑，可以清晰表述出运行过程中所包含的众多要素及其相互关系，它是一种概念性工具。商业模式是经济组织可以为自身客户带来利益和价值的一整套体系，包括组织结构、创新网络、合作机制、资本关系等。同时，凭借这套体系也可以为企业自身带来增值，产生持续获得竞争力的所有因素。

　　我国学者李振勇在其著作中也阐述了自己对于商业模式的理解，他认为商业模式是一整套方案，该方案可以有效地整合企业内外部所有的资源和要素，能够为企业的客户带来最大化的价值，能够使企业构成一个具有高效率、核心竞争力的运作体系。该体系可以凭借一种最优化的形式去满足消费者需求，帮助消费者实现客户价值，并且能够帮助企业实现可持续经营的目标。

国外学者泰莫斯则对于商业模式提出了自己的看法，他认为商业模式可以顾及企业自身以及客户的双方利益，是一个能够保证双赢甚至多赢的信息、服务、体验和产品体系，在该体系中企业、顾客、供应商、渠道等多方都在其中积极参与，并分享各自的利益。

尽管说学界里对于商业模式的观点、理念、概念众说纷纭，莫衷一是，但是从2000年左右，学界开始对商业模式的概念有了比较统一的认识，都认为商业模式的核心理念是价值创造。商业模式，指的是企业价值生成的底层逻辑和基础协议，也就是企业在价值链条、价值环、价值网络里面怎样向客户供应产品和服务同时获得回报的，一般来说，便是企业是怎样赚钱的。

原磊发现，"商业模式"这一词汇作为一个单独的范畴引发科研工作者的普遍关注，是1999年以后的事情。商业模式是企业家的创新发展的结果，其透露着战略价值和创业的基本意义，是个人或企业创业中的一种关键形式，并最具经济潜力。在任静和朱方明看来，成熟企业在不持续创新项目上徒劳无功的归因虽然较多，而且企业和企业又客观存在个体差异，不过其中一个难以忽视的因素是企业未能开发出合适的实现其应有价值的商业模式。马君以为，商业模式是一个集合，其子集是取得超额收益的战略创新意图和可实现的结构体系以及制度安排。总体而言，普遍认为新商业模式与过去的模式的相比，往往代表着一种"更好的方法"，它与公司治理的关系是相互促进的关系。

二、商业模式创新

商业模式创新是指企业价值缔造环节，底层的根本逻辑和基础协议的转变，也即将新型的商业模式融合到已有的组织运转体系，与此同时为客户和自己缔造价值。从一般意义上来讲，商业模式创新是企业改进并运用了一种效果较好的盈利方法。新缔造并融合进来的商业模式，不仅仅是在元素构成方面可能不同于现有的商业模式，在元素与元素关系或运动机理方面抑或有别于现有的商业模式。

商业模式创新的要素包含很多内容，价值主张、价值发现、价值管理、价值创造、价值配置和价值实现共同组成了商业模式创新。必须在企业战略目标的统领下，对各个要素进行统筹规划和整体适配。商业模式创新的类型大致可以分为四种：改变型商业模式变革、完善型商业模式变革、重构型商业模式变革、调整型商业模式变革。

乔为国在自己的著作《商业模式创新兴起缘由、含义与特点》中，将商业模式创新定义为企业价值创造提供基本逻辑的创新变化，它既可能包括多个商业模式构成要素的变化，也可能包括要素间关系或者动力机制的变化。简单来说，商业模式创新就是指企业以新的有效方法赚钱。

国外学者奥斯特沃尔德（Osterwalder）在自己的研究中表明，商业模式是一种价值体系，在该体系中，经济组织可以通过改变目标客户、顾客关系、价值主张、关键资源、分销渠道、伙伴承诺、关键活动、收入流和成本结构等因素，以更好地推进商业模式创新。如果经济组织能够对以上各个环节很好地进行运营，创新以上各个环节，就可以使企业的商业模式转变为一种成功的模式。他认为，转变商业模式的方法有四种：改变技术模式、改变收入模式、改变产业模式、改变企业模式。

国内外许多学者对于企业商业模式创新进行了大量理论和实践上的探索，取得了较为丰硕的成果。研究观点和结论林林总总，可以分为许多角度。比如，以商业模式创新动力的视角来看，大致有三种派别：第一类是部分学者倾向于企业外部的市场需求拉动；第二类是一些学者则认为商业模式创新的动力来源于企业内部组织变革、技术革新的推动；第三类学者认为商业模式创新的动力源自于市场竞争的压力。

提姆斯（Timbers）在 2001 年结合当时世界信息科学技术飞速发展的

现状,认为是互联网、信息技术的广泛普及和运用,使得信息的传递时间以及成本都在急剧下降,企业的交易成本不断减少,这样就使企业有可能整合价值链,并创新企业的商业模式,由此产生了当时盛极一时的电子商务网站ebay。这种商业模式创新的推动力源自于技术革新,创新后的商业模式可以有效减少原企业中的烦琐程序,从而可以为社会创造出更多的社会价值。而萨斯布拉格(Cesbroug)认为,企业只要及时地将新的技术应用到企业自身,而不需要对现有的企业商业模式作出很多改变,就可以实现新技术(信息技术)的商业价值。

还有一些学者提出,新技术的采用与否,与企业商业模式的创新并无相关性。由此,学界提出了市场需求拉动的学说,即市场需要什么样的产品、生产制造方式、组织结构,会将这种需求传递到企业内部,从而改变企业的商业模式。约翰逊(Jonson)提出了以顾客满意、顾客价值最大化为源头的商业模式创新观点;济各和特纳(Keegan & Turner)认为企业应该时刻保持与客户的紧密联系,时刻捕捉市场需求信息,密切关注消费者动向,积极采取营销措施帮助客户解决现实问题。

商业模式创新动力来源的第三类学说,是部分学者认为在技术拉动和需求拉动两种因素促成企业商业模式创新之外,还存在着第三种动力来源,即企业在市场上的竞争压力也会引导企业进行商业模式创新。米特(Meter)通过研究发现,企业要想赢得市场竞争、获取客户、取得利润最大化,就必须降低成本、提高效率。而企业有时候在市场竞争压力下所采取的一些反常规举措,恰恰能够很好地降低成本,并研发出新的产品,销售给消费者。这种战略战术也被称之为"蓝海市场"战略。即不进行正面竞争,而是另辟蹊径,从正面竞争转为回避竞争,从而降低了市场竞争压力,并研发、设计、生产出更多更新的好产品卖给消费者,并获取了大量利润。

三、商业模式画布图

商业模式画布图是指一种能够帮助创业者催生创意、降低猜测、确保他们找对了目标用户、合理解决问题的工具。商业模式画布图由九个方格组成，如图 7-1 所示，每一个方格都代表着成千上万种可能性和替代方案。

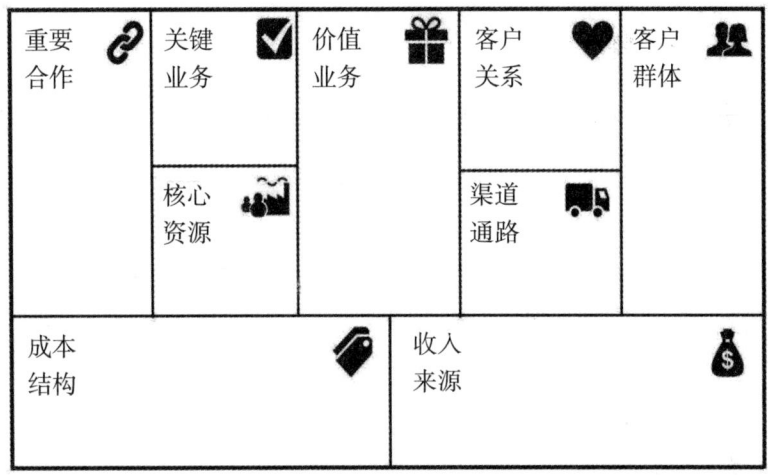

图 7-1　企业商业模式画布图案例研究：海尔的商业模式创新

一般情况下在文献中出现商业模式这一术语时，总是容易忽略了其两种不同的含义：一种是用它来单一描述公司怎么开展商业活动的具体手段和路子，另外一种却更注重其模型方面的释义。这二者本质上是有所差别的：前者强调方法论，着重描绘企业商业营运的方法，然而后者却是这些方法的概念化。后者的拥护者们设计了一些参考模型，包含了各个要素及其之间的关系，用来描绘企业的商业模式。

在总结了各类基本概念的共性并将其合理整合的前提下，提出了一个参考模型，它包括如下九个要素：

（1）客户细分：指的是一个企业想要接触和服务的不同消费者，也就是企业的目标市场定位从而使企业有针对性创造价值。

（2）价值主张：指的是为消费者创造价值的系列产品和服务。

（3）渠道通道：指的是公司如何沟通接触消费者而传递其价值主张。

（4）客户关系：用来描绘公司与特定客户群体建立的关联，通常用于客户关系管理。

（5）收入来源：用来描绘公司从消费者身上获取收入的渠道。

（6）核心资源：让企业商业模式有效运转所必需的最重要的因素。

（7）关键业务：用来描绘为了确保其商业模式可行，企业必须做的最重要的事情。

（8）重要合作：让商业模式有效运作所需的供应商与合作伙伴的网络。

（9）成本结构：企业运营过程中所引发的所有成本。

第二节 案例一：海尔的商业模式创新

一、海尔的商业模式创新历程

（一）国内名牌战略阶段（1984~1991）

20世纪80年代，海尔才刚刚起步，企业混乱无序，内部规章制度就像一纸空文不得执行，生产的产品质量不够硬。外部虽然有冰箱厂爆炸式的增长，但是却没有出现一个知名品牌。在此基础上海尔下定决心引进当时领先世界的电冰箱生产技术。用一流的冰箱质量打造国内冰箱业的名牌。1988年，中国冰箱业史上第一枚国家质量金牌花落海尔，这也意味着国内名牌战略初见成效。

（二）多元化战略阶段（1991~1998）

多元化道路是企业发展到一定阶段继续成长的必经之路，而这个阶段就是国际化阶段，因此海尔1984年进入了冰箱生产领域，1991年进军空、冰、洗等白色家电领域，1997年又打开黑色家电大门，后来又踏入信息产品行业等米色家电领域。不仅如此,海尔还率先阐述了市场多元化的概念:实物产品并不是企业在全球市场的必需品,必须的是在国际市场创出的品牌,这样才能拥有全世界的市场。

(三)国际化战略阶段(1998~2005)

海尔的国际化侧重于本土化战略,也就是说打造中国海尔、美国海尔、欧洲海尔、东南亚海尔……而在这一进程中主要培养两个素质:一是设计、营销、制造三位一体的素质;二是在产品、营销、财务上均达到国际标准的素质。这样,最终国际化的海尔就会非常有竞争力。

(四)全球化品牌战略阶段(2005~2012)

国际化是以中国为辐射源,辐射全世界,全球化则是打造在异国土生土长的本土化海尔品牌。这一战略阶段要求海尔在产品和管理方面作出更大的进步,实现与分供方、客户、用户的多赢,同时要将多元文化融入进原来单一的文化,增强可持续发展力。

(五)网络化战略阶段(2012至今)

在第四个战略阶段,海尔的人单合一新模式的基础与运行都表现出了互联网的强大影响力。这对网络化战略阶段具有很好的指导意义,实施这一战略的初衷,是期望利润和营业收入都能以网络化的速度增长。在这一阶段需要看到一个"不变"即永远为用户创造价值,也要看到一个"变化"即随时代变化的战略,这样或许更有利于对新的战略阶段的认识。总体而言,海尔在新的阶段需要认识网络化的市场,做网络化的企业。

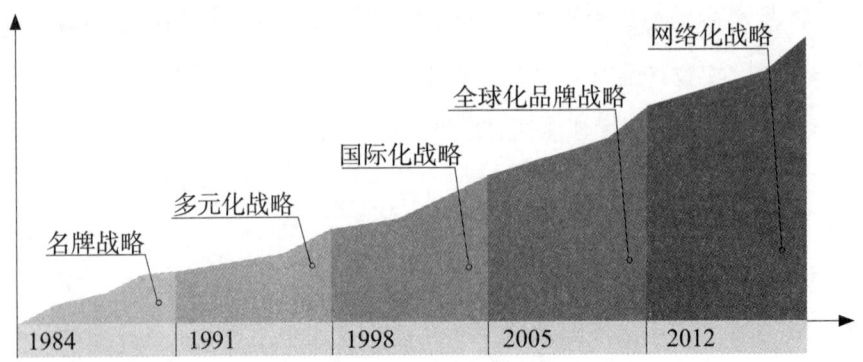

图 7-2 海尔的几个战略阶段

二、互联网时代的海尔商业模式创新

(一)人单合一双赢模式

在科技发展日新月异的互联网时代,企业失去了决定用户信息渠道的法杖,反过来用户掌握了企业通往天堂或者是地狱的钥匙,而很多人想不到这钥匙竟然是轻轻点几下鼠标的事儿。不管是在传统经济时代还是在互联网经济时代,信息这杆天秤从来没有真正意义上的平衡过。只不过信息天秤已经从企业一端倾斜到了用户一端,企业再也无法完全掌控用户的信息来源,以前靠简单的投放电视广告、纸媒广告、楼宇广告,搞搞促销就能垄断用户信息索取渠道并取得用户资源的时代已经不复存在。现在企业必须调整心态,意识到用户左右着企业的生存并坦然面对这种变化,积极调整自己来跟上用户点鼠标的速度。

传统商业模式的弊端主要体现在两个方面,一是造成了企业的大企业病,二是造成了员工的懈怠心理和行为。比如员工在企业工作的动力支撑可能是为了赚到更多的财富,或是希望爬到更高的职位。但是工资上涨是有限度的,职位的数量也不是无限的,当员工爬到某一位置,拥有一定可观的收入时就很可能会出现懈怠。

随着时代的发展,人们渐渐意识到,商业系统并不是一个冷冰冰的金钱交易系统，它越来越展现出它生态系统的一面。在这个生态圈里市场是动态的，因此好的目标也应该是动态的，而在目标动态优化过程中，一流人才的整合成为了实现目标的强大助推力。

基于对以上几种形势的思考，为了使企业中的每个人能够持续自创新、自驱动、自运转，海尔设计出了人单合一双赢模式。人单合一，"人"说的是企业里的员工，"单"表面上是说传统的订单，实质上谈的是用户资源。表面上理解是把员工和订单捆绑在一起，但订单的实质是用户，里面体现的是用户需求和价值。所以，可以理解人单合一其实是把企业里的员工即"人"和他的用户资源，应该为用户创造的价值即"单""合"在"一"起。双赢，指的是员工通过为用户创造价值来实现自己的价值并取得相应的收入，而不仅仅是依据对上级指令的完成度来领取工资。

在这种模式的指导下，人人都是经营者，为了让一线员工能在第一时间对用户需求作出反应，就得赋予他最大的自主权和决策权。比如，员工在第一线发现了某种用户需求，二线支持平台就要迅速提供支持，整体共同运转起来，尽可能快地满足用户需求。这完全颠覆了以前领导指挥员工的工作模式，变成了员工听用户的，企业听员工的一种新的运行模式。而这种模式又给员工提供一个自主经营的舞台，把员工的评价标准落到价值层面，将员工价值和为客户创造的价值连起来由市场决定员工的价值，使员工自己"当老板"。人单合一这一平台可以说是杜绝了"吃白饭"的行为，因为这种行为在这一模式下完全行不通。

这种模式就好比企业是一个大的百货商场，以前员工都是百货商场里面各个门头店里面的小职员，但是现在要你做的是店长，你必须用经营者的视角来自我驱动。而激发这种自我驱动机制长效运转的前提是搭建一个机会均等的平台机制。为了给员工提供平等的机会让他们展现自我价值，海尔设计出了竞单上岗和官兵互选的机制。

竞争上岗就是提供了一个平等的参与机制，人人机会均等。企业将

"单"、"岗"放在那里，有能者居之。而竞单上岗以后并不是说就可以一直占着这个岗位不放，如果是这样那就又回到了以前普通的升迁模式，又会出现传统模式的弊端。实际上在运行过程中企业还设计了官兵互选机制，对于上岗却做不到、上岗就懈怠的情况进行动态优化，这里又显示出了机会均等的思想。

在人才利用方面，以前总有一些误区，以为必须把高精尖人才高薪聘进来，从实际来看，在互联网时代并不必这样做。海尔有五个研发中心分布在世界各个角落，里面的研发人员都是当地人，甚至不一定都是海尔的雇员，两者之间可能是契约关系。

人单合一双赢模式要做的是让每个人都能成为自驱动的体系。

（二）倒三角模式

传统企业一般都是按照金字塔的正三角组织来构建的。领导处于金字塔尖上，下属各级管理者，最底层的是一线员工。它的信息流动途径是一线员工最早接触到用户需求，逐级上报到金字塔顶尖，领导作出决策后在沿着金字塔一级一级地传递下来，这种信息传递通道已经明显达不到互联网时代对企业快速反应的要求了。

海尔的战略变成人单合一了，所以组织结构也要作出相应的改变。就好比头跟身体的关系，头是战略，身子是组织结构。头掉转了方向，而身子也必须相应的跟着转向，这样人才能正常的走路，才能向一个新的方向前进。

为了应对这种转变同时优化信息流的传递通道，海尔把金字塔结构倒过来，变成倒金字塔，接触用户的员工被安排到第一线，把领导置于底层，实现了从指挥者到资源提供者的身份转变。

倒三角有助于两个"零"目标的实现，即员工内部协同的零距离；组织与外部用户的零距离。前者主要表现在一线员工致力于为用户创造价值，由原来的领导提供支持并协同配合。后者说的是所有内部员工团结协作一起来创造用户资源，而且需要在价值链的各个环节保持与用户零距离。打比方来说,研发人员和营销人员都要直接面向用户,团结协作来达到用户的要求。

应运而生的自主经营体架构从本质上颠覆了传统的层级结构,所有人员都要直面市场。比如营销层面,原来设置了国家、省、市、县等多个层级的负责机构,现在削减到就只有自主经营体这一层。一个社区、一个县都可以成为一个经营体。取消了原来冗余的中间层级,把它们转换成资源支持平台。由一线经营体朝后向各级平台索要资源。

倒三角将企业构造成了一个富有生命力的生态网络,主要有两张网。一张是人单合一网,根据用户个性化需求调整成相对应的网络组织。第二张是虚实网,虚网所指的是互联网,实网所指的是营销、服务和物流网。虚网做实,实网做深,本质上就是要把所有的需求融合到一起。

不可否认,传统正三角组织非常稳固,但是非常稳固意味着缺少活力和灵活性。显而易见,静态的倒三角是站不住的,想要站起来并且不倒下那就得学陀螺一般转动起来。而外驱力和内驱力便是促使陀螺持续转动的两股力量。

外驱力主要是来自顾客的个性化需求,企业必须不断创新才能满足顾客不断变化的需求。内驱力则来自全员与用户的契约,海尔的每个员工都和用户签订契约,进而形成整个组织的内驱力使每个人都实现自驱动,如此整个系统也会以客户为中心运转起来。

(三)战略损益表模式

传统意义上企业都会有三张表,即损益表、资产负债表和现金流量表。海尔也有三张表,分别是每个自主经营体的损益表、保证事前算赢的日清表和每个员工的人单酬表。

在此我们只探讨海尔的战略损益表,海尔用每个自主经营体的战略损益表代替了传统的企业损益表。传统损益表和战略损益表的不同主要表现在以下几个方面:

(1)导向性不同。前者以数字损益为导向,后者以用户价值为导向。

传统损益表的内容是：收入－成本－费用＝利润。战略损益表的内容分为四个象限，简而言之，第一个象限是用户价值，第二象限是人力资源，第三象限是流程，第四象限是闭环优化。

（2）制表主体不同。几千个自主经营体都有一张自己的战略损益表，以此代替了以前企业一张总的大表。各个自主经营体独立的为自己的用户创造价值，既形成一种整体效应又防范了"吃白饭"不干活的问题。

（3）分析时间不同。前者是事后分析，后者是事前算赢。一般情况下所有企业都会对经济活动进行分析，但分析的都是以往的数据，都是些既成事实。海尔不走寻常路地开发了事先算赢分析法，其分析的是为实现各个目标应该相应地开展哪些活动。

战略损益表的战略性主要体现在第一象限即用户价值。企业所有员工都明确用户价值导向并满足客户的个性化需求，利润是自然的事。这种导向性解决了以往传统损益表中只知是什么而不知为什么的问题，因为依靠传统损益表无法从差的数中找到其人为的因素。

在互联网时代，精明的企业就应该让企业中的每个人都是自己的首席执行官。这也就是说让每个人成为领导者，以战略损益表为平台发挥其特有的聪明才智和最大潜能。

第三节　案例二：海信集团商业模式分析

本书将以青岛市海信集团为例，阐述其发展历程，对其进行 SWOT 分析，并依据商业模式画布为主线，分析其商业模式的主要特点，从中提炼出可供借鉴的有益经验。

一、海信集团发展历程

（一）海信集团简介

青岛海信集团成立于 1969 年，前身是"青岛市无线电二厂"，刚成立时职工仅十余人；1979年，更名为青岛市电视机总厂，被国家确定为电视机定点生产商，开始正式生产电视机；1994年，成立青岛市海信集团公司；1997年，海信股票在上海证交所上市；2006年，并购科龙电器，成为国内唯一一家拥有海信、科龙、容声三个著名品牌的中国家电企业。

海信集团拥有强大的全球研发团队，还有世界一流的国际化经营管理团队，目前产业布局非常多元化，涉足数字多媒体技术、现代通信技术、智能信息系统技术、城市智能交通技术、光通讯技术、绿色节能制冷技术、医疗电子技术、激光显示技术等产业领域。2016年，海信集团实现全球营业总额1003.31亿元，实现利润总额达72.71亿元，上缴税金约60.55亿元。目前，海信在世界各地诸如匈牙利、南非和法国等地都建设有生产基地，在欧洲、澳洲、美国、日本等国家和地区设立销售网络，海信产品销往欧洲、非洲、美洲、亚洲等100多个国家和地区。海信电器（600060）公司是1996年由原海信集团的电视生产事业部分离改制而来，主要涉及领域是电视机的研发、制造以及销售，属于海信集团的全资子公司之一。

（二）海信集团发展历程

本书从海信集团品牌的视角，将其发展历程分为三个阶段，分别是本土品牌建设阶段、国际化品牌建设阶段和自主品牌经营阶段。

1. 第一阶段：本土品牌建设阶段（1969~2001年）

自1969年建立工厂后，海信产品一直是在国内销售。从1985年开始，海信集团有了一些对外出口业务。到1994年海信集团正式成立，仍然没有自营出口权，只能依靠山东省外贸公司代理出口海信产品。到1997年，海信集团在海外市场仍旧没有自己的出口权，使得海外收入总额不大，只能依靠外贸公司代理以开拓海外市场。自1988年开始，一直到1997年，海信集团每年的出口收入总额依次为（见图7-3）：1422.4万美元、597.7万美元、1200万美元、1234.4万美元、1021.9万美元、

970.5万美元、510.7万美元、740.6万美元、1400万美元、2300万美元。可以看出，在此期间，由于没有自己的出口经营权，海信集团的海外出口额在十年中，一直不见大的起色，而且出口额不稳定，有升有降。而且，在这个阶段，海信集团产品的研发设计也缺乏自主性，完全依赖外商需求订单进行生产设计。

在本土品牌建设阶段，世界发达国家的家电行业逐步将制造能力转移到中国，例如摩托罗拉、西门子、三星、诺基亚世界顶尖企业，纷纷到中国建厂生产，而在本国进行研发，他们充分利用中国劳动力价格低的成本优势，加剧了国内家电行业的产品市场竞争。在这一阶段，国内的许多家电企业，例如海尔、格力、长虹等，已经开始了海外市场拓展。而海信集团在这个阶段（1994～2001）由于其国际市场资源相对匮乏，所以仍然将企业发展重点聚焦于国内市场，没有盲目跟风，而是力争做大做实，建设一个著名本土品牌。厚积薄发，没有实施大范围的海外市场拓展。

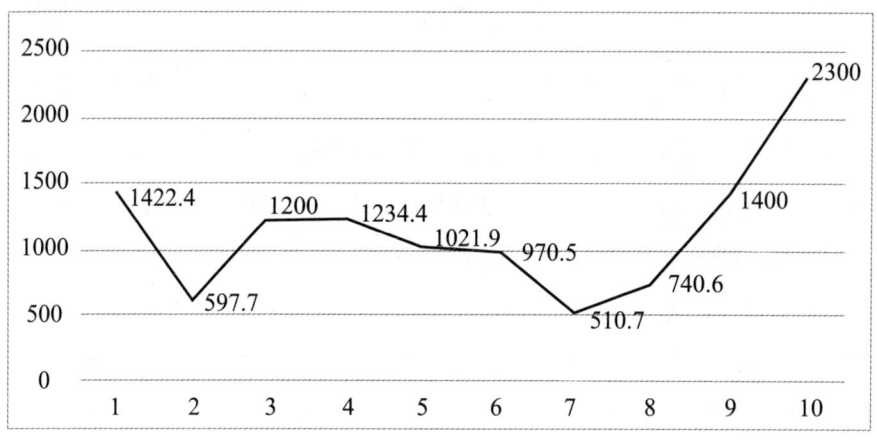

图7-3　1988～1997年海信集团出口额（单位：万美元）

2. 第二阶段：国际化品牌建设阶段（2001～2007年）

在海信集团成立的前30年（1969～2001年）中，海信集团立足国内，努力做强做大，在消费者心中逐渐树立起一个稳健厚重、良性发展的民族品牌印象。由于重质量、提倡高科技、旨在满足消费者的诉求，海信集团在国内赢得了较为广泛的市场口碑。但是，在国际市场上，海信集团还只是一个后起的跟随者。随着国内家电市场的逐渐趋于饱和，以及产能过剩、成本优势渐无，海信集团开始将目光瞄准海外市场，开始尝试在发达国家和第三世界国家拓疆扩土，积极寻找和建设海外市场，力争建设一个国际化著名品牌。

在国际化品牌建设阶段，海信集团积极果敢地扩大了企业产能和企业规模，采取合资、并购、合作等多种运作方式，向海外市场扩张。例如，2001年海信在南美洲的巴西，同巴西华侨共同出资，建立了海信巴西股份有限公司，主要生产海信变频空调。在2002年6月，海信在美国，同世界上著名公司Ligent International Inc合资建成了Ligent P海信otonics Inc公司。同年7月海信在日本，同日本本土著名的住友商事株式会社，共同出资建立了海信住商有限公司，从而顺利地将海外拓展的触角延伸到日本市场。在2004年4月，海信与美国的Flextronic公司在欧洲的匈牙利合作建成彩色电视机生产工厂，由海信集团提供技术支持、质量保障、设备供给以及品牌支持，当年的彩电生产就达到100万台，通过这一举措，海信成功地进入了欧洲市场。2004年在巴基斯坦，海信与该国著名空调生产商AAA公司合作建厂，由海信集团提供品牌、技术和设备装备，该厂当年达到生产100万台彩电的产能。借此机会，海信一举建立起辐射中东地区大多数国家地销售市场。2007年，海信加快了对欧盟地区的市场占领，凭借在匈牙利的电视机生产基地，并逐步将研发部门引入欧洲，顺利实现了在欧洲研发、生产制造、销售三位一体的格局。

在国际化品牌建设阶段，海信在不断巩固国内市场的同时，大举进军国际市场，并且取得了良好的战绩。海信在海外市场的主要落脚点分别是美国、南美洲、澳大利亚、非洲以及欧洲，除此之外，海信还将市场逐渐拓展到一些新兴市场，如俄罗斯、巴西等，并且在这些新兴市场上都取得了不俗的战绩。到 2007 年，海信在这些海外市场的销售收入占比分别为：欧洲 27%、新兴市场 27%、美国 41%、非洲 7%、澳大利亚 9%（见图 7-4）。

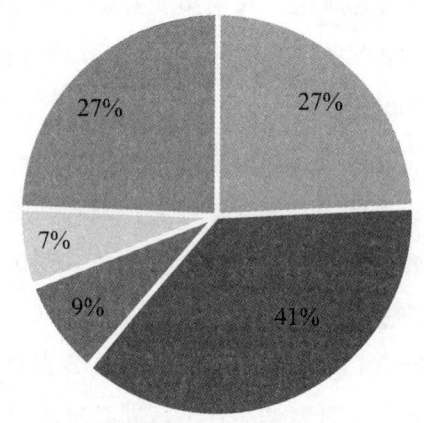

■ 欧洲　■ 美国　■ 澳大利亚　■ 非洲　■ 新兴市场

图 7-4　海信集团 2007 年海外销售区域分布图

资料来源：根据海信集团内部资料整理而成。

3. 第三阶段：自主品牌经营阶段（2007~2017 年）

自 2007 年，海信收购科龙股份后，使得在白色家电生产领域的实力大大加强，在国内的冰箱以及空调产品市场的排名得到进一步提升，一直稳居二、三名。由于海信在产品布局方面取得了较好的成就，家电产品结构更趋合理均衡，产品的制造能力、生产规模、品牌影响力、技术水平以及市场竞争力方面，都足以支持海信走向全球化道路。所以，自 2007 年开始，海信将自主品牌经营战略作为其今后的主要战略目标。放眼全球，布局未来，海信将其国际市场进一步细分为四大区域，分别是：美洲市场、非洲市场、欧洲市场和亚太市场，而且锁定发展基础最为优越的澳大利亚以及非洲，作为其首先实行完全自主品牌经营的市场区域。

在 2007~2017 十年时间中，海信在澳洲市场保持着飞快的市场增长率，成为澳大利亚家电品牌排名前五名的企业。海信布局在南非、北非的四家海信电器生产工厂，产量规模非常可观，成为海信决胜非洲、中东市场的有力武器，产品甚至于影响辐射到欧洲市场。并且海信生产的家电产品一直稳居北非市场的头名，享有较高的美誉度。在欧洲市场中，海信积极建立多种营销渠道，有效地扩大其产品市场。通过在德国、英国、法国、西班牙、匈牙利、比利时、意大利等国家建立区域总部、公司或者机构的形式，为自主品牌经营设立多种多样的渠道。同样，在美洲，海信非常重视营销渠道的重大作用，积极与美国的主流渠道商寻求合作，形成战略联盟，增强自主品牌在美洲地区的影响力，扩大海信产品的市场竞争力和市场占有率。

2007 年，海信的海外收入达到 7.1 亿美元，2011 年，海信的海外收入达到 14.3 亿美元，自主品牌收入达到 5.2 亿美元，2014 年海信的海外收入达到 26 亿美元，而且产品出口占到全部产品的一半以上。2015 年，海信的海外收入达到 32 亿美元，预期在 2017 年，海信的海外收入会达到 200 亿美元。自主品牌的经营战略，让海信的国际化道路取得了巨大成就，凭借其出色的持续创新能力和满足客户需求能力，海信在 2016 年荣获"中国自主创新品牌第一名"。技术卓越、客户满意是决胜市场的重要力量，在这方面海信走在了正反馈的道路上，通过持续的技术创新和提升产品质量，就一定可以打造出卓越品牌。

二、基于商业模式画布的海信集团商业模式研究

商业模式画布由九个方格组成，每个方格代表一种要素，九个要素分别为：①客户细分；②价值主张；③渠道通道；④客户关系；⑤收入来源；⑥核心资源；⑦关键业务；⑧重要合作；⑨成本结构。本书在分析海信集团发展历程的基础上，选取其中具有海信集团特色的客户细分、渠道通道、关键业务、价值主张和核心资源等五个方面进行深入剖析研

究，其余的不一而足。

（一）价值主张：顾客价值至上

海信的价值主张是通过提供具有高品质、高科技、满足需求、价格真实、贴心周到服务的产品，为全球消费者带来高质量、高品位的消费体验和生活感受。与国内外一些企业所营造出来的浮夸营销手段相比，海信集团为世界各地消费者带来的价值体验是卓越的同时也是朴实无华的，无论是海信生产的家电产品、光学产品、家居房地产，还是电子通讯产品，都力求满足消费者对使用产品最原始、最本真的需求，这正好印证了消费者认可海信产品的原因所在。海信的价值主张反映了海信人坚持长远发展眼光，不短视、不浮华，坚持依靠过硬的产品和服务赢得消费者青睐和企业利润。企业秉持可持续发展的理念，将获得收入的一部分用于产品研发投入，以保障消费者能够持续获得高性价比的产品和服务，享受到科技发展带来的红利。这是一个正反馈的价值模式，是企业走向百年企业的正确路径。

为了实现自己的价值主张，海信在产品和服务方面努力做到高科技、高品质和高水平，通过向市场消费者提供高清晰、大屏幕、高质量的电视机，满足消费者的观看体验和需求。例如，海信具有超强的市场敏锐感和洞察力，在捕捉到市场消费者对 65 英寸以上大屏幕电视具有大需求之后，就较早地投入到激光电视的研发中。在 2016 年夏季，先后推出了 4K 激光电视和 88 英寸激光电视，并实现了激光电视从研发、设计、制造到销售的完全自主创新。海信 100 英寸激光电视上市不到两年，在 2016 年 7 月海信电视机继在南非市场勇夺市场份额第一之后，2016 年 8 月在澳大利亚的市场份额也雄踞第一，成为有史以来第一个在澳大利亚电视机市场上占据榜首的中国名牌家电。

洞察到全球消费者对 65 英寸以上大屏幕电视的需求，海信很早就投入到激光电视的研发中。2016 年夏季，海信在青岛高调推出了 4K 激光电视和 88 英寸激光电视,这种打破电视和影院产品界限的全新产品形态带给了人们全新的视觉体验,也实现了海信激光电视从研发、设计到整机生产制造的完全自主运营。海信 100 英寸激光电视上市不到两年时间,到 2016 年 7 月,市场份额就已经占到全国 85 英寸及以上超大屏幕电视机市场的 40%,到 9 月份,海信互联网电视用户突破 2100 万,即每五个互联网电视用户中就有一位消费者使用海信电视,并且在 2100 万的互联网电视机用户中含有 319 万的海外消费者。这些数据从产品和口碑方面验证了国内外消费者对海信价值主张的认可。

除此之外,海信集团还利用自身先进的技术,不断改进电视机的各项标准,如屏幕对比度、亮度、画面分辨率、色彩鲜艳度等,以满足市场消费者在视觉体验和观看质量方面不断增长的需求。在保障高技术、高质量的同时,海信集团还通过自主开发智能电视的操作系统,简化了电视机的内置系统,尽量使电视机的硬件和软件有更好的契合,方便消费者的使用,降低学习成本,同时满足互联网时代市场的多样化需求。海信集团不仅仅做到了向市场提供高技术、高质量的产品,在售后服务方面也尽可能做到尽善尽美。例如,2013 年海信集团在国内首次推出了 30 天内包退换货的服务,比其他品牌的售后退换货服务时间延长了 1~3 倍。为方便消费者遇到问题能够得到及时解决,海信设置了售后服务热线、维修查询预约和官网线上自检等体贴入微的服务,从而可以多渠道快速高效地向消费者提供周到完善的售后服务。

(二)关键业务:自主创新产品

2016 年,中怡康前三季度的数据表明海信电视机在全国以 17.56% 的销售收入占比,连续 13 年领跑全国市场,毛利率也达到 22%。由此数据可以知道,海信的关键业务仍然是电视机产品。当然,海信集团也拥有其他多门类产品,在此把海信的关键业务介绍如下:

1. 核心业务——海信彩电

海信集团属于多元化经营，产品涉及到许多领域，例如酒店、电子信息、房地产、通讯设备、电视机、冰箱、空调等，产品种类多达19个。海信依靠生产电视机起家，电视机是使得海信产品线延伸的拳头产品。在所有的业务种类中，彩电产品的业务收入占到整个集团收入总额的87%，毛利率达到22%。

2003年，国际上掀起了等离子电视机风暴，海信马上反应、立刻行动，迅速进入该领域，并很快地在等离子电视独领风骚，连续十多年占据市场份额第一名的领军地位，在国际市场上也是非同凡响，海信等离子、液晶、平板电视畅销欧美、日本等地区，涉及20多个国家。在"中国最具竞争力品牌"调查中，海信电视一直稳居市场前五名，并且获得最高的品牌忠诚度。

海信在电视机领域拥有强大的科研队伍，里面有世界顶级的电子技术、信息技术专家，凭借其成熟、高科技的技术和质量管理，海信在国内外消费者心目中树立了良好的品牌形象，赢得了非常多的忠实顾客。尽管近年来，彩电市场新的产品风起云涌、潮流涌动，价格战、平板电视、CRT电视不断推陈出新，但这些挑战丝毫没有动摇海信电视的领先地位。海信以其独特的平板电视生产研发技术，以及规模庞大的生产能力，积极应变的市场敏感性，不断刷新市场热点，在电视市场中一直成为消费者的宠儿。

2. 后起之秀——海信冰箱

海信在生产冰箱方面属于后起之秀，一直在追赶国内冰箱界的翘楚——海尔冰箱，海尔从1984年建厂开始就以冰箱为主打产品。海信从20世纪90年代开始生产冰箱，由最初的含氟、单温、定频技术，逐渐发展到现在的无氟、多温多控、矢量变频技术。海信具有一项世界上顶级的先进技术——矢量变频，获得过"中国家电行业十大创新产品"称号。海信能够在四年内，连续推出41项冰箱专利技术和新产品，拥有如此卓越的技术，海信冰箱的未来潜力不可限量。

3.重要产品——海信空调

海信的空调业务，也是延伸自其核心业务——海信电视，也属于后起之秀，但是凭借其出色的制冷技术、变频技术，海信空调已经成长为市场中不可忽视的一支新生力量。海信利用其掌握的核心技术——六极高效直流变频压缩机驱动技术，研制出了一系列大功率直流变频空调产品，例如 KFR-5010GW/FZBPE、KFR-35GW/99FZBP、KFR-60LW/39BP等，先后获得两项国际先进奖和三项国内领先奖。在欧洲品牌标准中，达到了双 A 级标准，成为中国大功率直流变频空调的领军者，顺利打开了中国空调进入欧洲大功率变频空调的市场渠道，动摇了日本在欧洲的垄断地位。目前，海信空调的生产规模正在日益加大，力争将更多的产品销往欧美等地区。

综合以上所述，海信的关键业务由海信电视、海信冰箱、海信空调组成，依靠其过硬的质量和卓越的技术能力，海信已经逐渐成长为国际上比较知名的企业。但客观上来讲，我国家电企业主要的竞争优势主要体现在低廉的成本，市场开拓能力和研发能力与国际巨头相比，还存在较大差距，并且产品中的关键部件依赖进口。例如，在平板电视生产中，面板、驱动电路和机芯，都需要从国外进口，这三者的成本占据了产品总价的 80%。而海信依靠其优秀的研发团队，研制出了自己的芯片，并拥有了属于自己的知识产权，这就使海信在新的市场竞争中占得先机。

（三）目标群体：中高端、年轻化

随着信息时代的来临，网络化、信息化、智能化产品成为市场消费者青睐的主流，而年轻人又是消费者中的弄潮儿，喜欢日新月异的产品和服务体验。同时，中老年消费者特别是老年消费者，依然钟情于传统产品，例如电视机、手机等产品，他们还是沿用着传统的功能。所以，从年龄结构来划分，海信的客户可以细分为青年人群体、中年人群体和老年人群体。在保留较少比例的传统产品之外，海信加快了创新的步伐，向市场不断推出具有新技术、新特性、高科技的产品，这些产品主要是面向市场的主流消费者——青年消费者和中年消费者，例如PAD、笔记本、智能手机、网络电视等。

从产品的高低端定位来看，海信的客户可以分为高端客户和低端客户。高端产品主要面向中高收入水平的客户，具有较大的利润空间，且具有较大的市场需求，可以为企业快速的从市场获取利润；低端产品主要是面向中低收入水平的客户，产品需求量较小，价格偏低，利润空间有限，并且面临着较严重的市场竞争。海信液晶电视、等离子电视、网络化电视、激光电视等高新产品的推出，很快就赢得了市场的好评。而且，海信拥有强大的技术创新实力作为保障，能够迅速的将市场需求转换为产品，具有在高端产品市场竞争的潜力。因此，海信将主要的客户群体定位在年轻人、中高收入水平，兼顾中低收入群体和老年人需求。

从地理位置来划分，海信的客户群体分布较广，大类可以细分为国内和国际消费者，从洲际角度可以划分为本土市场、美洲市场、非洲市场、欧洲市场和澳洲市场。

（四）分销渠道：线上与线下并行

在传统制造阶段，海信集团与国内其他家电制造型企业的营销渠道如出一辙。在全国各个城市广泛建设营销网点、销售办事处，在大一些的城市设立销售分公司，销售人员和售后服务人员常驻异地办公，负责该地区家电产品的销售和服务；在很多城市建立了海信产品专卖店，专门销售海信产品。同时，海信集团也与国内一些大型家电营销代理商，如国美、五星电器、苏宁电器、大中电器等建立长久合作关系，委托其代销海信集团产品。并且，海信集团还在国内的一些大型超市，如大润发、家乐福、美特好、麦德龙等，设有家电产品专柜，安排专门的销售人员常驻超市负责销售。除此之外，海信还与国内一些大型家电批发商、零售商建立长期持久的合作关系,将海信产品销售给他们。这些渠道并存并行,从而实现了多渠道、长短渠道的营销网络。

进入网络化、信息化时代,针对消费者更加个性化、注重消费体验等特点,海信集团在营销渠道方面加大了建设力度,改革创新了营销渠道。首先在集团的门户网站开设了网上商城,使消费者可以一目了然地看到海信集团琳琅满目的产品组合和产品线;然后针对微信用户越来越多、用户喜欢网上订购等特点,设计了多款手机、微信、网络 APP 软件,方便用户便捷地获取信息、定制产品。其次,加大了运用电子商务网站的营销,在诸如京东商城、阿里巴巴等网络平台上销售自己的产品。同时,实体店、专卖店、营销网点、超级市场、零售商、批发商、代理商等林林总总的线下销售方式依然采用。多管齐下,线上与线下齐头并进,有效地保障了海信集团产品的推广与销售。

(五)核心资源:研发实力

海信集团的核心资源在于其在家电制造行业里拥有一支强大的研发队伍,从建厂初期,海信集团就坚持每年从大学毕业生里挑选合格的优秀技术人才进入海信集团,同时还注重引入高层次的技术拔尖人才。在引进人才的保障体系方面,海信集团也是一直走在前沿,无论是奖惩制度、引进人才配套制度的设立,还是在薪金、住房、子女入学、员工培训方面的保障制度,海信集团都做得非常全面细致。

正是由于有这么一支强有力的研发技术队伍,终于在 2005 年结出硕果,海信集团宣布国内首枚具有自主知识产权的彩电芯片"信芯一号"在海信集团研发成功,宣告中国年产 7000 万台彩电却没有芯片的历史终于得到终结。2013 年,海信集团的研发团队又对外宣布,国内第一款网络多媒体电视机的芯片 SOC 研发成功,可以实现批量生产。2015 年,海信集团研发团队对外宣布,由海信集团自主研发的高端画质芯片海信 i-View Pro 研制成功,成为当今世界上可以与家电巨头索尼、三星并肩而立的家电企业,也是国内唯一的一家电视机企业。2016年11月,在我国政府部门举办的"中国芯"颁奖典礼上,由海信集团自主研发的海信 i-View Pro 芯片荣膺 2016 年度中国芯"最具创新应用产品"的奖励,成为国内唯一一家获此殊荣的彩电生产企业。

(六)海信集团商业模式小结

由以上基于商业模式画布的海信集团商业模式案例——海信集团经由商业模式构建、打造企业竞争优势的路径选择方面,形成了一整套完整清晰的逻辑思维:首先,建立企业科学客观的价值主张——顾客至上的经营理念。其次,将企业产品定位于中高端产品,市场的目标群体锁定在中高端客户和年轻人为主。再次,组建一支强有力的技术研发队伍,研制具有自主知识产权的科研成果——电视机芯片,摆脱国际大公司对专利技术的垄断和利润盘剥。然后,在拥有核心技术的基础上,着力打造企业的关键业务,包括电视机、冰箱、空调等。同时,在营销渠道的建设方面,也不遗余力地紧跟时代步伐,线上与线下渠道并行并存,扩大对企业产品的推广与品牌宣传。最后,构建了享誉国内外的知名品牌,获得丰厚利润,拥有超强的市场竞争力。海信集团的商业模式如图7-5所示。

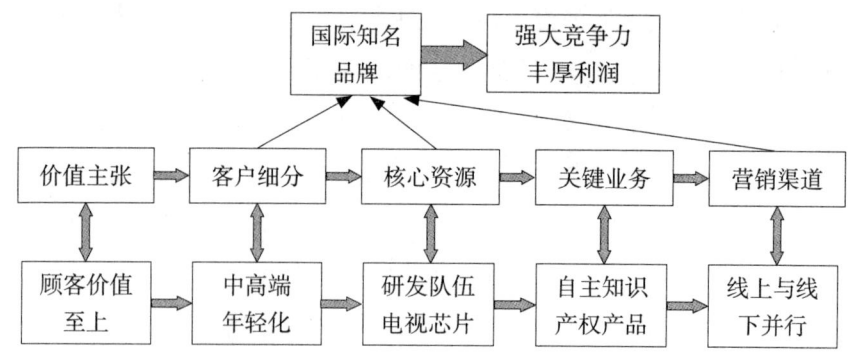

图 7-5 海信集团商业模式示意图

由本书作者根据资料整理而成。

第四节　未来民营制造型企业商业模式创新趋势

一、体验支付型模式

体验支付型模式是指购买产品时，先支付硬件部分的价格，体验之后觉得满意，再将软件部分价格予以支付。手机的信息开源分为两部分：硬件开源和软件开源，例如苹果手机的操作系统是 IOS，三星手机的操作系统是安卓，两者都是软件开源系统。软件开源经过很长时间的发展后已经成熟，之后注定会掀起硬件开源的潮流，这就为创客的发展提供了生存条件。

硬件开源在将来会是一场颠覆性的革命或者说是复兴运动，它将使原有的硬件厂商垄断模式彻底告一段落。以往，消费者买入产品，都是一次性支付所有价款，包括软件和硬件，等产品用坏了或者出现了新的产品，就会扔掉旧产品、购买新产品。而由开源硬件引出新的商业模式是，将消费者一次性支付的价款分开支付：首次购买产品时，先以较低价格购买硬件，通过消费体验满意后，再支付软件的价格。软件的价格往往比较贵，家电企业由此获取高额的利润。例如，以往家电企业销售一台冰箱的价格是 5000 元，需要消费者一次性支付，采用体验支付型模式后，只需要消费者先支付硬件 1000 元的价格，在使用后的几年里，消费者需要向家电企业支付软件服务费，两项费用的总和要远远超过 5000 元。

当前家电市场上推出的某些家电产品价格昂贵，让人不敢问津，例如三开门冰箱，动辄就是几万元；大功率空调器，也是数万元。今后如果采用体验支付型模式，先以低价购买硬件，然后分次收取软件服务费，会让消费者减轻购买负担，同时也会让企业获得不菲的利润。

二、服务制造型模式

未来的民营制造业不能简单地继续以提供产品作为企业的主要任务，

提供产品是较为初级地满足消费者需要，而提供相关的产品服务，则是更高级别形式地满足消费者需要。而且，通过提供产品与服务相融合、消费者参与的生产性服务或者服务型生产，企业可以从中获取更高的附加值，可以实现在制造价值链中处于更为有利的位置。服务制造型商业模式，是一种基于制造的服务以及面向服务的制造，是产品经济和服务经济相融合的一种经济形式，是一种新产业形态和新的制造模式。

例如 IBM 公司，以往只是专注于生产出售大型主机、硬件设备。但是现在，在 IBM 的主营业务中，硬件生产和销售只占很小的比重。从 20 世纪 90 年代初开始，IBM 就已经开始尝试由单纯的制造型向服务型企业转型了。在 IBM 高层管理人员所描绘的未来企业蓝图中说到，IBM 今后将继续当前的"去制造化"创新之路，将企业重点放在发展高附加值的业务领域，例如 IT 服务领域，在过去的十多年时间里，IBM 正是依靠为客户特别是政府和企业，提供了相当可观的 IT 服务，使得企业能够从困境中走出来，走上复苏繁荣的道路。IBM 在软件服务领域所付出的努力是十分巨大的。

因此，可以说未来制造业的商业模式不能再仅仅依靠制造了，向服务制造型转型，也是一条可以借鉴之途径。

三、物联网商业模式

物联网是在互联网概念的基础上发展起来的一种新概念，具体来讲就是将所有物品通过传感设备和互联网相互连接起来，消费者可以根据自己的想法智能化识别和管理各种物品。主要形式包括智能家居、智能工业、智能物流、智能建筑、智能交通等。最具典型代表的就是智能家居，随着人们越来越宅、越来越懒，家电产业注定会走上智能化的道路，而这就无法离开物联网技术。智能家居是物联网的一个很好的范例，它借助物联网技术将家中的各种电器连接到一起，为消费者提供无线或远程家电控制。例如，当消费者下班时，考虑都冰箱里的食物需要解冻、热水器里的水需要加热、房间里的温度需要调节到舒适的温度，只需要轻轻点一下，就可以在远端控制冰箱解冻、空调启动到设定温度、热水器自动加热到舒适温度、电饭锅自动煮好米饭……建立在互联网基础上的物联网商业模式，除了能继续给消费者提供产品外，还附加了许多贴心服务，这会在极大程度上优化人们的生活节奏和方式，提高人们的时间效率和居住舒适度。

四、信息流模式

随着物联网技术的普及，家电将成为继电脑和手机之后，另一个用于用户信息收集的载体。未来的智能家居不可能自成一家，必须要与汽车、手机、电脑、PAD、可穿戴设备整合到一个信息流平台，组合形成一个庞大而强大的闭环信息流。所以，未来家电企业的商业模式不能仅仅局限于家电产品间的信息交流，而应上升到泛物联网的高度，打造一个提供广泛物联网的信息流平台，充分利用各类物联网客户端来获取用户信息。例如，海尔打造的未来智能家居模式，就是先用游戏软件的模式让用户参与进来。它不再是单纯考虑怎样紧跟互联网潮流进行传统制造业的改革，而是用一种创新性的思维致力于将企业自身改造成为一家"互联网公司"。

五、平台化模式

未来的企业竞争，不是产品竞争而是平台竞争。当市场经济进入互联网时代后，消费者的需求变得越来越"任性"，企业间的竞争由以前的差异化战略、低成本战略和集聚市场战略转变为平台化战略，所以使得众多有远见的企业纷纷行动起来，建立平台。例如海尔，打破了延续30多年的生产制造供应链体系，下定决心进军网络领域，打造网络平台和生态圈，构筑了创客平台——海立方，供企业内部以及外部，怀揣创业梦想的人都可以在此平台上进行创业。这是海尔由传统制造业向网络化企业转型升级吹响的号角声。此外，阿里巴巴的天猫和淘宝，红领集团的酷特和C2M平台，京东的京东商城，都是当下盛极一时的平台化商业模式。

平台化模式讲究的是做大做强，平台上吸引的客户越多，客户结构越是复杂多样，价值交换越是密集，则说明此平台越具有网络效应，即正反馈效应，则会使得该平台越发具有竞争力，越趋于成功。能否尽早地转型升级到平台化模式，是未来家电企业必须要作出的重要选择。

第五节 基于"互联网+"的商业模式创新路径

当前，互联网和信息技术飞速发展，互联网用户数量激增，我国使用互联网的用户数量已经超过三亿人。网络已经成为企业营销产品必不可少的渠道，产品形象、logo、品牌、价格，几乎所有的营销手段都需要依靠网络来宣传。几乎所有的企业都建有自己的网站。"互联网+"已经成为时代的一个标志，"不网络，无企业"，我国的民营企业应该乘着互联网这股春风，加快自身的网络化建设，并且需要与当今世界知名度高的著名网站建立良好的合作关系，在互联网上积极推广企业的产品和服务，进一步提高自己的知名度。在互联网背景下，民营企业的商业模式创新可以沿寻以下几条路径。

一、组织结构由传统制造业模式向平台化模式发展

民营企业在不同发展阶段，面临不同的市场环境和科技环境，需要以不同的组织形式去适应，不同的组织形式能够在不同的市场、科技环境下发挥出不同的影响和作用。在传统制造业时代，为了向市场提供出品质卓越、口碑良好的产品和服务，事业部制或者直线职能型组织结构是最能满足这种要求的，该阶段的商业模式可以保证企业努力提高产品质量、完成订单任务，并且可以完善组织内部管理，实现企业品牌战略

等目标。在公司规模发展到一定程度，任何企业都会面临大企业病，即组织机构臃肿、效率低下等问题，类阿米巴模式是解决这种现象最好的商业模式。在当前的互联网盛行的时代背景下，特别是人工智能、智能制造等新形式的出现，要求企业必须接受来自互联网的挑战，要想获得持续的企业竞争力，必须摒弃原有的工业生产模式，转换到互联网思维，建立平台化的组织结构。这样可以有效整合全球生产、研发资源，打破原有的企业边界，充分利用互联网带来的变革，在平台上利用好全球的人才、资金、技术等资源。

二、企业的价值主张应更加突出用户价值

在传统的生产制造时代，民营企业注重产品数量、质量以及品牌塑造，企业所有的经营活动都是围绕企业利润来进行，这是传统企业价值主张的体现。而在互联网时代，消费者更加强调个性化需求，注重体验式消费，只有满足了个人的体验需求，才会引发消费需求和购买欲望。因此，民营企业需要在互联网时代背景下，及时转换经营思维，时刻以用户利益为中心，突出顾客价值，只有不断让消费者满意才会使企业获得持续的成长。用户参与是企业研发和生产的重要因素，应该让用户参与到企业的研发和生产过程中来，这样可以保证企业赢得竞争。这就是互联网背景下的企业价值主张体现。

三、优化和完善民营企业的生产制造流程

在互联网时代，大数据应用、云计算、云平台、智能化等科技手段的应用更加广泛，企业以往的大规模制造已经不能适应当前的市场经济形势，个性化定制、小规模、小批量生产成为生产制造的主流模式。从市场需求调研、产品研发、小批量试制、生产制造到销售和售后服务，每一个环节都需要充分运用互联网，互联网平台可以帮助企业提高生产效率、提升生产质量，更好地满足市场需求。因此，应该对以往的生产

制造流程加以改造或者重新设计，加入大数据、智能化等手段，优化和完善民营企业的生产制造流程。

第六节 基于生态系统的 ECI 商业模式创新路径

未来民用制造型企业商业模式创新的出路在于，需要牢牢抓住两个"人"和一张"网"。两个"人"指的分别是企业员工（Employee）和顾客（Customer），一张"网"指的则是互联网（Internet）。ECI 商业模式构建的是一个整合的生态系统，主要包括两个"人"和一张"网"。基于生态系统的 ECI 商业模式是指将顾客拉入企业价值链，让员工更加贴近顾客，然后由二者共同为企业创造价值，并在互联网这个生态环境中共存共赢。ECI 商业模式如图 7-6 所示。

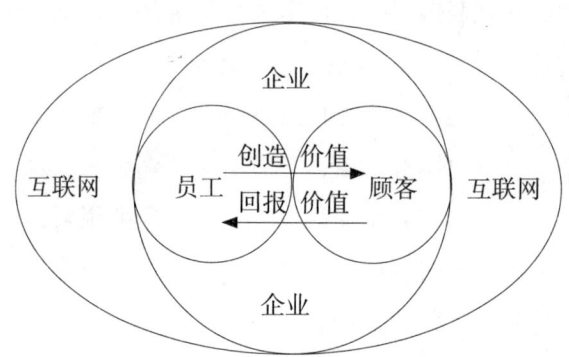

图 7-6 ECI 商业模式示意图

在 ECI 商业模式中，涉及了三种因素分别是：员工、顾客和互联网，里面存在三种机制分别是：员工自驱动机制、顾客进入链机制和互联网生态机制。具体阐述如下。

一、员工自驱动机制

在 ECI 商业模式里，企业员工已经不再被限制在固有的企业组织里面，员工拥有了更为强大的自主性和决策权，主要表现在以下两个方面。

（1）全员拥有产品销售代理权：传统意义的企业都有明确的产品研发、生产制造、市场营销、资本财务、人力资源、综合行政六大职能部门的划分，产品销售也都是由专门的销售团队负责。而在 ECI 模式里面，所有的企业员工都具有公司产品的代理权，也就是说，在原有职能部门不变的基础上，即便是生产制造部门的员工也可以自主销售公司产品。每个员工都相当于一个代理商，在符合公司规章制度的前提下，可以与企业外部的代理商、零售商、批发商建立联系，营销产品。这是一种自主创业的思维，员工不再只赚取账面上每月固定不变的工资，还能通过自主销售和发展团队来获取收益，这样的一种模式使得企业员工具有了充足的自驱动特性。

（2）员工更加贴近用户：在 ECI 商业模式中，企业员工更加贴近顾客，能够第一时间掌握顾客的个性化需求。需求是指某一类客户的需求，而不是单个客户的需求。企业员工在获取需求之后，可以第一时间将这种需求反馈到企业，并在企业资源的支持下进行研发、设计、试制、生产相应的产品，满足顾客的需求，为顾客创造价值同时得到顾客的价值回报。

二、顾客进入价值链机制

传统意义上的价值链企业内部的基本活动和支持性活动，并没有涉及顾客这一企业价值的最终决定者。而在 ECI 商业模式中，考虑到消费者对于企业产品、市场的重要性，将消费者拉入到企业的价值链中。企业在制定企业战略时，应着重考虑"顾客"这一重要因素。将顾客拉入企业价值链是众包思维的一种体现，以往的产品设计都是基于企业研发技术人员的技术理论或者灵感，而在 ECI 商业模式中，将顾客拉入企业价值链，则会使每个顾客都成为企业的"研发人员"，顾客根据自身的需求对企业产品提出修改意见，或者是自行进行研发设计，对于被采纳的意见由企业给予顾客相应的奖励。这样的一种将顾客拉入价值链机制，既可以满足顾客较低层次的需求，又能满足顾客最高层次的需求。另外，企业能够更加高效地为顾客创造价值，实现企业的长远发展目标。

三、互联网生态系统机制

"互联网生态系统机制"是指在互联互通的网络上，顾客、企业、合作伙伴、员工……构成了一个完整的生态系统，在这个统一生态系统中，各个要素之间相互依存、相互影响、相互制约，并在一定时期内处于相对稳定的动态平衡状态。

在互联网时代背景下，传统家电制造型企业必须转型到互联网思维，甚至将自身转型为"互联网企业"。例如，M是某家电制造型企业的生产制造人员，某天M约了朋友N一起钓鱼，在闲谈中M了解到N所在的单位电压总是不稳定，造成了电器的快速损坏，尤其是空调，使用一段时间之后硬件设备就开始老化，而且正值初夏，空调越来越重要，所以经常需要找人维修，单位最近正打算购置一批空调。M在得知这一信息之后，马上用手机搜索了N所在单位地区的状况，了解到电压不稳定是因为该区域正在进行一项大规模的电网升级改造工程，该项工程还要持续将近五年。M通过全员代理机制，马上将这种信息编辑成为一种自身企业产品需求发回到本企业，家电企业在分析了项目可行性之后，很快就研发、制造生产出了一种装配高稳压系统的空调，而且价格相对于市场同类产品而言较低。M将自身企业所生产的新产品告知了N，N拿起手机下单，很快空调安装的师傅就已经在家门口等待了。N用过空调之后发现该空调性能非常高而且价格便宜，就很快在社区贴吧上发了一个帖子，社区里的朋友看过之后，也纷纷网购试用，反响很不错。后来，M将N发展成为企业的外部代理，并一举成功地拿下了N所在单位的所有空调订单。以上这个案例，说明了在互联网生态系统里，员工、客户、企业、社区互相影响、相互依存、共同发展，这是一个良好生态系统的写照。

第七节　民营企业商业模式创新的保障措施

民营企业商业模式的创新与优化不是一蹴而就的，在市场风云变幻的时代，需要具有恒心、毅力、敏感的分析和卓越的未来眼光。互联网时代的大幕已经拉开，当前全球范围内新一轮科技革命与产业变革蓄势待发，制造业重新成为全球经济竞争的制高点。无论是美国的先进制造伙伴计划、德国的工业4.0，还是法国的新工业计划，都是发达国家为保持全球制造业领先地位而制定的国家发展战略。因此，为了保障民营企业商业模式的创新与发展，亟须在诸多环节采取措施。为此，本书提出以下保障手段。

一、大力推进民营企业生产制造的智能化升级

民营企业应围绕智能设计、智能生产、智能装备（产品）、企业资源计划管理（ERP）、供应链管理（SCM）和生产性企业电子商务等六大关键环节，深入推进信息化与工业化融合。将信息技术、网络技术、智能技术应用于设计、管理和服务等环节，提升制造效率和组织效能。加快发展人机智能交互、柔性快捷生产等为特征的智能制造方式，推广应用工业机器人、3D打印和信息控制等装备和技术。促进制造工艺的仿真优化、数字控制、状态信息实时监测和自适应控制，提高企业在工艺流程改造、在线监测、质量性能提升等领域的系统化整合能力，实现智能管控和全流程监控，构建智能化、网络化的生产系统。

二、完善智能制造支撑体系，推动互联网与制造业融合创新

无论从国家层面、省一级层面，还是市级政府层面，为了促进制造型企业商业模式的创新，亟须加快完善"网+云+端"（工业宽带、工业云、工业智能终端）的工业信息基础设施，建设低时延、高可靠、广覆盖的工业互联网。组织开展工业企业和生产性服务企业高宽带专线服务，

优化"工业云"、"企业云"、中小企业"e企云"等公共服务平台，实现工业信息基础设施网络与服务"进企业、入车间、联设备、拓市场"。加强两化融合、智能制造、物联网等综合化标准体系建设，培育一批智能制造系统解决方案提供商。

实施工业互联网融合创新计划，推动下一代互联网与移动互联网、物联网、云计算融合联动发展。建立工业大数据开放平台，提供数据挖掘和商业智能等服务，鼓励企业运用大数据开展个性化制造和精准营销。推动互联网制造模式创新，建立优势互补、开放共赢的融合创新生态体系。

三、重视消费者参与，使消费者参与到研发过程中

民营企业应该加强重视消费者参与，增加消费者参与的机会。因为，今后的产品研发离不开消费者参与，企业所做的顾客价值活动就是为给消费者提供更多的商品体验价值。民营企业应该促进企业客服和技术人员与顾客之间的交流沟通，提高收集消费者需求的效率，吸收消费者关于产品的改进意见或者意见方案，降低企业进行产品更新时可能遭遇到的需求与产品不匹配的现象。并且，民营企业还应该继续加大企业在研发领域的投入，积极与外部高校或者研究所建立长久持续的合作关系，使企业能够较快找到技术能力升级换代的方案，减少研发周期长度，避免技术升级缓慢带来的各种风险。

四、提高服务质量，提升品牌价值

随着信息化、网络化、大数据时代的来临，我国的网络用户数量与日俱增，目前已经超过三亿网民。当今的产品市场重在体验和分享，企业口碑的树立离不开消费者的良好体验。因此，应该利用好网络渠道，做好信息发布、顾客关系维护、品牌推广等诸多活动，在网络上维护好与消费者的关系。消费者是企业生存之源，提供优质、个性化的服务和

体验可以有效吸引更多的消费者关注自身品牌。民营企业需要在继续提高产品质量的同时，对企业的服务内容和服务质量作出更多的努力，投入大量的精力。这不仅仅需要在服务制度、服务网络架构方面进一步完善，还要保障服务人员的服务意识的提升和执行效果的加强。应该变被动服务为主动服务，制定服务承诺书，建立良好的客户关系管理体系，保证切实履行服务宗旨。"得民意者得天下"，只有提供优质的服务、顺应消费者的意愿，才会使企业品牌价值更好，才会赢得今后更为激烈的市场竞争。

第八章 我国民营企业生存环境的主要问题分析及对策

第一节 我国民营企业法制生态环境存在的问题及对策

目前,在政府的政策鼓励与扶持下,我国民营企业发展呈现出良好趋势。然而,虽然政府在战略上支持民营企业的发展,但民营企业所处的法律生态环境依然不容乐观,存在着诸多问题。主要有:

(1)与民营企业产权保护相关的法律还不够完善。很多民营企业在发展初期,往往会选择"权力依附型"的发展模式,这虽然会有助于民营企业初期的发展,但随着经济制度改革的不断深入,"产权不清"问题越来越成为民营企业发展的桎梏。由于产权归属不明确,导致出现企业发展停滞甚至倒退的现象,在家族企业中尤其常见。

(2)现有的地方性税收政策使得民营企业遭到不公正待遇。2008年以前,外资企业所得税享受12%待遇,并有"两免三减半"、"五免五减半"等减免政策,而中国内资企业所得税为33%;2008年后,外资企业享受到当地政府的税收优惠政策——返税,而民营企业却享受不到这个待遇。

(3)现行的市场准入政策,不利于民营企业发展。

(4)缺乏与民营企业相关的融资政策。民间借贷作为银行贷款的补充形式,虽然利率较高,但是由于其门槛低、贷款快,深受民营企业青昧。但是，目前我国关于民间借贷的法律还不完善，民营企业的权益无法得到保障。

（5）缺少对某个地区法律环境评价的指标体系。民营企业的法律环境除了国家制定的法律外，还有所处地方政府制定的法律法规，并且各地政府指定的政策又不尽相同，法律条目的多少并不代表一个企业所处法律环境的好坏，目前我国需要一个能对法律环境作出评价的指标体系。

针对以上存在的问题，提出以下对策建议。

一、建立归属清晰、权责明确、保护严格、流转顺畅的现代产权制度

政府部门应尽快出台可操作可执行的具体措施，同时地方政府应根据当地的实际情况对政策进行增补。对于现存的产权不清问题，存在于企业与政府之间的，企业可一次性赎买政府拥有的权益，或者将政府拥有的权益转换为政府股份，或者政府无条件或有条件地赠与企业。存在于企业内部之间的，可以申请仲裁部门介入，政府应该在民营企业建立之初，协助其制定与企业产权相关的企业内部条例，并给与条例法律保障。

二、为每个民营企业建立信用账户，使税收与信用账户挂钩

根据企业的信用账户，对企业进行差别的税收政策。企业增加信用额度的方法有：多承担社会责任，坚持缴税，注意保护环境，积极执行国家政策等。信用额度为负值的，就要超额缴税。信用账户的建立，在一定程度上避免了某些企业因为收益远远多于罚款而继续做违法的勾当。

三、建立统一的市场准入制度

贯彻市场准入政策最重要的是要对准入信息公开，政府应借助"互联网"，对某一行业的市场准入条件进行公开，相关政策要透明，地方政府要做好政策解读和指导工作，帮助民营企业尽快了解相关信息。同时，

政策制定的相关部门应及时听取民营企业家的意见，如有需要，应该及时作出整改。

四、提升相关法律的可诉性和可操作性

提升相关法律的可诉性和可操作性，可以使权益受到损害的企业据此诉讼到法院，使得监管部门可以据此对涉事企业作出惩处。另外，法律政策出台后，应明确规定一个法律执行的监督部门，切忌部门之间来回踢皮球。

五、拓宽民营企业的融资渠道，降低民营企业贷款门槛

政府应鼓励国有企业或者大型民营企业对中小型民营企业进行投资合作。一方面，大企业可以积攒自己的信用额度，并且在与中小企业的合作中提高自己的创新能力；另一方面，中小型民营企业不仅得到了资金的支持，还能借鉴大型企业的发展经验。对于民间借贷，政府部门应与商会合作，对其进行正确引导，使其尽快规范化：借贷过程规范、借贷合同规范、利率确定规范、还贷方式规范等。

六、建立法律环境评价指标体系

法律环境评价体系应该包括以下几个方面：立法状况、行政执法状况、行政效率状况、法律服务状况、司法状况、各级领导法律意识状况、广大群众的法律素质状况。对以上几个方面，应该进一步具体化，并根据具体化后的标准，量化成分数，按照得分情况，划分成优、良、中、差四个等级。

第二节　促进民间投资健康发展的战略对策

目前我国促进民间投资发展恰逢其时，原因有四：一是宏观经济环

境的改善逐渐增强民间投资的愿望。宏观经济环境愈发趋于好转，只要给予有力的引导和刺激，民间资本进行投资的积极性必然得到释放。二是国有投资的示范效应将带动民间资本投资。适度、恰当的财政投入，将大大提振我国经济发展，国有投资在经济发展中起着很好的先导作用，民间投资往往跟随国有投资的启动而启动。三是经过多年发展，很多民营经济实体已逐步完成原始资本积累，具备了一定规模，逐步向集团公司方向发展。民营经济的整体实力有了较大提高，由此而带来投资能力的增强是显而易见的。四是民间资金积累非常充足。从居民储蓄余额和资产总量角度来看，目前我国民间资金是十分充裕的。

由此可以看来目前正是促进我国民间投资发展的良好时机，建议从以下几方面着手，改善民间投资成长的政策环境，使民间投资真正实现做大做强。

一、最大限度地降低民间投资的行业准入门槛

要结合国家经济发展的战略布局，最大限度地放开行业准入领域，为民间资本创造机会，使民间资本真正成为国民经济投资主体的重要组成部分。首先，要实行公平的市场准入原则，创造公平竞争的投资环境。对以往限制民间投资进入的领域，如电力、铁路、公路、金融保险、通讯、城市公共事业等，应明确民间资本进入这些行业和领域的具体操作方法。其次，国有资本应逐步退出一般竞争性领域，而主要集中于公共产品的供给，要为各类投资的发展创造良好环境条件。再次，从支持民族产业发展的角度思考，对外商投资开放的领域，也应该对民间投资开放，且开放范围要大于对外资开放的范围。最后，应该不断拓宽民间投资领域，鼓励民间资本进入高新技术产业、先进制造业、现代服务业和技术密集型产业。

二、改善政府投资方式，有效吸引和带动民间投资

首先，应该合理改变政府投资这一经济职能，转向引导和激励民间投资、服务民间投资的重要服务职能，逐步实现经济增长由政府投资推动型向民间投资拉动型转变。其次，应该对政府的投资领域进行准确定位，国家（政府）投资应该聚焦于关系国家安全、市场不能有效配置资源的领域。对民间资本愿意进入的行业领域以及可以采用市场化运作的经营性投资项目，政府应该逐步退出。最后，应该完善政府投入机制，利用投资担保、投资补助、贷款贴息等多种方式，带动民间资本进入到有一定投资收益的公益事业和公共基础设施项目投资领域。

三、优化政策环境，提升民间投资的信心

政府有关部门应该创造有利于民间投资发展的良好经济政策环境，增强并提高民间投资的意愿与信心。首先，要建立健全民间投资的法律制度以及相关配套政策，做到有章可循、有法可依，创造公平、公正、有利于鼓励民间投资的政策法律环境。其次，要灵活实施各种财政税收和金融政策，调动民间投资的积极性，激发活力，提高民间投资者的信心。目前，撬动民间投资最高效的办法就是大胆通过金融制度创新，推出系列政策释放民间资金，如鼓励民间资本参与地方商业银行组建和增资扩股改革，积极推进民间融资合法化，设立更多小额贷款公司、村镇银行，发展民间投资基金和股权投资基金等。最后，要加强对民间投资方向的引导，防止民间投资的盲目低水平投资，提高民间投资整体效能。

四、政府应完善和发展民间投资服务体系

政府应进一步完善和发展民间投资服务体系，包括：信息服务中心、技术创新中心、投资咨询中心、信用担保机构等，为民间投资者提供专业化服务。政府应该着力解决民间投资发展过程中的市场信息不灵、进

入领域狭窄、低水平重复建设等问题，引导民间投资健康发展。要拓展民间投资的直接融资渠道，加快推进项目融资和产权交易步伐，大力推行项目融资或项目经营权有偿转让投资方式，降低民间资本的融资难度和融资风险。

要加快金融创新步伐，逐步建立一套公平公正的金融服务体系，要鼓励以民间资本为主体发起设立村镇银行、贷款公司、农村资金互助社等金融机构和信用担保公司，不断提高专门为各类小企业提供融资服务的金融机构的覆盖率。

五、重点扶持规模大、实力强的民间资本，使其做大做强

以建立创新型国家、提高我国国际竞争力为出发点，支持民营企业做大做强。首先，可以选择一些行业的龙头民营企业作为重点扶持对象，将规模大、实力强的大型民营企业纳入国家大企业集团的发展战略。其次，可以将拥有自主知识产权、核心技术的民营企业纳入国家创新战略。鼓励和扶持有条件的民营企业建立国家级创新中心、研发中心和工程中心；鼓励企业参与和承担国家重大科研项目，推动更多民营企业技术专家进入国家及地方的专家库。最后，支持有条件的民营企业进入基础设施领域和垄断行业。加快制定有关民营企业进入自然垄断行业的准入方式、准入路径以及准入监管制度等制度政策。

第三节 改善非公有制经济发展环境，加快民营经济发展的对策建议

非公有制经济已经成为推动我国经济增长的重要动力，它的快速发展很大程度上解决了我国的就业问题，并且为我国的税收作出了很重要的贡献。由于我国的基本国情和历史原因的限制，非公有制经济的发展需要获得政府政策的支持。

目前，由于非公有制经济环境不完善，对民营企业的发展造成了较严重的负面影响，产生了一系列的问题：①市场准入标准和利益分配的不平等，非公有制企业投资有"禁区"，利益分配向国有企业倾斜；②信贷融资方面的问题，如信贷配给不对称，融资渠道受限制；③社会服务方面的问题，政府对民营企业的监管多于支持。因此，改善和优化非公有制经济发展环境，提供优良的政策环境以及公平的市场竞争环境，是促进民营经济发展必不可少的措施。

一、政府部门要切实改善和优化服务环境

政府应该提高行政机关和职能部门的服务能力，强化政府的服务职能，搭建市场平台，为民营企业发展构建良好的制度保障。与非公有制经济发展相关的行政机构和职能部门应该以其需求为导向，在政策允许的范围内最大限度地提供服务。在非公有制经济面临严峻的资金问题情况下，政府部门应在银行和非公有制企业之间发挥桥梁的作用，相应的监管部门应该加强对银行系统的专项贷款项目的监管，切实保证专款专用。改善非公有制经济发展的人才环境，通过完善收入分配、激励机制和约束机制，建立能够吸引科技人员进入非公有经济的利益机制。

二、进一步放宽非公有制经济的市场准入渠道

（1）放宽民间资本市场准入。只要是竞争性和盈利性领域，都应该允许民间资本进入。当前需要加快民间资本进入步伐的领域主要是：①教育领域。要允许民间资本投入国民教育中的幼儿教育、中小学教育、职业技术教育、高等教育以及学生公寓、食堂等后勤设施。②医疗卫生领域。我国医疗卫生事业发展状况大致是，越往基层医疗卫生条件差距越大，其原因之一在于缺乏民间资本的投入。③市政建设领域。这一领域目前基本是国有资本垄断行业。这种垄断并没有较好地解决市政建设，有些问题还长期不能得以解决，其原因也是由于资金短缺所致。此外，

还有电力、金融、交通等行业，也应该允许民间资本进入。

（2）发布民间资本投资目录。政府应改革信息发布方式，在允许民间资本投入方面，应定期向社会或有所侧重地向相关非公有制企业发布投资目录，使符合国家产业政策、市场潜力大、投资回报好的项目也能成为民间投资的重点。

（3）市场准入门槛要公平。市场准入不能没有门槛，任何一个产业都有它一定的经济规模、环保、安全等要求，门槛设置应当公平：不管是公有制企业还是非公有制企业，只要符合条件，就应当允许进入。应由行业规模的大小来决定门槛的高低，行业规模大的门槛可高，行业规模小的门槛要低。

（4）要减少行政许可。建议今后可以逐渐推行将"行政许可制"改革为"核准制"，即对要求准入的企业，只要其符合准入条件便允许准入。在非公有制企业准入之后，所享受政策也必须与公有制经济相等，否则便是变相的不准入。

三、切实解决非公有制经济融资难问题

政府应该努力拓宽非公有制企业的融资渠道。包括放松金融管制，成立民营金融机构，鼓励民间资本进入金融业务，以拓宽企业融资渠道；通过工商联成立非公有制经济贷款担保公司，增强担保实力；努力扩大非公有制企业租赁业务和储蓄型保单质押贷款业务，争取金融机构对非公有制企业的贷款支持。

政府应当帮助非公有制企业建立信用评级体系，银行根据其信等级发放贷款。信用评级体系建立起来后要跟踪服务，对信用等级好的非公有制企业，要予以多种方便，对信用等级差的非公有制企业，则应采取相应措施严加规范。

四、改革和完善税制，规范收费

政府部门应该改革和完善税制，降低税率，切实减轻非公有制企业的税收负担。统一各类企业税收制度，公平税赋，避免非公有制企业双重纳税，宽限纳税期限。规范各种收费制度，统一收费科目和收费标准，并向社会公布。严格执法，各级政府不得对所属部门下达罚款指标。所有罚款，一律实行"部门开票、银行收款"制度，统一上缴财政，不得由行政执法部门提留、分成或奖励。严禁政府任何部门和个人利用职权以任何借口无偿调用非公有制企业财物，非公有制企业有权拒绝政府机关强行摊派的各种"搭车费用"。

第四节 优化非公有制经济发展环境，加快民营经济发展
——以青岛市为例

改革开放以来，我国民营经济得到较大发展。据财政部统计，2016年我国60%税收来源于民营经济。同时，民营经济也是科技进步的重要推动力，我国85%的技术创新来自民营企业。除此之外，民营企业吸纳了80%的城镇就业和每年90%的新增就业。党的十八届三中全会提出"公有制经济和非公有制经济都是社会主义市场经济的重要组成部分，都是我国经济社会发展的重要基础"，强调了非公有制经济的重要性。青岛作为山东半岛的龙头城市，优化非公有制经济发展环境，加快民营经济发展，对于青岛经济的长远发展具有无可比拟的作用。

一、青岛市在优化非公有制经济发展环境方面作出的努力

（一）民营经济发展速度较快

截至2017年6月底，青岛市共有民营经济市场主体835423户，同比增长26.09%。其中，私营企业188783户，同比增长19.48%；个体工

商户 438183 户，同比增长 29.27%；农民专业合作社 8457 户，同比增长 21.79%。2017 年上半年，6568 户规模以上工业中小企业累计完成总产值 7992.3 亿元，同比增长 10.8%。其中，5979 户小型企业完成工业总产值 6071.1 亿元，同比增长 16.7%；663 户中型企业完成 2755.6 亿元，同比增长 0.03%。

（二）民营经济产业结构不断优化

2016 年青岛市全年实现生产总值 10100 亿元，其中一、二、三产业比重为 4.2:46.3:49.5。个体工商户主要集中在第三产业，私营企业则较均匀地分布在二、三产业。部分私营企业在生物技术、新型材料、电子技术、精细化工、医药等领域已占据有利竞争地位。全市重点发展的信息技术、高端装备制造、新材料、新能源、新医药、节能环保等六大新兴产业中，民营经济比重达到 80% 以上。

（三）不断优化非公有制经济发展环境，推动民营企业发展

早在 2005 年 7 月，青岛市人民政府就出台了《关于扶持外向型民营企业发展和放宽的意见》，要求从"认真落实各项外经贸扶持政策；鼓励民营企业开展进出口业务和对外经济合作；改进对外向型民营企业的服务；简化民营企业人员出国（境）手续；加强民营企业进出口风险预警和进出口贸易安全指导工作"等方面扶持外向型民营企业发展；从"放宽民营经济市场准入条件，加强和改进对民营经济的服务"等方面放宽民营经济市场准入条件。

2014 年 11 月，为进一步激发和释放民营市场主体活力和创造力，青岛市委、市政府又出台了《关于加快民营经济发展的意见》，从审批、融资、用工、用地、经营管理、政策服务等多方面为民营经济发展"松绑、清障、助推"。此外，青岛还建立了优惠贷款、信用助贷、网上"融资通"三大平台，以及银行、担保、过桥、融资租赁、直接融资、重点项

目扶持六条路径的中心企业融资服务新模式。

二、青岛市非公有制经济发展环境存在的主要问题

（一）非公有制经济在市场准入方面存在障碍

（1）政策法规方面的准入障碍。在我国现有政策法规中，仍有不少规定是为了保证国有企业的主体经营地位，通过设置准入门槛，而对非公有制经济形成限制。例如在石油业勘探开采领域，《矿产资源法》和《矿产资源勘查区块登记管理办法》规定"有由国务院授权的有关主管部门审批，并颁发采矿许可证的企业才有权开采石油、天然气等矿种"。这些限制性措施，将民营经济割裂在了市场之外，无法作为合法的市场主体参与经济活动。

虽然"新36条"允许民间投资进入金融、电力、电信、铁路等领域，但同时国家从资金、技术条件等方面对进入这些领域设定了限制门槛，加之长期以来把国有及国有控股投资和外商投资放在主导地位的惯性思维，使得尚处于发展初级阶段的民间投资在短时期内很难介入到这些领域。

（2）市场环境方面的准入限制。目前，我国一些垄断性行业项目开发大都需要大量资金，这对一般的民营企业而言，靠自身力量是难以承受的。以石油开采为例，一块年产原油200万吨油田的评估价值达数百亿元人民币，在上游勘探开发领域，动辄数亿的勘探资金和5%的勘探成功率，是规模较小的企业无力承担的高投入、高风险产业。

在我国现实状况下，金融市场资源利用和配置能力不够，政府缺乏有效的优惠扶持政策和完善的投资服务体系，导致充裕的流动资金难以形成有效资本，使得民间资本"不想"和"不敢"进入实体经济。

(二)非公有制经济税费负担较重,环境不容乐观

在我国现行税费体系下,非公有制企业需要缴纳的税费主要包括:一是税收,如增值税、营业税、消费税、企业所得税、城建税等;二是对全部或部分行业无偿征收的收费或基金项目,如教育费附加、残疾人就业保障金等;三是由企业承担的各项社会保险基金,主要包括养老、医疗、失业、工伤、生育、住房公积金等;四是行政事业性收费,包括政府部门或政府部门委托的部门收取的管理类、登记类和证照类的各种收费。总之,税费种类较多、负担较重。

除了税费负担之外,非公有制企业所承担的部分与税收相关的"隐性"成本负担也在不断加重。例如,民营企业为了搞好与税收征管人员的关系,不得不付出相应的成本。为了配合各种名目繁多的检查,民营企业需要付出一定的人力物力成本。

目前,针对民营企业税收优惠的惠及面较窄,申报程序复杂,操作成本高,也降低了企业申请减免的积极性。比如,企业使用享有免税政策的某些原材料时,需要先到有关部门检测,不仅要缴检测费,而且检测周期长,检测结果经税务部门审批之后才能享受优惠政策。最终能享受到的优惠,与付出的检测费用、时间成本相比,企业未必真能得到实惠。

(三)民营经济发展的政策环境还不够宽松

一些政府部门固守传统的所有制观念,在立项、审批、贷款、税赋等诸多方面,区别对待民营经济。个别部门存在对一般违章行为简单处罚的现象。这些现象的存在无不致使民营企业在与国有企业、外资企业竞争中处于不利地位。青岛市出台了一系列政策意见,如2013年相继出台的《关于进一步推进小微企业金融服务工作的指导意见》、《转发省关于贯彻落实小微企业营业税优惠政策的通知》,但一些出台的政策在落实过程中存在被歪曲、误解等现象,使得政策得不到准确及时的落实,不

但挫伤了民企发展的积极性，而且会影响政府形象。

三、优化非公有制经济发展环境，加快青岛市民营经济发展的对策

（一）优化青岛市非公有制经济的政策环境

建议青岛市政府部门按照公平、公正、公开的原则，在市场准入、资金投放、经营管理、税收政策等方面制定公平甚至优惠的政策法规，逐步取消不利于民营经济发展的歧视和限制。在管理体制上，建议由政府组建一个民营经济发展政策及协调机构，统一行使目前分散在各部门的行政管理职能，负责研究民营经济发展问题，制定民营经济发展的方针政策，并规范管理，强化服务职能。在政府职能方面，管理部门应从思想上理清发展与规范的关系，坚持在放开发展中规范民营经济行为，改变传统的所有制观念，认清民营企业在经济发展中的重要作用。涉及民营经济的职能部门要及时为民营企业提供产业政策、法律法规等宏观政策指导和信息服务，及时为民营企业排忧解难。

（二）转变政府职能，扎实、高效地服务于民营经济

政府部门应改进服务，提高办事效率，积极探讨建立民营企业社会化服务机制，增强为民营企业服务的主动性、自觉性，帮助解决相关问题。定期组织民营企业对各部门服务情况进行评议，加强政府部门与民营企业的沟通和联系。减少审批手续，缩短审批时限；全面清理和减少行政事业性收费项目，取消不合理收费。要建立和加强民营企业的管理机构，逐步建立民营企业的信用评估制度。充分借鉴银行信贷登记系统建设的经验，尽快将民营企业包括个人纳入系统，依据信用等级情况，对民营企业的经营行为作出综合评价，以推进民营企业的诚信建设。适度放开部分垄断行业，鼓励有能力的民营企业通过资产控股、技术入股、兼并、租赁、购买和承包等各种形式，参与国有经济成分的改组、改造。

（三）及时、广泛宣传上级有关鼓励民营经济发展的优惠政策

多数民营企业对国家级、省级的相关政策法规不够了解，从而造成政策落实难度加大，部分政策意见形同虚设。因此，政府相关部门应及时对民营企业进行普及，宣传上级有关鼓励民营经济发展的优惠政策。在此基础上，相关部门还应根据发展需要，不断制定和完善有利于民营经济发展的优惠政策，并保持其连续性，使民营企业经营者放心发展。在民营企业融资难的问题上，政府和金融部门应转变观念，给民营企业以国民待遇，使其在同等的条件下与国有企业、外资企业获得同等的信贷。积极引导各类金融机构改进信贷服务，培育和发展多种形式的担保机构，加大对民营企业的资金支持力度。

（四）优化非公经济的金融环境

政府部门应从加大金融创新入手，引导本地金融机构积极探索新的贷款担保方式和金融服务手段，提高对民营企业服务的有效性。应引导商业银行在信贷业务管理上，积极推出适合成长型民营企业发展的金融产品，以适应民营企业日益增长的融资需求，加强对民营经济发展的资金支持。对规模大、后劲足、市场前景好、科技含量高的重点企业给予倾斜性政策支持。要逐步引导建立民营企业信用评估机制，保证信贷资金的安全和效益最大化。坚持"标本兼治、重在治本"的原则，整合税务、工商、银行、海关等部门业务信息，建立企业信用档案，建立"红、黑、灰名单"，利用信息平台定期向社会公示，弘扬诚实守信的信用观念。建议青岛市对政策性融资担保和再担保机构减少或取消盈利要求，适当提高对小微企业担保贷款的风险容忍度，推动降低担保业务收费标准。

此外，政府可以引导部分市场前景好、科技含量高的民营企业发起众筹，通过众筹模式筹集更多资金，在一定条件下，政府甚至可以成为众筹的一部分，成为民营企业的"大股东"。

第九章　大学生创新创业能力的培养路径

第一节　时代背景及意义

一、创新创业教育的时代背景

党中央、国务院高度重视高校创新创业教育工作。党的十八大明确提出，要加大创新创业人才培养支持力度。习近平总书记多次作出重要指示，要求加快教育体制改革，注重培养学生创新精神，造就规模宏大、富有创新精神、敢于承担风险的创新创业人才队伍。2015年访美期间，习近平总书记还专程视察了清华大学与华盛顿大学、微软公司在西雅图创建的全球创新学院，并赠送了水杉，寄寓学院茁壮成长，培养全球经济发展和科研创新急需的高端人才。李克强总理多次强调，大众创业万众创新核心在于激发人的创造力，尤其在于激发青年的创造力。为贯彻落实党中央、国务院重大决策部署，2015年5月，国务院办公厅专门印发了《关于深化高等学校创新创业教育改革的实施意见》，从国家层面作出系统设计、全面部署。

各地区、各部门高度重视，迅速行动，认真贯彻落实中央要求，取得重要阶段性成效。教育部专门召开会议进行动员部署，研究制定相关配套文件，并对有关政策进行了集中持续宣传解读。财政部、教育部等部门拟在中国教育发展基金会设立大学生创新创业教育专项资金，每年用于奖励对创新创业教育作出贡献的单位。人力资源和社会保障部等部门简化了大学生创业程序，帮助大学生更便捷地享受创业税收等相关优惠政策等。各地党委政府积极行动起来，一些地区省委、省政府负责同志亲自部署推动；一些地区结合实际研究出台了专门文件，加大了政策资金支持力度，多措并举推动改革，各地创新创业教育改革呈现蓬勃发展态势。

高等学校主动作为，适应新形势新要求，扎实推进创新创业教育改革。112 所中央部委所属高校制定了深化创新创业教育改革方案，还有许多高校将创新创业教育改革纳入学校综合改革方案，积极有序推进。全国有 137 所高校、50 家企事业单位和社会团体联合成立了"中国高校创新创业教育联盟"。新疆、甘肃、陕西、青海四省区的 16 所大学科技园联合建立了"丝绸之路经济带众创空间"。2015 年以来，全国高校共设立创新创业基金达 10.2 亿元，吸引校外资金 12.8 亿元，为支持大学生创新创业提供了有力的资金支持。

二、创新创业教育的意义

在高校开展创新创业教育，并不单纯为少数将选择自主创业的学生提供教育、平台和服务，也不是鼓励大学生一毕业就去创业，或者休学创业，而是培养所有大学生创新创业的意识、素质、精神和能力，为大学生的未来发展培养一种核心的素质。伴随着经济社会的发展与进步，大学生创新创业教育的内容与模式也在改革的进程中日趋完备，与时代接轨，与经济发展相适应，不断探索与大学生个体相适应的教育方式，对于我国高校创新创业教育发展意义重大。本书在分析现状、理清概念、调查先进的基础上探索大学生创新创业教育的对策与构想，具有一定的理论和现实意义。

（1）大学生创新创业教育研究能够推动教育理论创新。在理清概念的基础上进行分析、整合，凝练出其独特的教育视角和特有的价值观念，将推动大学生创新创业教育理论的发展以及我国高等教育理念的创新。

（2）大学生创新创业教育研究，对于优化大学生创新创业教育的目标、内容和模式具有重要的探索意义。对于培养德才兼备，更加适应社会发展的优秀大学生具有重要意义，对于带动经济活力、推动创新型国家建设具有很强的现实意义。

（3）大学生创新创业教育研究利于大学生的就业择业。近年来，我国大学生就业经历了统一分配、供需见面、自主择业、自主创业的发展历程，就业方式的转变凸显就业观念的转变。从"工作找我"到"我找工作"，再到"我创造工作"的变化，是市场经济和社会发展带来的必然要求。一方面，高校面临严峻的就业形势，不能坐以待毙，需要充分发挥高校造血作用，以创业带动就业；另一方面，创新创业教育中培养学生的主动、敢为、韧性、合作、实践等特点，能更好地与社会企业对接。这都对一味追求舒适、稳定工作的大学生群体的就业产生极大的推动作用。

第二节　创新创业教育与提高就业创业能力的关系及影响机制

创新创业教育能够提升大学生适应社会的基本素质，提高对当下社会政治经济的敏感度、认识深度，提升大学生创新创业的意识、促进大学生对人生及职业的规划，提高了大学生的社会适应能力、人际沟通能力、创新实践能力等创新创业素质。以创新创业教育提升大学生就业竞争力，以创新创业带动就业，提升创业就业质量是当前社会背景下解决高校毕业生就业问题的重要方法之一。创新创业教育有利于综合提升学生各方面的技能，对学生进行职业选择教育，提高大学生的创新和创业素质，培养大学生的企业家精神、事业心、开拓精神、创新精神等，而不只是单纯的提升毕业生的求职能力、面试水平。创新创业教育改变了大学生的就业观念，在就业形势如此严峻的今天，能有效地提高大学生的创业就业竞争力，帮助大学生克服缺乏创业意识和创造性、缺乏动手能力、依赖性较强的缺点。创新创业教育还可以改变大学生的创业就业观念，使高校毕业生不仅是一名求职者、就职者，而且是工作岗位的创造者；不仅能解决个人就业问题，而且能带动一批人就业；不仅是找了一个工作，而是起步了一份事业，从而促进了经济的繁荣，推动了就业的进步，提升了就业质量。创新创业教育对大学生的就业能力提升主要在以下几个方面。

一、创新创业教育深化大学生的创新创业能力

创新是一个民族进步的灵魂，是国家兴旺发达的不竭动力。一个没有创新能力的民族，难以屹立于世界先进民族之列。因此，创新精神对于我们今后的工作、就业、创业都有很重要的作用，在创业教育中，强调了大学生的创新能力的重要性，引导大学生逐步提高的创新意识。在现今社会中，人们对知识产权等创新方面的意识越来越强烈，越来越多的中国制造变成中国创造，身为新时代的大学生，要不断适应社会的发展要求，才能在社会中占据一席之地，成功地就业或者创业，实现自身的价值。

二、创新创业教育提高大学生的学习能力

人才培养工作的核心是学生的学习能力，未来社会竞争的焦点也在于学习能力。近年来，各大高校对大学生自主学习能力的培养给予了越来越多的重视，大学生学习能力的培养，不仅是指专业知识的学习能力，更是对工作上的知识和人际交往的学习，所以学习能力不仅是大学生在校期间学好知识的需要，也是人的可持续发展的需要，如何让大学生"学会学习"成为高等教育所面临的重要课题。创业教育要以大学生"学会学习"的目标相结合，通过探索新型教育模式，帮助大学生正确看待自身不足，从而树立科学的学习观，把学习创新落到实处，进一步提高

大学生的学习能力。

三、创新创业教育培养大学生的实践能力

实践是将知识转化为能力不可缺少的途径，人的认识的升华和动手能力的提高也离不开实践活动。创新创业教育鼓励大学生大力开展实践教学、社会实践、创业素质类竞赛、勤工助学、创业类社团建设、实习实践基地建设等活动，为学生提供创业实践平台，让学生更多接触社会、了解社会，缩短与社会的差距，积极促进大学生实践能力的培养。在今后的社会生活中，我们不能仅是"纸上谈兵"，做一个书呆子，而应该将所学的知识运用到现实生活中，提高自身价值，在就业中增加闪光点，提高他们的就业能力。

四、创新创业教育提高大学生的自力更生能力

自力更生的主动性品格在创新创业教育中是很重要的，因为创业者是没有上级可以依靠的，经过创业教育和创业实践洗礼的大学生，普遍比一般同学更具主动性，他们遇到问题，不再是推诿塞责、消极应付，而是敢于承担责任、大胆决策。同样，在任何一家企业老板都期待自己的核心员工具备这种担当精神，这也是优秀员工所必备的一种弥足珍贵的"软实力"。如果每个员工都具备自力更生的能力，那么这个团队将会充满活力，团队效率也会大幅度提高。所以创业教育中他们学习到的自动自发、主动负责的品质，无论是创业还是就业中都占据很重要的地位，无论在什么时候，他们都需要这种不等不靠的主动精神。

创新创业教育可以让大学生正确认识企业和自己，了解社会供需关系和劳动力市场现状，树立正确的择业观和职业观，培养他们创业意识和敬业精神，做好就业创业的准备。虽然大学生们已经在专业知识领域有所长，但是在开拓性和创新精神等方面同社会的需要仍有很大的差距，通过开展创新创业教育，有利于提高学生对社会需求的了解，对于有创

业想法的同学，可以提高他们的创业精神和创业素质，增加创业成功的可能性；对于没有创业想法的同学，深化大学生的创新能力，转变就业观念，可以促使毕业生找到适合自己的工作，提高就业能力。

第三节 国外高校创新创业教育的特点

当前，世界已经全面进入新经济时代，创新成为最显著的时代特征。产业、企业、社会对于高校创新创业教育需求、科技成果转移转化等提出了更高需求。

在这种时代背景下，大学尤其是创业型大学走到了社会中心，成为区域、国家创新的引擎，经济发展的发动机。创业型大学已经日益成为各国研究型大学转型的方向，众多普通大学也开始学习借鉴其发展模式，探索创业型大学发展之路。

创业型大学是指具备强烈创新创业精神、具有较强科研实力及成果转化、商业化能力的新型大学，它通过拓展传统教学与科研职能，扮演区域知识创新主体角色，与政府、产业界建立新型紧密合作关系，拥有跨学科研究中心、衍生企业、技术转移办公室等创业型组织，开展各类创新创业活动。创业型大学的典型代表有 MIT、斯坦福大学、华威大学、以色列理工学院等。

创业型大学始于 20 世纪 50 年代的美国，在美国大工业时代发展相对滞后，在 20 世纪 70 年代美国中小企业繁荣时期迎来发展，并在 20 世纪 90 年代世界步入知识经济后掀起全球热潮。中国进入 21 世纪后逐步开始推进高校创新创业教育，部分精英大学寻求通过创业型大学建设打造世界一流大学。

一、全球创业型大学发展现状

从全球来看，美国是创业型大学发展最成熟地区，不仅拥有数量最多的创业型大学,也建立了最完善的创业型大学系列制度及模式;西欧、北欧也拥有较好的创业型大学;而亚洲大部分地区创业型大学仍处于探索阶段。美国创业型大学非常注重科研与经济发展的关系,鼓励教师和学生一起创业,并有以下几个显著特征:

(1)设立专门的技术转移办公室(TTO)来进行技术转移。

(2)能够快速吸收、扩散产业界最新、最前沿知识,并将其纳入人才培养和课程教学中。

(3)更倾向与小企业开展新技术商业化合作。

而欧洲创业型大学更注重培养学生创业精神,以推动学生创业,教授参与创业、转化意愿、能力明显弱于美国。亚洲创业型大学融合了美国及欧洲创业型大学发展特色,主要举措有创建校办企业、成立研究中心、成立技术转移中心、建立科技园、孵化器等。

二、典型的创业型大学

(一)创业型大学发展鼻祖——MIT

MIT是全球最早践行创业型大学发展模式的大学,也是全球最知名的创业型大学之一,在创业型大学建设方面取得显著成就。如把MIT毕业生创办的公司看作一个独立的国家,则其销售额名列全球第11大经济体。仅2014年MIT就公开发明743项,授权总收益达7900万美元。MIT在创业型大学建设过程中形成四大特色:

(1)形成"大学—企业—政府"三螺旋模型。在三螺旋模型中大学拥有新技术和知识产权,企业将大学的知识技术市场化,政府作为政策制定者和风险投资者支持企业和大学的发展。

(2)MIT成立数十个学校官方组织和学生社团支持创业活动和创业教育。学校官方组织包括活动组织机构、专业服务机构、研发创新机构等,这些机构独立运行又相互配合,形成互相联结的网络体系;与创业相关学生社团共 23 个,是学校创业组织的有力补充,提高了学生创业的积极性和参与度。

(3)成立 60 多个跨学科研究组织,促进产学研深度融合。跨学科研究组织包括跨学科实验室、跨学科研究中心、跨学科研究计划和跨学科研究课题四大类,其中近一半是虚拟研究中心。各组织的研究均以社会经济发展需求为导向,突破传统学科的界限,已成为学校科研的支柱。

(4)形成以 MIT 创业中心为核心的创业教育生态系统。MIT 以创业中心为核心,为全校学生提供创业教育课程、集聚创业师资、开展创业实践,链接校内外各种创业资源,形成完善的创业教育生态系统。

(二)创业型大学发展典范——斯坦福大学

斯坦福大学是全球创业型大学发展的典范,在创业型大学建设方面取得了举世瞩目的成绩。仅 2013～2014 年间就产生 655 项技术许可,获得 1.1 亿美元收入;自 1930 年以来,斯坦福师生共创建 39900 个大学衍生企业,包括惠普、思科、SUN、Google、Yahoo 等改变世界的大企业。

斯坦福在创业型大学建设过程中形成六大特色:

(1)"硅谷之父"弗雷德·特曼,采取关键举措推动斯坦福创业型大学发展。

(2)建立独立跨学科研究中心,开展各类跨学科前沿研究。跨学科研究中心是推动斯坦福开展各类前沿研究、产学研究的关键。中心核心任务是进行跨学科研究,其研究具有项目导向性、学科交叉性、组织开放性;除研究外,中心还提供研究领域的跨系科课程但不授予学位和学分。

(3)建立技术许可办公室(OTL),进行技术转移。OTL 的主要职责是管理知识产权,促进技术专利的商业化。发明者只需向 OTL 登记自己的发明成果,之后的专利申请、授权等所有的工作均由 OTL 负责。

(4)拥有全球最成熟的咨询教授制度。该制度肇始于 MIT,但最成功的当属斯坦福大学。咨询教授主要来自于企业、政府及相关研究部门,在校任职期间仍隶属原公司或部门；学校建立严格的推荐制度进行咨询教授的聘任；咨询教授主要工作为教学、科研及研究生指导。

（5）拥有完善的创业教育体系。斯坦福大学拥有非常完善的创业教育体系，涵盖创业课程、创业研究、创业实践和创业导师四个方面。开设大量创业基础课程及选修课程；对最前沿的技术型公司创新创业进行研究；举办创业计划大赛、集中创业培训等创业实践；拥有一批以企业家、创业者为主的从产业界聘任的咨询教授和一批具有高新技术企业工作经验的教授。

（6）建立完善的创业网络，推动师生创办高新技术企业。斯坦福建立六个校方组织、七个学生组织及科技园，形成完善的创业网络推动师生创办高新技术企业。

（三）发展速度最快的创业型大学——华威大学

华威大学是全球成长最快的大学之一，成立于1965年，创业型大学发展道路使其在短短二三十年内便跻身英国大学前十名。华威大学与金融界、商界以及制造业界联系紧密，拥有丰富的创收途径，其中制造业集团、科学园、商学院是创收能力最强的机构。

华威大学在创业型大学建设过程中提出学科注重应用性、与工商界紧密联系、国际化办学三大差异化战略。在差异化战略指引下，它形成了如下七大特色。

（1）商学院与产业界建立紧密联系。商学院除具备教学、科研基本职能外还向产业界提供商业服务及高管培训服务。商业服务方面，为企业提供科研经费申报、委托研究等服务；高管培训方面，商学院为职业经理人等高管提供开放课程、定制化解决方案及与优秀教师分享交流的平台。

（2）成立华威制造业集团（WMG）。WMG是1980年创立的校办企业，集教学、科研、社会服务于一体。教学方面，主要为在职人员提供学历教育；科研以项目形式开展，拥有近 90 个外界资助合作研究项目；社会服务方面，主要提供测试和中小企业（SME）服务。

（3）成立科学园，培育孵化高技术企业。科学园利用华威大学资源为具有创新能力的中小型企业提供空间租赁、孵化、融资、市场营销及战略咨询等服务。

（4）成立跨学科研究中心，专注于产业界难题及创新型技术研究。跨学科研究中心包括校内独立设立和与外部合作设立两种，其中校内独立设立的研究中心主要是跨系或学院合作成立；与外部合作设立的研究中心包括与外界研究机构合作设立、与其他大学合作设立、与其他国家政府部门合作设立等形式。将不同领域的教授纳入研究中心，组成研究小组，专注于产业界难题及创新型技术研究。

（5）引进优秀师资。华威大学非常重视优秀师资引进，先后通过人才引进计划、设立研究员奖金、提供自由发展环境等举措吸引来自全球的高水平研究人员。

（6）成立会议中心和艺术中心，通过提供培训服务、会议场地等增加创收。

（7）走国际化发展道路。华威大学从创立之初便坚持国际化发展，并在科研、教学及对外服务等方面进行了国际化发展的探索。

（四）以色列科技发展助推器——以色列理工学院

以色列理工学院是全球及亚洲最具代表性的创业型大学之一，成立于 1912 年，是全球最知名的理工学院，与 MIT 和英国帝国理工齐名。20 世纪 90 年代通过设立科学园、跨学科研究中心等快速向创业型大学转型，取得了显著成就。70% 校友受聘于推动以色列经济发展的科技公司，25% 毕业生任职大机构的总裁和副总，50% 在美国纳斯达克上市的以色列公司由学院毕业生创立且 68% 由毕业生领导，23% 毕业生至少创立一家新公司。以色列理工学院在创业型大学建设过程中形成如下四大特色。

（1）成立科学园，孵化技术创新项目。以色列理工学院科学园被称为"以色列理工学院企业家孵化器"，是以色列最大的孵化器之一。科学园帮助入园项目进行运行和管理，寻找投资公司和合作伙伴，提供法律援助等服务使项目在两年孵化期里孵化成功，发展成为新兴公司。

（2）成立研发基金有限公司，推动学校科学研究及科技成果转化。以色列理工学院研发基金有限公司是以色列理工学院的全资子公司，设有研究机构、联络办公室、技术转移办公室、以色列金属研究所、继续教育、人力资源六个部门以及创新知识中心和机会投资基金，全面推动学校科学研究及科技成果转化。

（3）成立创业中心，开设创业教育课程，举办创业活动等。创业中心通过开展创业教育课程、举办创业大赛、提供创业咨询服务、举办创业活动等服务于以色列理工学院的全体学生、教职工、校友，以培养学生创业精神，丰富学校创业文化。

（4）组建多个跨学科研究中心，根据产业需求开展研究。以色列理工学院的研究中心多为跨学科研究中心，其与产业界联系紧密，通常根据产业界的需求来开展研究，使科研成果快速转化为实际应用。

第四节　我国创新创业教育与创业就业能力的现状及问题分析

一、调查问卷基本情况说明

本研究问卷共分为三个部分，第一部分为基本信息，包括受访者就读高校、性别、年级、专业；第二部分为创新创业以及就业能力情况调查，旨在调查受访者对创新创业的看法及其就业能力状况；第三部分为高校创新创业教育情况调查，旨在了解受访者就读高校的创新创业教育工作开展情况。本次问卷发放，共收回有效问卷 167 份，数据主要来源于国内各省高校。具体来看，涉及国外高校 2 所，分别为美国德州大学达拉斯分校、英国杜伦大学，港澳台高校 3 所，分别为香港中文大学、香港理工大学和台湾大学。大陆高校则分布于各省：北京高校 6 所，东北地区高校 8 所，浙江高校 9 所，上海高校 3 所，江苏高校 2 所，天津高校 2 所，西安高校 5 所，广东高校 1 所，湖北高校 1 所，山东高校 7 所，其中青岛 4 所。接受调查的群体均为在校学生，大一学生占 4.2%，大二占 4.8%，大三占 13.2%，大四占 46.7%，硕士占 29.9%，博士占 1.2%。男女比例较为均衡，分别为 49.1% 和 50.9%。受访者就读专业涉及经济学、管理学、法学、文学、理学、工学、艺术、医学几大类，具有较强的普遍性和代表性。结合问卷分析，可以总结得出当前我国创新创业教育和大学生就业创业能力的的基本现状，及其存在的问题。

二、创新创业教育现状及问题

2012 年党的十八大以来，一系列有关"创新创业"的重大国家政策、行动提出的目的在于通过政府、高校的培养与帮扶，有效解决大学生的就业问题，在创业的基础上实现创新创业，让大学生创新创业成为建设创新型国家决策的重要部分。而国内各大高校也逐渐重视创新创业教育，希望能够通过创新创业教育实现学生、学校和社会之间的共同利益。我国高校开展创新创业教育可追溯到 1998 年，清华大学举办了第一次大学生创业计划大赛。而在这至今不到 20 年的时间里，创新创业教育已经取得了较大的发展。从目前来看，我国的创新创业教育主要有以下几种类型。

（1）以"挑战杯"及创业设计类竞赛为载体的创新创业教育。以中国人民大学为代表，主张将第一课堂和第二课堂结合，强调创新创业教育的意识培养和知识构建。

（2）通过设立专门组织机构，推动创新创业教育的开展。以北京航空航天大学和浙江大学为典型代表，强调创新创业知识和技能的培养与实践。如北京航空航天大学的创业管理教育学院、西南民族大学的创新创业中心、浙江大学的研究生创新创业中心和未来企业家俱乐部。

（3）以大学生就业指导课为依托，搭建创新创业教育课程体系，开展创新创业教育。例如，上海对外经济贸易学院自2008级学生开始在全体学生中开展创业教育，将创业教育4个学分中的1个学分列入学生的必修课程，同时还开设创业教育系列讲座，纳入选修课学分序列。中国海洋大学明确规定，学生取得毕业证书的前提条件之一是获得2个创新创业学分，并开设相关创新创业教育课程。

（4）以大学生创业基地（园区）为平台，开展创新创业教育。如温州大学构建了"学生创业工作室、学院创业中心、学校创业园"三级联动的创业实践平台。上海对外贸易学院设立了创业实践中心。高校在全真环境下引导和推进大学生创业，学生必须按照国家工商、税务管理有关规定注册登记，所创办企业按照市场化运作，依法纳税，优胜劣汰，同时接受政府有关部门的监督管理。

（5）以人才培养模式创新实验区为试点，培养创新型人才。如上海财经大学的财经人才创业教育创新实验区、大连理工大学的立体化创业教育人才培养模式创新实验区、广西大学的中国—东盟自由贸易区复合型创业人才培养模式改革实验基地等。

虽然我国目前创新创业教育的发展已初具规模，但仍存在不少问题。

（1）对创新创业教育认知上存在偏差。由上文可知，我国创新创业教育发展历史还不满20年，部分高校和学生对于创新创业教育的认知是模糊不清甚至存在理解偏差的。结合问卷调查结果显示，主要表现在以下几个方面：首先，大部分高校的教育教学活动重心仅在于传授理论知识，忽视对学生创新创业素质的培养或不够重视创新创业实践活动，70%以上受访者表示对本校所开展的创新创业教育活动了解程度一般甚至完全不了解。其次，有些人认为创新创业教育的开展意义不大，20%的受访者认为学校开展创业教育是可有可无或毫无作用的。再次，社会对创新创业教育认同度不够，有近20%受访者认为创业的主要障碍是创业本身存在的风险和压力，他们不易得到家庭和社会的支持，因而不敢轻易冒险，害怕失败。

（2）创新创业教育师资力量不足，相关课程设置有待完善。目前，我国绝大部分高校的创新创业教育师资力量主要是本校从事专业教学的教师或从事学生工作的辅导员和管理人员。一般来说，这些人员的创业经验不够丰富或缺乏，知识结构单一，只能进行传统的理论教学，从而导致学生实践程度较低，难以满足创新创业教育的多元化要求。调查问卷显示，54.5%的受访者希望能够接受商业运作相关的培训。再者，当前我国普通高校的办学经费是有限的，各高校很难在创新创业教育方面投入大量的教学经费和配套资源，教师指导或讲授创业课程的积极性普遍不高。此外，大部分高校当前为加强创新创业教育所设置的课程并不完善，有79%的受访者认为本校的课程有待改进，更有12%的受访者认为本校创新创业教育课程设置完全是不合理的。

（3）部分高校学生缺乏创新观念和思维。近年来，各高校积极激励和支持大学生参加各类创新创业实践，开展各类科技竞赛、创业设计大赛、实践教育活动等以鼓励学生自主创业，培养学生创新创业意识和思维。然而，很多学生参加赛事、活动只是为了获得奖励和荣誉，是带有功利色彩的，有21%左右受访者表示自己参加创新创业相关的比赛是应学院要求或是为了挣学分和评奖评优的，并且赛事、活动结束后也很少有人会继续深入实践，多数团队就此终止创业活动，同时指导教师也不再倾注精力。由此可见，以科技竞赛带动的大学生创新实践项目虽然有助于调动老师和学生参与的积极性，但带有较强的短视性和功利性，难以真正培养学生的创新创业能力。

（4）创新创业教育实践结果不理想。据不完全统计，中国每年只有约1%的大学毕业生走向创新创业之路，而相比美国有30%左右，日本有18%左右。2010年我国高校应届毕业生自主创业人数约13000余人，只有不到毕业总数的1%，而德国、美国等发达国家一般占到20%~30%之间。目前我国高校的创新创业教育方面的实践通常是在校内组织举办几次相关的比赛而已，难以覆盖全体学生，参与度不高并且效果并不佳。调查问卷显示，36.5%的受访者表示不曾参加相关比赛，21%左右受访者是被迫参加（学院要求、为了挣学分评奖评优）相关比赛；61%的受访者认为学校举办的创新创业类比赛对个人创新创业能力提升帮助不大，8%的受访者甚至认为毫无帮助。总之，当前我国高校的创新创业教育实践结果是不理想的，主要表现在实践教学体系不完善，缺乏配套的实践类课程，没有相对稳定的实践实训基地等。

三、大学生创新创业及就业能力现状及问题

本次调查问卷结果显示，大学生在创新创业意向方面，53%的受访者表示对创新创业兴趣一般或不感兴趣；30%的受访者表示不曾有过创业想法，而另有17%表示正处于迷茫之中。值得注意的是，学生性别、所就读的年级以及专业对其创新创业意向有一定的影响，男生有过创业想法的比例要略高于女生，大三及以上年级的学生对创业热情相对较高，经济管理类学生相对有较强的兴趣。而在当前我国大学生创业形势问题上，55%的受访者认为比较困难，更有10%认为十分严峻。对于学校举办的各类创新创业相关的比赛，有22.5%的受访者表示自己未曾参加过。在国家大力宣传"大众创业万众创新"的新形势下，有89%的受访者认为应当树立较强的创新创业意识，但同时，有近50%的受访者表示对于国家出台的扶持大学生创业方面的政策法规不关注，10%左右的完全不了解。32%的受访者认为当前大学生创业最缺乏的是实用的技能指导，也从侧面反映出当前高校创新创业教育存在的实践性不足的问题。而在大学生创新创业障碍因素方面，"缺乏资金、实践经验等创业资源"是阻碍大学生创新创业的第一大客观因素，"所学创新创业知识不够系统化"成为影响大学生创新创业的第一大主观因素。

（1）当前我国大学生创新创业及就业能力较弱，对创新创业认识较为狭隘，许多高校大学生把创业的目的等同于赚钱，并且创新创业意识

仍有待加强。在大学生创业方面，首要问题是大学生个人和家庭的观念存在偏差。长期以来，人们习惯于安于现状，对于创新和变革大多存在抵触情绪。家庭成员的价值观、父母对创业的态度以及家庭环境和状况会对大学生创业造成一定程度的影响。目前，我国很多学生家长对于大学生创业仍存在误解，觉得创业风险大、不稳定，没有未来，并且对于大部分普通家庭来说也承担不起巨大的资金投入和风险，家长对大学生创业的冷漠和排斥心理直接限制了大学生的创业意愿和大学生创业能力的培养。其次，我国也还没有形成一个大学生自主创业和鼓励创业的良好的社会文化氛围。我国的传统文化和传统的经济体制制约着人们创新求变的思想。中国社会根深蒂固的"墨守成规、官本位"等陈旧观念仍严重影响着中国的社会心理和人们的价值取向，由于受封建思想及重农抑商、重工抑商的影响，人们倾向于安分守己、怕风险图安稳。在这样的社会文化氛围中很难培养出优秀的创业人才。再者，大学生的创新创业行为受环境的影响较大，政府、社会和高校等多方主体需营造良好的创新创业环境。政府应当出台各种政策、法案等，保护和鼓励创新创业行为，引导创新创业的方向；社会方面应在金融、咨询、中介等方面构建创新创业的微观环境，保证创新创业行为能够有效的实施；高校应通过培育崇尚创新的文化氛围、构建课程体系、搭建创新创业实训平台等来构建创新创业的学习环境，培养大学生的创新创业意识和能力。不同主体在构建创新创业环境中发挥不同的作用，需要各方共同参与来构筑完善的创新创业环境，保证大学创新创业教育能够落到实处。

（2）大学生对创新创业教育方式的需求是高校设计创新创业教育模式和方案的基础，只有满足学生需求的创新创业教育模式才能够受到学生的欢迎，才能避免流于形式，真正达到创新创业教育的目的。调查结果显示，27%的受访者表示学校创新创业教育理念滞后，与社会衔接不够，20%的受访者表示学校举办的创新创业类比赛形式单一；而对于"若学校计划提供一个创新创业平台，您希望它能提供什么功能"的问题，

30%的学生选择了与创新创业项目做得好的高校实现资源共享，27%的学生选择了能与水平较高的指导老师实现线上交流，23.5%的学生选择了及时发布学校有关创新创业方面的资讯。因此，高校应当根据学生的需求并深入分析以期改进和完善创新创业教育。

第五节 提高大学生创新创业教育水平的路径选择

一、高校改进教育体制，提升创新创业教育水平

（一）深入贯彻创新创业教育理念，建立健全组织架构

高校应当根据自身实际和资源优势，将创新创业教育实施的各个环节和体系，纳入人才培养的统一规划下，整合部门职能，改革教育教学的模式和各实施环节，并与专业教育有效融合。高校应建立"四位一体"的全新创新创业教育工作理念，即以先导性创业活动培养创业意识、以体系性的课程群教学支撑培养创业素质与技能、以激励性的创业扶持政策体系培养创业实践团队、以实践性的创业孵化平台培养创业精神和实践经验。

高校应建立健全组织架构，整合校级和院系资源，成立负责大学生创业教育专门的职能部门（或由现有职能部门兼管），将各个负责部门团结起来，齐抓共管，构建一支高效优质的服务管理团队，对创业活动的整个过程进行全面的咨询、调查等一站式服务，并由专职行政人员协调校内外各方师资，统一安排课程的教学实施、实践活动、创业实践团队的个性化辅导和学生创业项目的扶持工作。除了高校整体负责统一指导外，各学院也应根据本学院的专业特色，为学生提供个性化的创新创业教育和实践指导。此外，高校除了内部努力开展创新创业教育整合校内资源外，还应建立政府、高校和社会之间的有效沟通协作机制，大力开发社会扶持力量，加强与兄弟院校的交流合作。

(二)构建合理的创新创业教育课程体系

创新创业教育课程的合理性与科学性会在一定程度上促进创业教育活动的顺利实施。就当前国内高校情况来看,大部分高校只是在就业指导课程中融入创新创业教育的内容,创新创业教育所占比例较低,效果可想而知必定是有限的。也有很多高校,将创新创业教育课程纳入学分管理范围,增加创新创业教育学分,学生在读期间,若无法拿到规定的创新创业学分,则会影响学生毕业。

综观我国高校当前的创新创业课程设置情况,本书认为高校应将创新创业教育的具体实施过程纳入教学课程的整体布局中,综合权衡课内外的多种社会活动形式来实施创新创业教育。同时,在当前的学科课程安排中,将创新创业教育的相关内容列入其中,依据不同学科所具有的特征适时恰当地将创业教育的相关内容融入课堂教学中。在创业课程的设置上,应循序渐进,从三个层面展开:初级阶段设置专业基础内容,帮助大学生形成创新创业理念,初步培养其创新创业精神;中级阶段设置实践操作课程,提升大学生的创业实践动手技能;高级阶段开设相关实战演练课程,增强大学生的创新创业能力。

(三)组建优秀的创新创业教育教师团队

创新创业教育的实施和推进,关键在于师资力量。教师在创新创业教育中可有效地选取合适的学习资源,激发学生的创新意识与自主创造热情。教师若拥有丰富的实践经验,则更能使学生掌握创新创业知识,提升创新创业能力。当前,高校实施创新创业工作的重中之重在于打造一批优秀高素养的教师团队。高校可采取以自有师资为主,同时引进或聘请既有实践管理工作经验又有一定管理理论修养的企业家等人才担任兼职的创新创业教育师资的模式。这种模式下,既可有效发挥高校自身师资的理论和教育经验优势又能发挥具有创业实践经验的"实战"人物的实践与经验优势，从而充分调动学生的学习热情。另外，要注重学习师资的培养。在执行过程中，应当注重引进与培养并重的原则，从而打造专职于兼职相结合的师资队伍：专职教师能够全面透彻的讲解创新创业课程，兼职教师包括企业家、社会上的成功人士等，能够深入剖析创新创业教育实践活动和行为。高校还应强化在职教师的培训力度，定期对实施创新创业教育的教师进行培训，使其能够全面了解并熟悉创新创业教育与就业方面的最新相关信息，以保障创新创业教育的效果达到最优。

（四）丰富创新创业教育活动形式，调动学生积极性

要使创新创业教育取得较好的效果，各高校应重视创新创业教育活动形式的创新，力求形式丰富多彩，从而为学生营造热情洋溢的创业环境。高校可通过校园媒体、社团、公告栏等平台，大力宣传和共享创业知识、创业故事，渗透创业文化，同时定期举办校友访谈、创业交流会等，搭建起学生与成功创业者之间沟通的桥梁，使其彼此袒露心扉，让学生在课堂外进一步了解创业，近距离接触创业实践。与此同时，学校也要定期举行如"挑战杯"、"创业计划大赛"、"商业实训大赛"、"创青春"等各类创新创业竞赛活动和创业技能大赛，为学生的创新创业实践活动提供机会和平台。此外，高校还应积极争取获得政府政策和社会的资金等资源支持，在为学生们开展活动提供一定的物质保障以激发参与热情的同时，开展分类指导、分类教学，培养创新创业教育学生社团等多样化路径。

二、发挥政府职能，为创新创业教育保驾护航

从第四章内容可知，当前我国多数大学生对于国家出台的政策制度并不是很了解，因此，政府应重视政策解读与宣传，让大学生更深入地了解创新创业政策，使具有创新创业想法的学生能够更好地利用相关政策在创新创业领域"大展拳脚"。针对政府对某些创新创业政策的缺位，

需要及时出台相关针对大学生的灵活方便的创新创业政策为大学生创新创业教育的顺利开展提供有力保障。同时，还应完善与创新创业相关的法律法规体系。政府要尽快制定出台高校创新创业教育配套的法律法规及实施细则，为创新创业教育创造良好有序的外部环境，确保有法可依，促进其朝着积极、有序的方向开展，从根本上保障高校创新创业教育稳定、健康、快速发展。

在校大学生以及刚从校园走入社会的大学生，初期多无资金积累，面临"有想法有创意却没钱"的困境。因此，要拓宽资金来源渠道，敢于合理吸收风险投资、发动民间协会和慈善组织或公益性基金会为发展教育筹集资金等，广泛争取各类资金支持，为创新创业教育的开展提供有效的资金保障。在资金投入方面，仅依靠中央政府是远远不够的，地方政府也充分发挥主观能动性，如争取校友及慈善机构投资，或设立"大学生创新创业教育基金"等，广泛争取各类资金支持，为创新创业教育的开展提供有效的资金保障。

三、凝聚社会力量，支撑创新创业教育

如前文所述，我国传统儒家文化导致的传统守旧意识、"重农抑商"和"学而优则仕"等传统思想，严重影响了社会对大学生创新创业教育的认识，使其缺乏强烈的创新意识和创业欲望。因此，我们首先应该转变过去教育观念的认识，树立积极正确的创新创业舆论，全社会应当对创新创业教育予以必要尊重和支持。

社会的普遍认可、政府的提倡，非政府组织的参与、企业的接纳、学校的积极行动都能带来一个良好的创新创业教育环境，为创新创业教育搭建一个很好的平台。因此，创新创业教育不能只是学校的课堂教学和活动，而应把整个社会环境都包括进来。建立相应的工作机构和服务体系，组合经验丰富的教师、企业家、政府有关部门共同开展解读、咨询、协调和各种相关服务，为有创新创业潜力的大学生建立起社会化的

创新创业教育的良好大环境。

四、结论与观点

创新创业教育体系的框架首先从目标和理念体系出发，将创新思想普及和渗透到教育体系各个环节，从教师人才的选拔、师资队伍的建设以及学生的人格培养各个方面；将创业理念融汇纳入整个人才培养体系，把创新意识和创业精神融入到大学生的以学习知识和获取行为特性的大学教育当中去，并对全体在校生进行系统培训和教育；将创新创业思想整合到大学的课程之中，在教程中加以规范化，培养大学生加盟创业或自主创业必备的核心素质；突破课堂教学的局限。

提升创新创业教育水平，应当建立"高校－政府－社会"的三位一体支撑体系，为创新创业教育提供政策、资金、氛围、师资等全方位的支持。

第六节　优化大学生创新创业培养模式的路径

2015年麦肯锡公司对9个国家进行的就业调查指出：超过60%的公司招聘不到足够多数量入门级别的员工，39%的雇主认为毕业生们普遍缺乏工作中必要的团队合作、更新知识与技能、收集整理信息以及思辨能力等基本素质，但大学和教育者本身没有意识到问题的严重性，仍有72%的学校认为学生已经做好工作的准备。未来的情况也不容乐观，麦肯锡预测到2020年将有8500万高技能雇员短缺，因此教育方式的改革已经刻不容缓。随着我国经济和社会结构的变化，传统的"知识教学"和"就业培训"已经远远跟不上时代的要求，创业教育对于提高学生信息获取和快速学习能力、培养开放性思维模式以及应对风险的能力十分重要。我们的学生需要在教育的过程中获得独立思考、敢于创新的能力，才能从容不迫地应对飞速变化的世界。

一、创新创业教育的内涵

20 世纪 80 年代末,联合国教科文组织在面向 21 世纪国际教育发展趋势研讨会上,提出了"创业教育"(Enterprise education)这一新的教育概念。狭义的创业教育可以理解为一种培养学生从事商业活动规划过程所需各种综合能力的教育,以使学生从单纯的求职者转变为岗位事业的创造者。从广义上说,创业教育则是培养具有开创性特质的人才,形成探索和创新精神,提高创业过程中专业、合作和管理能力。

国外创新创业教育活动开始于 20 世纪 70 年代,美国国家科学基金会先后资助了麻省理工学院等四所高校实施创新教育实验,协助其分别建立"创新创业中心"和"技术创新研究中心"。在强调"自我组织学习"的今天,2012 年美国斯坦福大学计算机科学系教授 Andrew Ng 和 Daphne Koller 创办了 Coursera 开创了网络在线课程的先河,紧随其后省理工学院和哈佛大学联合创办了 edX 公开分享学校课程,Google X 实验室研究员 Sebastian Thrun 创立了 Udacity。这些在线课程统称为 MOOC,降低了获取高质量知识的成本。在互联网在线课程的基础上,2012 年非营利创业公司 Enstitute 提出了"学徒制"教育模式,将学生直接放到高速成长的创业公司中,由高管或 CEO 直接做学生的职业生涯导师。然而该创业公司于 2015 年停止运营,一方面,原因是资本及资源匮乏导致教育模式无法规模化,毕业学生数量过少满足不了社会需求;另一方面,导师必须处理公司初创阶段的种种事务而无法花时间教导学徒,不能保证知识传递的质量。

从国外创新创业教育的经验中我们可以看出,相比传统的教育模式,创新创业教育主要有以下四个特点:第一更注重学生创新创业意识的培养,引导学生从"被动适应社会"的求职者转变为"主动适应甚至挑战社会"的建设者;第二强调系列课程体系的开发,针对创新创业内容,开设创业家养成、创业规划与经营管理、新企业创立和创新、企业成长战略等课程；第三注重通过模仿等实战形式使学生获得更多感性体验，通过开办各种创新创业计划和竞赛，在实践中让学生全面接触创新全过程和创业的乐趣与意义；第四创新创业教育方式以厚实的学术研究为支撑，要求高校具备各类创新研究中心或创业中心等机构，为前沿课题的学术基础研究提供平台。

80年代初，创新创业教育思潮由西方传入我国，全国上下开始提倡创造教育，有关创造学、创造教育的书刊相继出版，各个省市竞相成立创造学会，创造学类课程在高校纷纷开设。例如，国内研究性大学清华大学和同济大学已经成立相应的创业孵化器，依托政府出资和学科优势，从项目的"前瞻性、市场性、学科交叉性"等三个方面全面评估项目资质。为入驻项目提供包括实验室、活动场地、设备等硬件支持以及工商、税务、法律、地方政策咨询等软件支持。相比国外的成功经验，国内研究型大学虽然开始注重创新创业教育，并已取得一定成绩，但依然存在一些问题，影响了其创新创业教育的实施和绩效：例如创新创业学科地位边缘化、课程体系化程度有待提升、教学过程和方式陈旧等问题。目前西方国家大学生自主创业者已达20%~30%，而2015年我国大学生创业比例仅为6.3%，与国外相比差距较大，我国大学生创新创业教育尚处在起步探索阶段。

二、研究型大学创新创业教育的组织架构

综观我国现有的创新创业教育研究成果，学者们主要探讨如何结合各院校自身的特色来开展创新创业教育，在此基础上设计创新创业教育的组织架构，提出具体实践路径。从组织目标和院校职能来看，我国目前将高校划分为研究型、教学型、研究教学型和教学研究型四大类。研究型大学综合了研究性教学、创新性科研和科学管理三个基本特征，以高水平的科研成果和高层次精英人才培养为目标，吸收高素质的教师和学生，提供具有广度和深度的专业课程，通过公开竞争获得充足的科研

基金以满足学术研究要求，在社会发展、经济建设、科技进步、文化繁荣和国家安全等方面起到重要作用。

要想构建适应研究性大学的创新创业培养机制，就要从办学理念、物质和人力资源、科研产出、组织运行四个方面分析研究性大学的特点，根据其具体情况设计相应的教育培养机制：首先从办学理念看，研究型大学以学术自由的大学精神为核心，保持教学和科研的中心地位并且重视社会责任。第二在资源投入方面，研究性大学拥有丰富的政府资源、社会资源和校友资源，运行经费包括财政支持、社会捐赠、内部服务等来源广泛，而且同其他院校相比拥有最优秀的师资力量。第三从科研产出来看，研究型大学不仅能够在多个领域作出前瞻性突破性的科研成果，还能向社会输出高层次的复合型人才，再次还能向社会提供良好的社会服务。最后从组织运行方面看，研究型大学在优势学科、交叉学科和新兴学科方面具备有利条件，实施深度产学研结合办学模式，采用现代教学方法让学生从知识接受者转变为知识探索者。

对教育方式的选择也要结合师资力量、学生素质、政策条件等影响因素。目前，主流的教育方式有主体教育理论（受教主体自我培养）、个性教育理论（根据个体差异开展针对性的教育）和全面发展教育理论（脑力与体力发展结合，各种才能和品质和谐发展）。创新创业培养结合了这三种教育方式的特点，强调在可持续发展的前提下，在培养和保持受教者的创新精神和创造力量时，还要考虑其在真实的工作生活中的需要；在进行知识文化传递的同时，不用现成的观念模式去压抑其个性化想法；在鼓励其发挥天赋、兴趣和能力时，不助长其盲目的个人主义；密切关注每个施教者的独特性，不忽略创造和创业意识的培养。

高校的人才培养过程实际上是高校、大学生、社会三方需求的叠加过程。在当前高校人才培养模式中建立和完善创新与创业教育的良性循环模型。有效地调节这三方的主体需求，形成学校、学生、用人单位互助互利、资源共享的良性耦合，提升当前研究型大学创新创业教育体系的整体水平,优化教育体系中主体需求结构,从而提高人才培养的有效性、适应性。这是一个融合渗透、合作互惠的持续过程,因此创新教育与创业教育在研究型大学中实行的组织架构如图 9-1 所示:

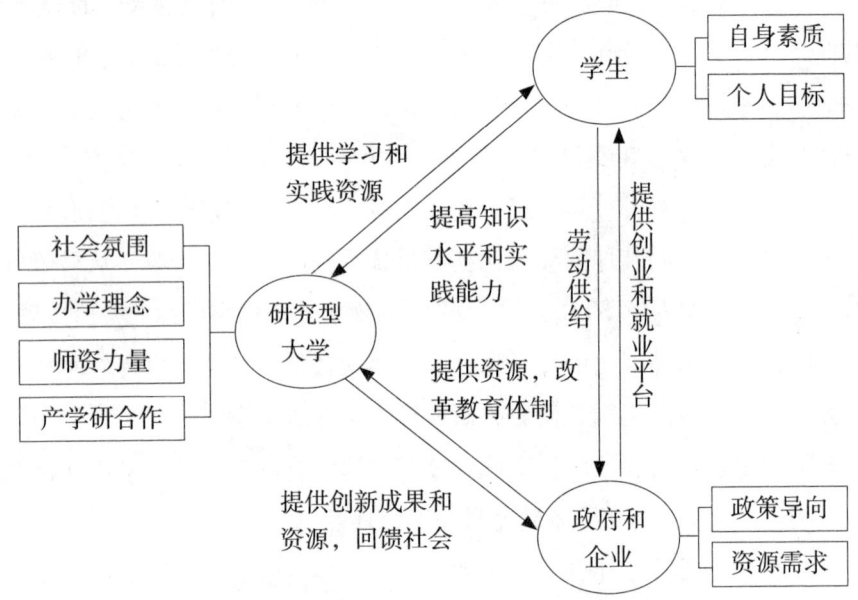

图 9-1　研究型大学创新创业教育组织架构

"大学—学生—企业"路径指出:学校提供学习和实践资源,学生为政府和企业提供供给。因此,研究型大学应该结合当下社会氛围,针对整体价值观和经济发展状况设定人才和科研成果输出的战略目标;明确自身的办学理念,以专业知识教育、性格养成和个人发展规划为基础,平衡教学和科研的资源投入;综合配置校内外师资力量,重视教师的知识和教育方式培训,有选择地引进校外导师协助;加强产学研合作深度广度,从这四个方面明确细化出一个适合该大学的特色创新创业教育方案。

"学生—企业—大学"路径指出:创新创业教育的前提是充足的基础知识和专业知识储备,因此学生一方面应该在理论层面丰富自身的知识面；另一方面应积极参加实践活动，将所学知识应用到创新创业工作中去，做到知行合一。学校在制定创新创业教学计划时应该把学生的素质和个人目标考虑进来，针对知识储备丰富探索欲望强烈的学生应该鼓励其进行商业设计和创业实践，对于知识储备较薄弱的学生应该增加基础知识及专业知识教学的比重。对于个人目标短期内创业创业意愿强烈的同学应该提高其解决问题及应对风险的能力，同样道理，对其余同学应该刺激其创新创业的意愿，培养其独立思考和批判性思辨的能力。

"企业—大学—学生"路径指出：政府制定相应的教育改革政策以引导高校工作规划方向，企业应及时反馈创新型人才需求给高校，便于高校调整自己的教育计划，同时为高校提供各种社会实践岗位，提高学生理论与实践结合的能力。实践能力的提升能够激发学生学习热情，更多去尝试创新创业实践活动，提高自己的就业和创业能力。

三、优化大学生创新创业教育的实践路径

研究型大学的相关组织是一个复杂利益群体的集合体，它涉及政府、大学本身、教职工、学生及服务人员等多方面的利益。影响创新创业教育的具体因素可以分为内部主体和外部客体两种：内部主体包括学校、学院、科研机构、学生和教师；外部客体包括党委机构、行政机构、教育培训机构、政府和社会组织（公司）。各个利益相关者的行为、观念和态度都会直接或间接影响创新创业体系的构建和实施。分析利益相关者之间的需求和利益冲突并找到有效合理方法化解能够最大程度上确保各个团体利益最大化。

首先从创新创业教育的实施主体来看，学校和学院通过创新创业教育提升了自己的综合办学能力，改善了毕业生就业情况，扩展了产学研合作的深度和广度。然而教育改革存在一定风险，学校启动创新创业教育体系需要高额启动资金和优质师资力量的支持；科研机构可以利用创新创业教育资源，寻找更高效的人才培养模式，提高师资力量和科研能

力。然而对创新创业教育的重视会导致一部分科研人才流失，科研成果产出能力下降；学生通过系统的创新创业训练可以将所学知识转化为实践能力，激发创新创业热情，为今后就业或创业打下良好基础。理论和实践平衡不当会导致学生理论知识水平不足，就业前景堪忧，各种因素导致的创业失败也会打击学生的自信心；教师面对创新创业教育改革可以摆脱单一的教学模式，提高自身的理论知识水平和授课能力，同时增加了自身创业成功的概率。然而，自行探索教育方法和教学内容加大了教师的工作强度和难度，传统的教师权威地位受到挑战。

从创新创业教育的外部客体来看，党委机构在学校推广创新创业教育能够落实国家政策方针，发展更多高层次人才。然而，创业教育的方针政策难以掌控；行政机构为了应对教育改革增加了创新创业教育管理机构，扩大了行政管理职权范围。整个行政机构的管理变得复杂，牵一发而动全身，需要设计更多规章制度并培训员工适应新的工作内容；教育培训机构可以与学校合作共同培养人才的创新创业能力。体系的运行也增加了行业竞争，可能会影响公司的运营状况；政府能够在创新创业教育的运行中得解决棘手的就业问题，学生创业的成功也能带动整个地区经济的发展。起步阶段需要政府大量资源的投入，试错成本极高，回报周期相当长；社会组织（公司）能够直接获得创新性人才以及技术成果，降低了公司的培训成本和研发成本，初创企业数量的增多加大了行业内部的竞争关系，创业意愿的唤起更导致了企业内部部分高质量人才流失。

创新创业教育体系的运行分为教育目标、知识传递、创业实践和文化普及四个层面：学校在教育目标层面应提高创新创业理念在教学实践中的地位，让创新创业思想与教育管理并驾齐驱相辅相成，在此基础上形成理论教学与实践体验结合、基础课程与专业课程并重，校园教育与社会教育共同作用的教育机制；知识传递不能只注重课堂教学和知识的灌输，首要的还是要引导学生培养自我教育的能力，主动学习基本专业知识和交叉学科知识。同时，根据学生专业和知识掌握程度的不同设计相应的培养计划，更要注意提升教师的专业知识和行业联系度。创新创业实践包括参与企业项目、撰写商业计划书、创业组织培训和高校孵化器创业公司实战等活动，应该调动各个主体的优势资源，形成一个公正公平并且具有长效机制的活动群落。创新创业教育还包括校园文化氛围建设，大力宣传创新创业文化并举办丰富的创新创业活动能够刺激学生参与热情，强化其创新和创业意识，提升其理论应用到时间的能力。

四、结论与建议

创新创业教育体系的框架首先从目标和理念体系出发，将创新思想普及和渗透到教育体系各个环节，从教师人才的选拔、师资队伍的建设以及学生的人格培养各个方面；将创业理念融汇纳入整个人才培养体系，把创新意识和创业精神融入到大学生的以学习知识和获取行为特性的大学教育当中去，并对全体在校生进行系统培训和教育；将创新创业思想整合到大学的课程之中，在教程中加以规范化，培养大学生加盟创业或自主创业必备的核心素质；突破课堂教学的局限。构建创新创业教育体系应适应时代的发展社会变化的客观需要，调整传统研究型大学教育体系和模式，继承其优势并改善科研成果与社会需要之间存在偏差的现状，设计一个内外联动，从创新创业教育到创新创业服务到创新创业扶持的层次性、系统性、完整性的科学体系。

第七节 培养大学生创新精神与实践能力的主要对策

2017年是"十三五"规划的开局年，也是供给侧结构性改革的深化年，而创新仍是国家建设的聚焦点。培养具有创新精神和实践能力的高级专门人才，对建设创新型国家具有举足轻重的作用。

新时代对大学生的素质要求越来越高，实践能力和创新能力作为大学生的一项重要的基本素质，在人才培养和市场竞争中的作用越来越凸显，但却存在诸多制约因素，如传统的教育模式、教学方法等。因此，探究培养大学生创新精神与实践能力的影响因素及有效途径对于提高大学生个人能力、促进高校教育教学工作、打造创新型国家，具有重要的理论意义和实践意义。正是在这种背景下，本书拟采用鱼骨图梳理大学生创新精神与实践能力的影响因素，利用层次分析法计算各影响因素所占权重，从而把握关键因素，进而提出对策性建议。

鱼骨图（fishbone diagram）是日本东京大学的 ISHIKAWA 教授设计的一种找出问题所有原因的创新方法，被广泛用于技术、管理领域，这种定性分析方法主要依赖于决策者的经验知识和自身能力，存在一定的不足和缺陷，因此需要在定性的基础上，与定量分析方法相结合。本书采用层次分析法（The Hierarchy Process）对各种影响因素的重要性进行量化，鱼骨图是为了体现人的大脑对复杂问题的分解过程，层次分析法是为了体现求解复杂问题的分解—判断—综合的整个过程，使人们对复杂问题的判断、决策过程得以系统化、数量化。因此，通过将鱼骨图法和层次分析法两种方法有机结合，能使大学生创新精神与实践能力的影响因素清晰、有层次、定量化，进而找出关键影响因素。

一、影响大学生创新精神与实践能力的因素分析

创新是人类特有的认识能力和实践能力，是人类主观能动性的高级表现形式，是推动民族进步和社会发展的不竭动力。实践能力是保证个体顺利运用已有知识、技能去解决实际问题所必需具备的生理和心理特征。大学生实践能力的提高和创新精神的培养这两者是相辅相成的。实践为创新精神的培养提供充足的养分，而创新精神反过来为实践能力提供动力，促进实践能力的稳步提高。那么，基于两者的密切联系，影响大学生创新精神与实践能力的主要因素是什么？本研究通过对相关学者问卷调查与访谈的形式，将影响因素归纳为：个体特征、学生参与、学

校环境、社会环境四个方面，如图9-2所示：

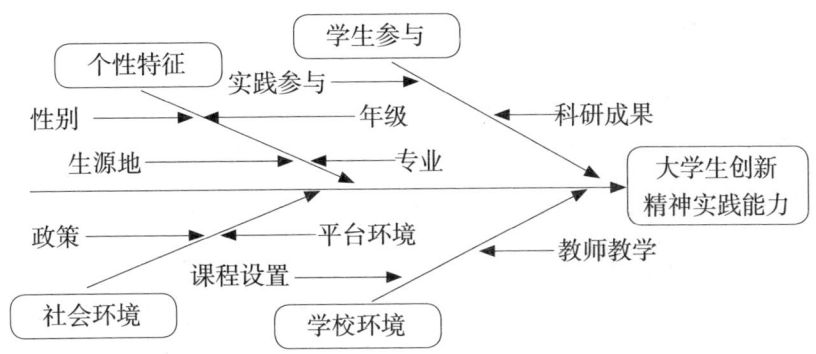

图9-2 大学生创新精神与实践能力影响因素鱼骨图

（一）个体特征

每一位大学生都是一个独立的个体，个体特征的不同对于创新精神与实践能力的影响不同。Astin提出了学生发展的I-E-O模型，主要内容包括用学生家庭背景、入学前学业资质等个体特征表示的投入因素（Input），用学生在学校期间的课程、教师、专业、校园生活等经历表示的环境因素（Environment），以及用学生能力衡量的产出（Output）影响。周治金等考察了专业因素的影响，发现文科和工科大学生的创造力特征得分显著高于医科和理科大学生。因此本书根据大学生的特征，选取了性别、生源地、年级与专业四个指标。

（二）学生参与

大学生的创新精神和实践能力不仅和个体先天条件有关，而且可以通过后天的各种培养活动来进行锻炼、开发和培养。大学生进入大学校园，不仅注重学习成绩，更多地是对自身能力的培养。本书选取实践活动参与和科研成果作为学生参与的两个指标。其中，实践参与指大学生参加"三下乡"、"挑战杯"等实践性活动或者利用寒暑假实习。科研成果主要指大学生在校期间参与的课题或者发表的论文数量等。

（三）学校环境

在大学生创新精神与实践能力培养中，高等学校的教育教学起着关键性的作用。学校环境是指学生在学校期间经历的各种实际体验，包括课程、教师、校园生活等。本书选取了教育培养中最为重要的两项指标——课程设置和教师教学。前者是学校教育环境的核心制度安排，后者是学校教育环境的重要智力保障。其中，课程设置主要指大学生学习的课程培养方案是否灵活，是否满足个人发展需求，是否具有前沿性以及实践课程是否充实。教师教学主要指教师在教学过程中是否注重学生参与和互动，鼓励学生创新思维和创造性成果。

（四）社会环境

社会环境是影响大学生创新精神和实践能力的宏观因素。本书选取国家政策和平台环境两个指标进行研究。首先，人们只有在切实感受到激励的目标要求与他们的自身利益相一致时，才会焕发出无比的热情，国家的相关鼓励政策对大学生的创新精神与实践能力的培养具有支持与促进作用。其次，平台环境主要是指学校以及周围创新与实践的氛围，"近朱者赤，近墨者黑"，大学生生活的环境在一定程度上对其创新与实践能力的形成有着潜移默化的作用。

二、大学生创新精神与实践能力影响因素评价模型的构建

将上文中鱼骨图的各因素导入 AHP 模型中，将整个评价体系分为三层：最高层为目标层 A，即大学生创新精神与实践能力评价，该层表示解决问题的目的；中间层为准则层，包括个体特征、学生参与、学校环境和社会环境四个指标；最底层为方案层，共有十个指标。指标体系如图 9-3 所示。

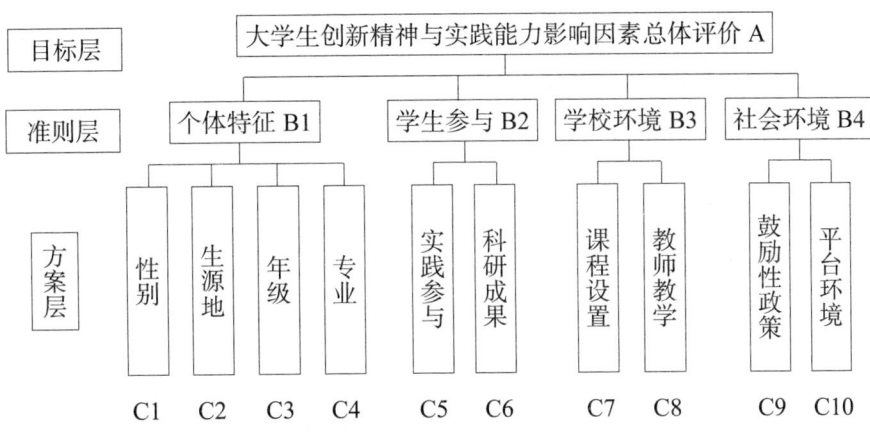

图 9-3 大学生创新精神与实践能力影响因素评价指标体系

（一）构造两两比较判断矩阵

本书判断矩阵的构造采用问卷调查和专家打分法。通过比较因素之间的重要程度，采用 1-9 标度法定义判断矩阵 A=$(a_{ij})_{m*n}$，其中 a_{ij} 表示元素 i 与元素 j 的重要性之比，判断矩阵标度定义见表 9-1。

表 9-1 判断矩阵标度含义

标度	含义
1	i, j 两元素同等重要
3	元素 i 比元素 j 稍重要
5	元素 i 比元素 j 明显重要
7	元素 i 比元素 j 强烈重要
9	元素 i 比元素 j 绝对重要
2, 4, 6, 8	表示上述相邻判断中间值
倒数	若元素 i 与 j 的重要性之比是 a_{ij}，则元素 j 与 i 的重要性之比是 $1/a_{ij}$

按照以上标度法，通过专家评判和综合分析，将因素两两比较，获得具体的判断矩阵，见表 9-2、9-3、9-4。

表 9-2　B1—B4 三阶判断矩阵及其相对权重向量

A	个体特征 B1	学生参与 B2	学校环境 B3	社会环境 B4
个体特征 B1	1	1/5	1/5	1/3
学生参与 B2	5	1	3	3
学校环境 B3	5	1/3	1	3
社会环境 B4	3	1/3	1/3	1

表 9-3　C1—C4 四阶判断矩阵及其相对权重向量

B1	性别 C1	生源地 C2	年级 C3	专业 C4
性别 C1	1	1/5	1/3	1/5
生源地 C2	5	1	3	1/3
年级 C3	3	1/3	1	1/3
专业 C4	5	3	3	1

表 9-4　C5—C6、C7—C8、C9—C10 二阶判断矩阵及其相对权重向量

B2	实践参与 C5	科研成果 C6	B3	课程设置 C7	教师教学 C8	B4	鼓励性政策 C9	平台环境 C10
实践参与 C5	1	3	课程设置 C7	1	1/3	鼓励性政策 C9	1	1/5
科研成果 C6	1/3	1	教师教学 C8	3	1	平台环境 C10	5	1

（二）目标层评价指标权重的分析计算

下面以大学生创新精神与实践能力影响因素评价一级指标体系（B1、B2、B3、B4）的权重为例说明计算过程：

（1）计算指标权重与最大特征值。

矩阵 $A = \begin{pmatrix} 1 & 1/5 & 1/5 & 1/3 \\ 5 & 1 & 3 & 3 \\ 5 & 1/3 & 1 & 3 \\ 3 & 1/3 & 1/3 & 1 \end{pmatrix}$，把矩阵 $A = \begin{pmatrix} 1 & 1/5 & 1/5 & 1/3 \\ 5 & 1 & 3 & 3 \\ 5 & 1/3 & 1 & 3 \\ 3 & 1/3 & 1/3 & 1 \end{pmatrix}$ 列向量归一化得 $\begin{pmatrix} 0.071 & 0.107 & 0.044 & 0.045 \\ 0.357 & 0.536 & 0.662 & 0.409 \\ 0.357 & 0.179 & 0.221 & 0.409 \\ 0.214 & 0.179 & 0.074 & 0.136 \end{pmatrix}$，然后算出最大特征向量（准则层的权

重），W=$\begin{pmatrix} 0.0670 \\ 0.4909 \\ 0.2913 \\ 0.1507 \end{pmatrix}$，那么 B1，B2，B3，B4 相对于总决策的评价目标来说，权重分别为 0.0670、0.4909、0.2913 和 0.1507。根据公式 $\lambda_{max}=\sum_{i=1}^{n}\frac{(AW)_i}{nW_i}$，求得 λ_{max}=4.1990。

（2）一致性检验。

① 计算一致性指标，CI=（λ_{max}-n）/（n-1）=（4.1990-4）/3=0.0663

② 查得矩阵平均一致性指标 RI（见表9-5）：

表9-5 平均随机一致性指标

阶数	1	2	3	4	5	6	7	8	9	10	11
RI	0.00	0.00	0.58	0.90	1.12	1.24	1.32	1.41	1.45	1.49	1.51

③ 计算一致性比率 CR：CR=CI/RI=0.0663/0.90=0.0737＜0.1，判断矩阵具有满意一致性。所以（B1，B2，B3，B4）的权重为（0.0670，0.4909，0.2913，0.1507）。

（三）准则层评价指标权重的分析计算与总排序

根据以上方法，继续对其他四个方案层的判断矩阵进行计算，并进行总排序，如表9-6所示。

表9-6 权重表及其重要性排序

A组	优先级	C.R	各组因素	优先级	C.R	总优先级	权重排序
个体特征 B1	0.0670	0.0737＜0.10	性别 C1	0.0687	0.0163＜0.10	0.0046	9
			生源地 C2	0.3889		0.0261	6
			年级 C3	0.1535		0.0103	8
			专业 C4	0.3889		0.0261	6
学生参与 B2	0.4909		实践参与 C5	0.7500	0＜0.10	0.3682	1
			科研成果 C6	0.2500		0.1227	4
学校环境 B3	0.2913		课程设置 C7	0.2500	0＜0.10	0.0728	5
			教师教学 C8	0.7500		0.2185	2
社会环境 B4	0.1507		鼓励性政策 C9	0.1667	0＜0.10	0.0251	7
			平台环境 C10	0.8333		0.1256	3

由上表计算结果可知，各因素对大学生创新精神与实践能力影响差异性显著。

首先，从一级指标来看，学生参与所占权重为0.4909，优先级较高，其次是学校环境，权重为0.2913，权重最低的是个体特征，为0.0670。由此可见学生参与创新与实践活动能够有效地培养大学生的创新精神与实践能力。另外，每一所学校都是一个培养人才的宝库，高校在对大学生创新精神与实践能力的培养上起着不可替代的作用。个体特征之所以对大学生创新精神与实践能力影响力很小，原因是由于当今教育全面改革带来的教学条件、教学理念的变化使学生自身条件带来的影响弱化，不同条件的学生之间的差距缩小。

其次，从二级指标优先级来看，个体特征中的四项指标中，生源地和专业优先级最高，均为0.3889，优先级最低的为性别，仅为0.0687。从生源地角度来讲，城市和农村由于教学条件与家庭条件的不同，使得学生在成长过程中所接触的事物与参加的活动是不同的。专业的影响也比较大，由于专业性质的不同导致有些专业比较注重理论，有些专业则偏向实验与实践。专业培养的不同，实际上也对大学生的创新精神与能力带来不同的影响。学生参与的两项指标实践参与和科研成果对于大学生的影响显著，其中实践参与比科研成果的影响更大，原因是实践活动更加需要大学生综合运用各种能力，对于创新精神与实践能力的提升更有效。学校环境中课程设置比教师教学优先级更高，这在一定程度上说明高校课程的灵活性、前沿性以及实践课的设置对于大学生创新精神与实践能力培养具有重要作用。鼓励性政策和平台环境相比较，平台环境影响力显著，这在一定程度上提醒高校应努力打造创新氛围，注重学校内部以及周边环境对大学生的影响。

最后，从总优先级以及权重排序来看，十项指标对大学生创新精神与实践能力的影响大小由高到低依次为：实践参与、教师教学、平台环境、科研成果、课程设置、专业、生源地、鼓励性政策、年级、性别。

综上可以看出,在大学生创新精神与实践能力培养中,学生参与是重点,学校培养很关键。同时,指标的排序结果对于大学生自身、高校以及政府等具有较大的借鉴意义。

三、培养大学生实践能力与创新精神的主要对策

(一)政府应营造良好的制度环境

在提高大学生创新精神与实践能力的体系中,政府应充分发挥宏观调控的领导力。首先,应当健全各种政策法规,一方面,保障大学生创新与社会实践活动的顺利开展;另一方面,为学校或学生个人积极开展创新与实践活动提供政策性支持,激发高校及其大学生的创造性与实践性。其次,政府及其各部门应当制定相应的激励措施与运用好奖励手段,在奖励中,遵循即效即兑、宁缺毋滥与失利免惩的原则,争取为社会评价出优秀的创新成果。最后,政府及各部门应做好学校和企业与组织的桥梁工作,力争为大学生创新精神与实践能力的培养工作创造一个畅通、有效的路径。这样,在"顶层设计"的指导下,培养工作才会取得良好的效果。

(二)高校应大力推进教学观念与实践的改革

首先,各高校应当树立"以人为本"的人才培养观念。高等学校担负着培养社会主义接班人和建设者的重任,要创新教育观念,不断推进教育改革和创新,全面贯彻党的教育方针,全面实施素质教育,以人为本,高度重视学生的自主性,鼓励个性发展,落实因材施教,坚持理论与实践相结合,鼓励和倡导创新思维与创造发明。

其次,更新教学内容与教学方法,创新教学模式。为适应当前社会对于大学生的发展要求,高校应当从课堂教学开始进行一系列改革。建议高校建立一种"课堂教学+创新实践活动+创新创业教育"的大学生

培养模式。更改"教师讲课、学生听课"的方法,增强课堂的自由度与灵活性,给予学生自由选择的空间,教师多采用启发式教学,在教学过程中激发学生的想象力与创造力。

再次,拓展大学生创新与实践能力的空间,搭建科技创新平台。构建"四结合"的科技创新平台,即"课堂理论学习与社会实践相结合;课内创新教育与课外创新实践相结合;专业学习与科技竞赛相结合;校内基地与校外基地相结合"。针对学生各年级特点,分阶段、有针对性地开展学生科技创新活动,实行动态管理,形成一套可行的学生科技创新活动运行机制。

最后,健全创新、实践能力评价与激励机制,激发学生主动性。将大学生创新精神与实践能力培养工作纳入人才考核内容,完善评价体系,积极对大学生创新能力提升进行鼓励,对在这方面取得优异成绩或者贡献的学生给予一定的就业、推免等的优先权。

(三)用人单位应积极寻求与各高校的合作

用人单位作为最终为大学生提供工作的主体,对于大学生创新与实践能力有着一定的要求,但是大学生在校期间由于课业负担,所以并没有太多的机会去与企业接触。企业也应当认识到,自身对于大学生创新与实践能力的培养起着不容忽视的作用。企业应当积极寻求与各高校的合作,不但要为学生提供更多的寒暑假实习岗位,让学生在学习之余参与企业工作,提升大学生创新与实践能力;还应当多请工作职员开展相应的讲座,让大学生明了企业对于当今大学生创新与实践能力的要求,增加其紧迫感。另外,用人单位应当注重自身文化建设与发展,在企业内部营造一种鼓励创新的氛围,潜移默化地对员工及其实习大学生进行影响,增强其创新意识。

（四）家庭应鼓励大学生参与创新与实践活动

创新不仅需要具备丰富的书本知识，更需要参与广泛的实践活动。"具体实践项目是培养学生创新能力的重要途径"。显然，大量的实践活动对于大学生的知识储备和人生阅历的丰富有着很大的作用，一旦在实践活动中遇到困难、产生新需要，就会激发大学生的创造力。为此，家庭中，家庭教育对于大学生的创新与实践能力有着深远的影响，家长必须树立正确的观念，积极配合学校的创新精神与实践能力培养工作，把大学生从书本的束缚中解放出来，鼓励他们参加学校或者社会中的多种实践与创新活动，激发想象力与创造力，并在实践中学会搜集、利用信息，发现问题，分析问题，学会用不同的方法解决问题。

（五）大学生应勇于创新与探索实践

作为新世纪的大学生，要实现建设有中国特色社会主义的共同理想，要完成中华民族伟大复兴的历史使命，实现伟大的中国梦，必须主动增强自身创新与实践能力。首先，大学生应该树立创新观念，增强创新意识。大学生要由习惯于教师讲自己记、教师出题自己答卷这种被动式学习转为积极思考，在教师指导下发现问题、提出问题、解决问题的自主学习；由只注重书本理论知识转为理论与实践相结合；由研究考试技巧转为树立创新意识，努力塑造自身的创新品质。其次，培养大学生创新精神与实践能力不是仅仅取决于高智力，还需要大学生主动培养自身拼搏进取的精神，培养坚强的意志，增强自主学习能力。大学生必须在平时学习与实践中培养自信自强的心态，有面对困难的无谓勇气，勇于打破思维的"围墙"，善于通过自学发现问题、分析问题、解决问题。最后，大学生要抓住一切可以锻炼自己实践能力的机会，在校内，多参加学校组织的竞赛等形式的实践活动，积极利用空余时间实习，并树立只要有工作就是锻炼的观念，在实习中提高主动学习能力。

参考文献

[1] Lichtenthaler U. External Commercialization of Knowledge: Review and Research Agenda[J]. *International Journal of Management Review*, 2005(7): 231-255.

[2] Chesbrough H. Open Innovation: The New Imperative for Creating and Profiting From Technology[J]. *Journal of Engineering and Technology Management*, 2003, 21(3): 241-244.

[3] Gassmann O. Opening up the Innovation Process: Towards an Agenda[J]. *R&D Management*, 2006, 36(3), 223-228.

[4] Van de Vrande V., De Jong J. P. J., Vanhaverbeke W., et al. Open innovation in SMEs: Trends, Motives and Management Challenges[J]. *Technovation*, 2009, 29(6/7): 423-437.

[5] Lichtenthaler U. Open Innovation in Practice: an Analysis of Strategic Approaches to Technology Transactions [J]. *IEEE Transactions on Engineering Management*, 2008, 55(1): 148-157.

[6] Chesbrough H. The Era of Open Innovation[J]. *MIT Sloan Management Review*, 2003(44): 35-41.

[7] Kirschbaum, R. Open Innovation in Practice[J]. *Research Technology Management*, 2005, 48(4): 24-28.

[8] Gronum S., Verreynne M. L. Open Inovation in Australian Small Firms: When should We Collaborate? [EB/OL]. 2011-04-06.

[9] Parida V., Westerberg M., Frishammar J. Effect of Open Innovation Practices on SMEs Innovative Performance: an Empirical Study [EB/OL]. (2011-06-18) [2012-02-04].

[10] Vahter P, Love J. H., Roper S. Openness and Innovation Performance: Are Small Firms Different? [EB/OL]. 2012-01-03[2012-04-08].

[11] Huang F., Rice J. The Role of Absorptive Capacity in Facilitating "Open Innovation" Outcomes: A Study of Australian SMEs in the Manufacturing Sector[J]. *International Journal of Innovation Management*, 2009,13(2): 201–220.

[12] Cosh A., Bullock A., Milner I. Barriers to Innovation and Growth in High Technology SMEs: The Role of Absorptive Capacity [EB/OL]. 2007-02-26[2012-04-08].

[13] Rahman H., Romas I. Open Innovation in SMEs: From Closed Boundaries to Networked Paradigm [J]. *Informing Science & Information Technology*, 2010(7): 471–487.

[14] Bianchi M., Campodall'Orto S., Frattini F., et al. Enabling Open Innovation in Small and Medium Sized Enterprises: How to Find Alternative Applications for Your Technologies[J]. R&D *Management*, 2010,40(4): 414–431.

[15] Arrow. Economic Implications of Learning by Doing[J]. *Review of Economic Studies*, 1962,6(29): 80.

[16] N. Rosenberg. *Perspectives on Technology*[M]. London, Cambridge University Press, 1982: 67–89.

[17] 魏江. 知识学习与企业技术能力增长 [M]. 北京：科学出版社，2006: 20–60.

[18] 石芝玲，和金生. 基于技术能力和网络能力协同的企业开放式创新研究 [J]. 情报杂志，2011(1): 98–103.

[19] Bell, M. & Pavitt, K. Technological Accumulation and Industrial Growth Contrasts between Developed and Developing Countries[J]. *Industrial and Corporate Change*, 1993(2): 157–210.

[20] Lall, The Technological Structure and Performance of Developing Country Manufactured Exports[J]. *Taylor and Francis Journals*, 2000, 28(3): 337–369.

[21] 安同亮. 企业技术发展论：经济转型过程中中国企业技术能力实证研究 [M]. 北京：人民出版社，2004.

[22] Fransman M, King K. *Technological Capability in The Third World*[M]. London: Macmillan, 1984.

[23] 魏江，许庆瑞. 企业技术能力：增长过程、机理与模式 [D]. 杭州：浙江大学，1997.

[24] 傅家骥. 技术经济学 [M]. 北京：清华大学出版社，1998.

[25] Cohen W. M., and D.Levinthal. Absorptive Capacity: A New Perspective on Learning and Innovation[J]. *Administrative Science Quarterly*, 1990, 35(1), 128–152.

[26] Bosch V. D.Volberda H W：Boer M. Coevolution of Firm Absorptive Capacity and Knowledge Environment：Organizational Forms and Combinative Capabilities [J]. *Organization Science*, 1999, 10(5)：551–569.

[27] Zahra S. A. George G. Absorptive Capacity：a Review, Reconceptualization and Extension [J]. *Academy of Management Review*, 2002, 27(2): 185–203.

[28] 许庆瑞，陈重. 企业经营管理基本规律与模式 [M]. 杭州：浙江大学出版社，2001: 106–109.

[29] Granovetter, M. Economic Action and Social Structure: the Problem

of Embeddedness[J]. *The American Journal of Sociology*, 1985, 28(1): 1-22.

[30] 李兴华. 协同创新是提高自主创新能力和效率的最佳形式和途径[N]. 科技日报，2011.9.22.

[31]Pittaway, L., et al. Networking and Innovation: a Systematic Review of the Evidence[J]. *International Journal of Management Reviews*, 2004,5(3-4): 137-164.

[32]Ozman, M. Inter-firm Networks and Innovation: A Survey of Literature[J]. *Economic of Innovation and New Technology*, 2009, 18(1): 39-67.

[33]Dittrich, K. & Duysters, G. Networking as a Means to Strategy Change: the Case of Open Innovation in Mobile Telephony[J]. *Journal of Product Innovation Management*, 2007, 24(6): 510-521.

[34]Paruchuri, S. Intraorganizational Networks, Interorganizational Networks, and Impact of Central Inventors: A longitudinal Study of Pharmaceutical Firms[J]. *Organization Science*, 2010,21(1): 63-77.

[35] 刘兰剑, 司春林. 创新网络 17 年研究文献述评 [J]. 研究与发展管理，2009, 21(4): 68-77.

[36]Imai K., Baba Y., Systemic Innovation and Cross-border Networks: Transcending Markets and Hierarchies, OECD Conference on Science[J]. Technology and Economic Growth, Paris, 1989.

[37]Freeman, C. Networks of Innovators: A Synthesis of Research Issues[J]. *Research Policy*, 1991, 20(5): 499-514.

[38] 刘友金. 集群式创新形成与演化机理研究 [J]. 中国软科学，2003(2).

[39] 汪安佑，高沫丽，郭琳. 产业集群创新要素模型与案例分析 [J]. 经济与管理研究，2008(4): 18-22.

[40]Hankansson, H. *Industrial Technological Development: A Network Approach* [M]. London: CroomHelm, 1987.

[41]Gulati, Ranjay. Alliances and Networks [J]. *Stratagic Management Journal*, 1998(4).

[42] Ritter, Wilkinson, Johnston. Measuring Network Competence: Some International Evidences[J]. *The Journal of Business & Industrial Marketing*, 2002,17(2): 119-138.

[43] Dyer J. H., Singh H. The Relational View: Cooperative Strategy and Sources of Inter-organizational Competitive Advantage [J]. *Academy of Management Review*, 1998, 23(4): 660-679.

[44] 王大洲. 企业创新网络的进化与治理：一个文献综述 [J]. 科研管理, 2001(5).

[45] Walter, J,. Lechner, C & Kellermanns, F.W. Knowledge Transfer between and within Alliance Partners: Private Versus Collective Benefits of Social Capital[J]. *Journal of Business Research*, 2007, 60(7): 698-710.

[46] Hansson, F., Husted, K. & Vestergaard, J. Second Generation Science Parks: from Structural Holes Jockeys to Social Capital Catalysts of the Knowledge Society[J]. *Technovation*, 2005, 25(9): 1039-1049.

[47] 党兴华, 郑登攀. 模块化技术创新网络的自组织演化模型研究 [J]. 研究与发展管理, 2009, 21(4): 54-59.

[48] 张宝建, 胡海青, 张道宏. 企业创新网络的生成与进化：基于社会网络理论的视角 [J]. 中国工业经济, 2011(4): 117-126.

[49] Kor, Y.Y. & Mahoney, J.T. Penrose's Resource-Based Approach: The Process and Product of Research Creativity[J]. *Journal of Management Studies*, 2000, 37(1): 109-139.

[50] Lavie, D. & Rosenkopf, L. Balancing Exploration and Exploitation in Alliance Formation[J]. *The Academy of Management Journal*, 2006, 49(4): 797-818.

[51] Tripsas, M. Unraveling the Process of Creative Destruction:

Complementary Assets and Incumbent Survival in the Typesetter Industry[J]. *Strategic Management Journal*, 1997, 18(s1): 119–142.

[52] 许庆瑞. 走中国特色自主创新道路 [N]. 光明日报，2011-04-06.

[53] 魏江. 企业技术能力论：技术创新的一个新视角 [M]. 北京：科学出版社，2002.

[54] 赵晓庆. 企业技术学习的模式与技术能力积累途径的螺旋运动过程 [D]. 杭州：浙江大学，2001.

[55] 陈钰芬，陈劲. 开放式创新：机理与模式 [M]. 北京：科学出版社，2008.

[56] 李剑力. 探索性创新、开发性创新与企业绩效关系研究 [M]. 北京：经济管理出版社，2010.

[57] C K Prahalad, Gary Hamel. The Core Competence of the Corporation [J]. *Harvard Business Review*, May-June, 1990: 79–91.

[58] Hamel, G., Heene, A. *Competence-Based Competition* [M]. New York: John Wiley, 1994.

[59] David J. Teece. Gary Pisano and Amy Shuen (1997): Dynamic Capabilities And Strategic Management [J]. *Strategic Management Journal*, 1997, 18:7. 509–533.1.

[60] 易法敏，樊胜，左美云. 核心刚性与动态核心能力 [J]. 经济问题探索，2005(6): 66–69.

[61] 梁桂川. 动态核心能力观简介 [J]. 现代管理科学，2006(1): 28-30.

[62] Teeece, D. J., Pisano, G. & Shuen, A. Dynamic Capabilities and Strategic Management [J]. *Strategic Management Journal*, 1997, 18(7): 23–36.

[63] Zollo, M. & Winter, S.G. Deliberate Learning and the Evolution of Dynamic Capabilities[J]. *Organization Science*, 2002, 13(3): 339–351.

[64] Wang, .L. and Ahmed, P.K. Dynamic Capabilities: A Review and Research Agenda [J]. *International Journal of Management Reviews*, 2007,

No.1, pp.31-51.

[65]Kuuluvainen, A. *Dynamic Capabilities in the International Growth of Small and Medium-Sized Firms* [M]. Turku School of Economics: Series A-4, 2011.

[66] 韩凤晶，石春生．新兴产业企业动态核心能力构成因素的实证分析——基于中国高端装备制造业上市公司的数据 [J]．中国软科学，2010(12): 166-175．

[67] 武建龙，王宏起．企业动态核心能力识别方法及实证研究 [J]．科技进步与对策，2011(2): 6-9．

[68] 牟绍波，任家华．基于动态核心能力的产业集群持续竞争优势的获取 [J]．科技管理研究，2008(9): 268-270．

[69]Arrow. Economic Implications of Learning by Doing[J]. *Review of Economic Studies*, 1962,6(29): 80.

[70]N. Rosenberg. *Perspectives on Technology*[M]. London, Cambridge University Press, 1982: 67-89.

[71]Bell, M. & Pavitt, K. Technological Accumulation and Industrial Growth Contrasts between Developed and Developing Countries[J]. *Industrial and Corporate Change*, 1995(2): 157-210.

[72]Lall, The Technological Structure and Performance of Developing Country Manufactured Exports[J]. *Taylor and Francis Journals*, 2000, 28(3): 337-369.

[73] 石芝玲，和金生．基于技术能力和网络能力协同的企业开放式创新研究 [J]．情报杂志，2011(1)．

[74] 安同亮．企业技术发展论：经济转型过程中中国企业技术能力实证研究 [M]．北京：人民出版社，2004．

[75]Fransman M, King K. *Technological Capability in the Third World*[M]. London: Macmillan, 1984.

[76] 陈明，张权，汤小燕. 比亚迪的核心模式 [J]. 销售与市场，2010(1).

[77] 甄伟丽. 逆向创新模式研究——以比亚迪股份有限公司为例 [J]. 科技进步与对策，2012(5).

[78] 汤佳乐，程放，黄春辉，等. 素质教育模式下大学生实践能力与创新能力培养 [J]. 实验室研究与探索，2013，32(1): 88-89.

[79] 谈甄，储节旺，李丽娟. 基于鱼骨图和AHP的产业集群知识创新能力影响因素研究 [J]. 情报科学，2012(9): 89-93.

[80] Alexander W. A. *Assessment for Excellence: The Philosophy and Practice of Assessment and Evaluation in Higher Education*[M]. New York: American Council on Education/Macmilllan, 1991: 18-19.

[81] 周治金，杨文娇，赵晓川. 大学生创造力特征的调查与分析 [J]. 高等教育研究，2006(5): 78-82.

[82] 岳昌君，吕媛. 硕士研究生创新精神特征及影响因素分析 [J]. 复旦教育论坛，2015，13(6): 20-25.

[83] 张喜梅，马洪斌，张洪振. 当代大学生创新精神的培育 [J]. 中国成人教育，2009(3): 60-61.

[84] 周松涛. 论大学生实践能力与创新型人才培养 [J]. 湖南师范大学教育科学学报，2009，8(4): 104-106.

[85] 张敏，鞠春华. 大学生创新能力培养的研究 [J]. 教育探索，2013(9): 105-106.

[86] 迟岩，解源，洪磊. 学生创新精神和创新能力培养的研究与实践 [J]. 教育探索，2005(5): 12-13.

[87] 雷继红. 试论大学生创新精神的培养 [J]. 教育探索，2010，2010(9): 133-134.

[88] 高启红. 民营企业技术创新发展的瓶颈及解决 [D]. 哈尔滨：哈尔滨理工大学，2015.

[89] 卞慧丽. 基于技术创新模式的科技型中小企业技术能力培育研究 [D]. 山东大学, 2008.

[90] 孙婉琳. 我国现阶段民营企业技术创新研究 [D]. 河北工业大学, 2015.

[91] 卢启程. 动态能力演化的知识活动模型 [J]. 情报科学, 2008, 26(3): 448–452.

[92] 张文松. 企业战略能力研究 [D]. 北方交通大学, 2003.

[93] Prahalad C. K., Hamel G.: The Core Competency of the Corporation. *Harvarvard Business Review*, 1990.

[94] Dosi G. Dynamic Competence and Firm Performance[M]. *Imemational Institute for Applied Systems Analysis*, 2000.

[95] Hayek.The Use of Knowledge in Society[J]. *American Economic Review*, 1945, V01.35: 519–530.

[96] Penrose, E.T., *The Theory of the Growth of the Firm*, Oxford: Oxford University Press,1959.

[97] Powell W. W., Kopyt K. W., Smith-Doerrl.Interorganizational Collaboration and the Locus of Innovation: Networks of Learning in Biotechnology[J]. *Administrative Science Quarterly*, 1996, 41.

[98] [美] 迈克尔·波特著. 竞争战略 [M]. 北京：华夏出版社，1997.

[99] Rumelt, R., Towards a Strategic Theory of the Firm. In R.Lamb(Ed), *Competitive Strategic Management*: 556–570. Englewood Cliffs, NJ：Prentice Hall, 1984.

[100] Michael Dietrich, *Transaction Cost Economics and Beyond*[J], Routledge, 1994: 78.

[101] 吴晓波，赵子溢. 商业模式创新的前因问题：研究综述与展望 [J]. 外国经济与管理, 2017(1).

[102] 王玖河，孙丹阳. 互联网时代商业模式创新体系探析 [J]. 企业

管理，2017(5).

[103] 彼得·德鲁克. 创新与企业家精神 [M]. 机械工业出版社，2007.

[104] Paul Timmers. Business Models for Electronic Markets[J]. *Electronic Markets Journal*, 1998, 8(2): 3–8.

[105] Cracking the Value Code: How Successful Businesses are Creating Wealth in the New, *HarperBusiness*, 2000.

[106] Magretta J. Why Business Models Matter[J]. *Harvard Business Review*，2002，80(5): 86–92.

[107] Siggelkow N. Contextuality Within Activity Systems and Sustainability of Competitive Advantage[J]. *Academy of Management Perspectives*, 2008(5): 34–56.

[108] Amit & Zott C. Value Creation in E-business[J]. *Strategic Management Journal*, 2001, 22(6/7): 493–520.

[109] Mitchelid & Cole. The Ultimate Competitive Advantage of Continuing Business Model Innovation[J]. *Journal of Business Strategy*, 2003(24): 15.

[110] Chen S. The real value of "E-business models" [J].*Business Horizons*, 2003, 46(6): 27–33.

[111] Tucker R.B. Strategy innovation takes imagination [J].*The Journal of Business Strategy*, 2001.

[112] Michael Rappa, Business Models on the Web E-Commerce Times[EB/OL]. 2001-1-22.

[113] Chesbrough H. The Era of Open Innovation [J]. *Sloan Management Review*, 2003, 44(3): 35–41.

[114] The Management of Innovation in Project-based Firms[J], *Long Range plann*. 2002, 35(4): 94–367.

[115] 罗珉，曾涛，周思伟. 企业商业模式创新：基于租金理论的解释 [J]. 中国工业经济，2005(7).

[116] 乔卫国. 商业模式创新 [M]. 上海远东出版社，2009.

[117] 李振勇. 商业模式——企业竞争的最高形式 [M]. 新华出版社，2006.

[118] 原磊. 国外商业模式理论研究评介 [J]. 外国经济与管理，2007(10).

[119] 王伟毅，李乾文. 创业视角下的商业模式研究 [J]. 外国经济与管理，2005(11).

[120] 任静，朱方明. 成熟企业不连续创新的商业模式研究 [J]. 中国科技论坛，2007(10).

[121] 马君. 互补与融合：企业战略与商业模式关系新解 [J]. 海峡科学，2007(09).

[122] 李庆华. 基于技术创新方法和客户导向理念的企业经营模式研究 [J]. 东南大学学报 (哲学社会科学版)，2007(04).

[123] 沈永言，吕廷杰. 商业模式创新的五大基本理念 [J]. 企业管理，2011(03): 93-95.

[124] 纪慧生，陆强，王红卫. 商业模式设计方法、过程与分析工具 [J]. 中央财经大学学报，2010(7): 87-92.

[125] 李曼. 略论商业模式创新及其评价指标体系之构建 [J]. 现代财经，2007(2): 55-59.

[126] 原磊. 商业模式体系重构 [J]. 中国工业经济，2007(06).

[127] 查尔斯·希尔. 战略管理概念与案例 [M]. 机械工业出版社，2017(5).

[128] 余长春. 战略管理理论与方法研究 [M]. 经济科学出版社，2016.

[129] 王成慧. 价值链基础上的合作网络——分工与专业化纵向拓展 [J]. 市场营销导刊. 2007(06).

[130] 黄倩. 家电下乡政策执行研究 [D]. 湘潭大学，2012.

[131] 吴金希. 战略管理 [M]. 上海：华东师范大学出版社，2017（第

二版）.

[132] 夏清华，方琪. 制造业转型与商业模式创新的路径研究 [J]. 学习与实践，2017(4).

[133] 曹菲. 大数据背景下的零售企业商业模式创新 [J]. 商业经济研究，2016(12).

[134] 简兆权，张良彩. 基于商业模式创新的制造企业服务化转型 [J]. 科技管理研究，2017(6).

[135] 孙彤. 传统企业玩转电子商务 [J]. 电子商务，2010(09).

[136] 贾文艺，张建华. 互联网与商业模式创新研究 [J]. 商业经济研究，2015(36).

[137] 董岳，王翔，周冰莲，张冬. 互联网时代商业模式创新的演变过程研究 [J]. 中国科技论坛，2017(2).

[138] 吴贵生，李纪珍，孙议政. 技术创新网络和技术外包 [J]. 科研管理，2000(04): 33-43.

[139] 刘友金，郭新. 集群式创新形成与演化机理研究 [J]. 中国软科学，2003(02): 91-95.

[140] 王大洲. 企业创新网络的进化与治理：一个文献综述 [J]. 科研管理，2001(05): 96-103.

[141] 张宝建，胡海青，张道宏. 企业创新网络的生成与进化——基于社会网络理论的视角 [J]. 中国工业经济，2011(04): 117-126.

[142] Von Hippel E. Lead Users: A Source of Novel Product Concepts[J]. *Management Science*，1986, 32(7): 791-805.

[143] Gemünden H. G., Ritter T., Heydebreck P. Network Configuration and Innovation Success: An Empirical Analysis in German High-tech industries[J]. *International Journal of Research in Marketing*, 1996, 13(5): 449-462.

[144] Cooke P., Uranga M. G., Etxebarria G. Regional Innovation

Systems: Institutional and Organisational Dimensions[J]. *Research Policy*, 1997, 26(s 4–5): 475–491.

[145] 邓龙安, 徐玖平. 供应链整合下的企业网络创新绩效管理研究[J]. 科学学与科学技术管理, 2008(02): 86-90.

[146] 郭亚平, 孙丽文. 高新技术企业创新网络与创新绩效的实证研究——以河北省为研究案例 [J]. 河北工业大学学报（社会科学版）, 2009(04): 32-39.

[147] 谢永平, 毛雁征, 张浩淼. 组织间信任、网络结构和知识存量对网络创新绩效的影响分析——以知识共享为中介 [J]. 科技进步与对策, 2011(24): 172-176.

[148] Rice J L. The Role of Absorbtive Capacity in Fascilitating 'Open Innovation' Outcomes: A Study of Australian SMEs in the Manufacturing Sector[J]. Social Science Electronic Publishing, 2009.

[149] 李光泗, 沈坤荣. 技术能力、技术进步路径与创新绩效研究 [J]. 科研管理, 2013(03): 1-6.

[150] 梅强, 戴园园. 开放式创新与自主创新提升企业创新绩效研究——基于高新技术中小企业的多案例分析 [J]. 技术经济与管理研究, 2013(06): 44-48.

[151] 杨震宁, 李东红. 政府监管, 鳗鱼效应与知识产权管理：企业创新绩效的提升 [J]. 中国管理科学, 2010(06): 177-184.

[152] 吉峰, 周敏. 区域创新网络主体间的联结机制与区域创新绩效的关系研究 [J]. 科技导报, 2006(05): 82-85.

[153] 赵珍, 池仁勇. 中小企业创新网络对技术创新的影响研究 [J]. 商业研究, 2006(22): 129-132.

[154] 王宇. 企业网络、组织学习对技术创新的作用关系研究 [D]. 吉林大学, 2013.

[155] 冯鹏志. 迈向知识经济的路径与力量——社会创新的含义、特

征与范式 [J]. 自然辩证法研究，2001(04): 46-52.

[156] 盖文启，王缉慈. 论区域创新网络对我国高新技术中小企业发展的作用 [J]. 中国软科学，1999(09): 102-106.

[157] 彭纪生. 论技术创新网络中的中介组织 [J]. 自然辩证法研究，2000(06): 50-52+57.

[158] 胡振华，刘宇敏. 非正式交流是技术创新扩散的主渠道 [J]. 湖南商学院学报，2002(04): 11-12.

[159] 彭正龙，王海花，蒋旭灿. 开放式创新模式下资源共享对创新绩效的影响：知识转移的中介效应 [J]. 科学学与科学技术管理，2011(01): 48-53.

[160] 王向楠，张立明. 企业间知识转移的影响因素和作用结果 [J]. 企业经济，2012(03): 39-43.

[161] 龙静，黄勋敬，余志杨. 政府支持行为对中小企业创新绩效的影响——服务性中介机构的作用 [J]. 科学学研究，2012(05): 782-788+790-792.

[162] 王海花，谢富纪. 开放式创新模式下组织间知识转移、环境动荡性对企业创新绩效的影响研究 [J]. 科学管理研究，2012(03): 70-73.

[163] 蒋子军. 开放式创新视角下企业知识吸收能力影响因素研究 [D]. 浙江大学，2008.

[164] 王涛. 产业集群内企业间知识转移影响因素研究 [D]. 济南：山东大学，2012.

[165] 孟庆敏. 科技服务业机构与中小企业之间的知识转移研究 [D]. 镇江：江苏大学，2012.

[166] 王三义，刘新梅，万威武. 知识转移机会、动机、能力对企业间知识转移效果影响的实证研究 [J]. 科技进步与对策，2007(11): 95-98.

[167] 雷宏振，李丹. 体验深度对"企业→顾客"知识转移效果影响的实证研究 [J]. 科学学与科学技术管理，2010(04): 142-148.

[168] 龙静，黄勋敬，余志杨. 政府支持行为对中小企业创新绩效的影响——服务性中介机构的作用 [J]. 科学学研究，2012(05)：782-788+790-792.

[169] 韵江，马文甲，陈丽. 开放度与网络能力对创新绩效的交互影响研究 [J]. 科研管理，2012(07)：8-15.

[170] 孟庆敏. 科技服务业机构与中小企业之间的知识转移研究 [D]. 江苏大学，2012.

[171] 李山. 基于校企知识转移的企业开放式创新研究 [D]. 江西财经大学，2013.

[172] 齐艳. 企业开放式创新绩效影响因素研究 [D]. 浙江大学，2007.

[173] 蒋天颖，王峥燕，张一青. 网络强度、知识转移对集群企业创新绩效的影响 [J]. 科研管理，2013(08)：27-34.

[174] 张永宁. 基于知识转移的企业创新网络研究 [D]. 武汉：武汉理工大学，2008.

[175] 韩明华. 基于情境分析的集群企业知识转移机理与模型研究 [D]. 杭州：浙江工商大学，2011.

[176] 蒋晓荣，李随成. 企业—供应商关系承诺影响因素探索性研究 [J]. 管理评论，2014(08)：188-199+208.

[177] 朱建新，朱祎宏，鲁若愚. 创新环境的要素构成及其影响机理 [J]. 中国科技论坛，2016(03)：119-125.

[178] 申小莉. 创新网络中知识转移的影响因素研究——基于中小企业实证样本的分析 [J]. 科学学研究，2011(03)：432-441+460.

[179] 雷井生. 中小企业创新网络中知识转移机制研究 [D]. 长沙：中南大学，2010.

[180] 王占仁. "广谱式"创新创业教育的体系架构与理论价值 [J]. 教育研究，2015(05)：56-63.

[181] 李世佼. 大学生创新创业教育体系的构建 [J]. 黑龙江高教研究，

2011(09): 119−121.

[182] 吴玉剑. 高校创新创业教育改革的困境与路径选择 [J]. 教育探索，2015(11): 63−66.

[183] 应中正. 美国高校的实践教育与创新创业教育考察 [J]. 思想教育研究，2015(12): 93−95.

[184] 郝杰，吴爱华，侯永峰. 美国创新创业教育体系的建设与启示 [J]. 高等工程教育研究，2016(02): 7−12.

[185] 木志荣. 对民营经济概念的修正 [J]. 云南财贸学院学报，2002(05): 81−85.

[186] 晓亮著. 所有制理论与所有制改革 [M]. 上海：上海财经大学出版社，2002.

[187] 李樟云，应克复. 民营科技企业的概念界定及产权关系问题探讨 [J]. 江苏经济探讨，1995(05): 24−26.

[188] 单成繁. "民营经济"称谓将约定俗成 [J]. 党史纵横，2006(01): 52−53.

[189] 桂花. 浙江民营企业发展的特点和前景研究 [J]. 特区经济，2011(05): 155−157.

[190] 张惠忠. "民营企业"概念辨析 [J]. 上海统计，2001(03): 25−27.

[191] 单成繁. "民营经济"称谓将约定俗成 [J]. 党史纵横，2006(01): 52−53.

[192] 毛泽东. 毛泽东选集 [M]. 北京：人民出版社，1964.

[193] 冯静波. 民营企业的管理机制问题及对策研究 [D]. 长沙：湖南大学，2001.

[194] 李亚. 民营企业公司治理 [M]. 北京：机械工业出版社，2006.

[195] 刘江兵. 民营企业对我国社会经济发展的贡献分析 [J]. 对外经贸，2013(02): 122−123.

[196] 李国荣. 民营之路 [M]. 上海：上海财经大学出版社，2006.

[197] 吕惠明. 民营企业的特点及管理创新探讨 [J]. 商场现代化, 2007(10): 177-178.

[198] 张晓瑜. 我国民营企业发展现状概述 [J]. 中国内部审计, 2012(10): 12-17.

[199] 杨佳微, 王庆军. 浅谈我国民营企业的现状与发展 [J]. 大庆社会科学, 2005(06): 36.